49. DEUTSCHER GEOGRAPHENTAG BOCHUM

BAND 2
ÖKOLOGIE UND UMWELT –
ANALYSE, VORSORGE, ERZIEHUNG

49. DEUTSCHER GEOGRAPHENTAG BOCHUM

4. bis 9. Oktober 1993

Tagungsbericht und wissenschaftliche Abhandlungen

im Auftrag
des Zentralverbandes der Deutschen Geographen
herausgegeben von
DIETRICH BARSCH und HEINZ KARRASCH

Band 2: Ökologie und Umwelt –
Analyse, Vorsorge, Erziehung

Franz Steiner Verlag Stuttgart
1995

Ökologie und Umwelt – Analyse, Vorsorge, Erziehung

koordiniert von

HANS-JÜRGEN KLINK

Franz Steiner Verlag Stuttgart
1995

Die Vorträge des 49. Deutschen Geographentages Bochum 1993 werden von Dietrich Barsch und Heinz Karrasch herausgegeben und erscheinen in vier Bänden:

1: Umbau alter Industrieregionen
   (Koordinator: Manfred Hommel)
2: Ökologie und Umwelt – Analyse, Vorsorge, Erziehung
   (Koordinator: Hans-Jürgen Klink)
3: Die Dritte Welt im Rahmen weltpolitischer und weltwirtschaftlicher Neuordnung
   (Koordinatoren: Christoph Beier und Jürgen Blenck)
4: Europa im Umbruch
   (Koordinator: Heiner Dürr)

Die Deutsche Bibliothek - CIP-Einheitsaufnahme
Deutscher Geographentag <49, 1993, Bochum>:
Tagungsbericht und wissenschaftliche Abhandlungen / 49. Deutscher Geographentag Bochum, 4. bis 9. Oktober 1993 / im Auftr. des Zentralverbandes der Deutschen Geographen hrsg. von Dietrich Barsch und Heinz Karrasch. - Stuttgart : Steiner.
   ISBN 3-515-06412-5
NE: Barsch, Dietrich [Hrsg.]; Tagungsbericht und wissenschaftliche Abhandlungen
Bd. 2. Ökologie und Umwelt. - 1995
Ökologie und Umwelt : Analyse, Vorsorge, Erziehung / koordiniert von Hans-Jürgen Klink. [Im Auftr. des Zentralverbandes der Deutschen Geographen hrsg. von Dietrich Barsch und Heinz Karrasch]. - Stuttgart : Steiner, 1995
   (Tagungsbericht und wissenschaftliche Abhandlungen / 49. Deutscher Geographentag Bochum, 4. bis 9. Oktober 1993 ; Bd. 2)
   ISBN 3-515-06710-8
NE: Klink, Hans-Jürgen [Hrsg.]

ISO 9706

Jede Verwertung des Werkes außerhalb der Grenzen des Urheberrechtsgesetzes ist unzulässig und strafbar. Dies gilt insbesondere für Übersetzung, Nachdruck, Mikroverfilmung oder vergleichbare Verfahren sowie für die Speicherung in Datenverarbeitungsanlagen. Gedruckt auf säurefreiem, alterungsbeständigem Papier. © 1995 by Franz Steiner Verlag Wiesbaden GmbH, Sitz Stuttgart. Druck: Druckerei Peter Proff, Eurasburg.
Printed in Germany

INHALT

Vorwort der Herausgeber (D. Barsch, H. Karrasch) 7
Einführung: Ökologie und Umwelt – Physische Geographie in einer
  veränderten Rolle (H.-J. Klink) 11
Öffentliches Einführungsreferat: Die ökologischen Herausforderungen
  der Politik (H. J. Baedeker) 15

Fachsitzung 1
(Leitung: H.-J. Klink und H. Sukopp)
Siedlungsökologie

Ökologische Orientierung der Stadtentwicklung in den neuen Bundes-
  ländern – Strukturwandel und Entwicklungschancen – Beispiel
  Stadtregion Leipzig (J. Breuste) 31
Naturerlebnisräume – Bausteine eines integrierten Naturschutzes in der Stadt
  (J. Frey) 40
Das kommunlae Umweltinformationssystem der Stadt Hannover – Nutzung
  für stadtökologische Fragestellungen (R. Lessing) 47
Bodenschutz in urbanen Ökosystemen (W. Burghardt) 56
Schwermetallbelastung von Kleingartenböden der Stadt Halle
  (M. Frühauf und K. Diaby) 65
Schwermetallgesamtinventar und umweltrelevante Gehalte von Kleingarten-
  böden der Stadt Witten/Ruhr (T. Held) 73
Industrietypische Flora und Vegetation im Ruhrgebiet – Naturschutz auf
  Industrieflächen (J. Dettmar) 86
Der stadtökologische Fachbeitrag – Geoökologie und kommunale Umwelt-
  planung (P. Reinirkens und C. Vartmann) 96

Fachsitzung 2
(Leitung: L. Finke und W. Kuttler))
Ökologie und Umweltpolitik

Zur Umsetzung naturwissenschaftlich-ökologischer Erkenntnisse in umwelt-
  politische Ziele (K. M. Meyer-Abich) 105
Ökologie und Umweltpolitik (P. Knauer) 110
Landschaftsökologische Grundlagen der Umweltpolitik – dargestellt an
  Beispielen aus dem Freistaat Sachsen (K. Mannsfeld) 116
Ökologischer Handlungsbedarf zur Sicherung der Mehrfachnutzung im
  Raum Leipzig-Halle (R. Krönert) 123
Regionalentwicklung versus Naturschutz in Brandenburg (H. Barsch und
  G. Saupe) 130
Gibt es einen ästhetischen Landschaftsverbrauch? – Das Beispiel der
  Errichtung von Windenergieanlagen (J. Hasse) 136

Fachsitzung 3
(Leitung: W. Burghardt und G. Haase)
Boden-, Gewässer und Biotopschutz

Struktur der Bodendecke und Bodendegradation und Gewässerbelastung
im Nordostdeutschen Tiefland (R. Schmidt) 145
Geographisch-geoökologische Beiträge zur Analyse und Bewertung von
Bodenbelastungen (C. Opp) 156
Die Gewässergütesituation ausgewählter Seengebiete im Land Brandenburg
– Beiträge aus dem Seenkatasterprojekt Brandenburg (O. Mietz und
J. Marcinek) 163
Aufbau eines Altlasteninformationssystems für den Raum Halle (C. Gläßer) 171

Fachsitzung 4
(Leitung: H. Volkmann und H. Kersberg)
Umwelterziehung

Umwelterziehung: Umwelt handelnd erfahren und schützen (H. Volkmann) 179
Umwelterziehung im Spannungsfeld zwischen wissenschaftlichem Anspruch
und ideologischem Mißbrauch (K. H. Erdmann und H. Kastenholz) 181
Ökologische Landschaftsbewertung – ein Beitrag zur Umwelterziehung
(H. Kersberg) 189
Empirische Untersuchungen zur Praxis der Umwelterziehung in der Bundes-
republik Deutschland 1985 und 1991. Ein Vergleich (G. Eulefeld) 197
Naturnahe Gestaltung von Schulbereichen – Möglichkeiten für handlungs-
orientierten Geographieunterricht (J. Härle) 205
Umweltprobleme des motorisierten Personenverkehrs (C. Stein) 211
Boden und Landwirtschaft – Bericht über eine projektorientierte, fächer-
übergreifende Unterrichtseinheit in Klasse 11 im Schuljahr 92/93
(M. Lauer) 219

Verzeichnis der Autoren 225

VORWORT

Die zunehmende Differenzierung in allen Wissenschaften hat auch vor der Geographie nicht haltgemacht. Spiegelbild dieser Entwicklung ist auch der Deutsche Geographentag, der seit mehr als 100 Jahren – von kriegsbedingten Unterbrechungen abgesehen – die deutschen Geographen alle zwei Jahre zusammenführt. Die Fülle der Themen, die der zunehmenden Spezialisierung entspricht, hat dazu geführt, daß derjenige der sich einen Überblick über den Stand der mitteleuropäischen Geographie verschaffen möchte, in der Fülle der Details versinkt. Auf der anderen Seite haben sich die Spezialisten in vielen Fällen auf dem Geographentag auch nicht mehr wiedergefunden, da ihnen in der Regel die Differenzierung noch nicht weit genug gegangen ist. Der Zentralverband der Deutschen Geographen als Organisator des Deutschen Geographentages hat dieses Dilemma seit langem verfolgt und versucht, Abhilfe zu schaffen. Ausdruck des empfundenen Unbehagens ist u.a. die Einsetzung einer Kommission gewesen, die sich unter Führung von Günter Heinritz mit einer Erneuerung, einer Reorganisation des Deutschen Geographentages beschäftigt hat. Diese Kommission hat eine Reihe von Vorschlägen erarbeitet; und auf dem Geographentag in Bochum ist zum ersten Mal versucht worden, dieses Konzept umzusetzen. Es sieht u.a. vor, daß der Geographentag in Leitthemen und streng mottogebundene Fachsitzungen strukturiert wird. Entsprechend der vier Leitthemen des 49. Geographentages werden nun auch 4 Teilbände vorgelegt. Die damit verbundene Volumenzunahme ermöglicht eine umfassende Dokumentation der Referate, zwar nicht in einer Langfassung, jedoch in einem Umfang, der i.a. über das in der Sitzung Dargebotene hinausgeht. Dazu kommen die Einführungen der Sitzungsleiter, die die Einzelthemen in den größeren Zusammenhang einordnen. Insgesamt hat es in Bochum die folgenden vier Leitthemen gegeben:

I   Umbau alter Industrieregionen
II Ökologie und Umwelt-Analyse, Vorsorge, Erziehung
III Die Dritte Welt im Rahmen weltpolitischer und weltwirtschaftlicher Neuordnung
IV Europa im Umbruch

Bei der Programmplanung des Bochumer Geographentages gab es ausgiebige Diskussionen darüber, inwieweit auch Fachsitzungen zugelassen werden können, die nicht durch die ausgewählten Leitthemen und die Arbeitskreissitzungen abgedeckt werden, die aber wichtige Forschungsfronten anzeigen und „auf den Markt drängen". Um niemanden auszugrenzen, einigte man sich auf zusätzliche Variasitzungen. Auf ihre Aufnahme in die wissenschaftlichen Abhandlungen des Geographentages sollte jedoch verzichtet werden, um nicht die angestrebte Transparenz zu verwischen. Damit ist freilich eine eigenständige Publikation solcher Sitzungen nicht ausgeschlossen, sondern grundsätzlich sogar zu begrüßen. Daß tatsächlich ein Bedarf für diese zusätzlichen Sitzungen bestand, wird

durch die 6 Variasitzungen belegt, die auf dem Geographentag stattfanden. Sie waren den folgenden Rahmenthemen gewidmet:
1. Ausbildung von Geographen /Arbeitsmarkt für Geographen
2. Geomorphologische Prozesse und Bilanzierungen
3. Karakorum und Himalaya – Berichte aus laufenden Forschungsprogrammen
4. Neue Raumstrukturen globaler Politik. Herausforderungen für die Politische Geographie
5. Raumbewertung mit Geographischen Informationssystemen - Anwendungen in der Umweltplanung
6. Fernerkundung und Geographische Informationssysteme im Umweltmonitoring

Eine weitere Neuerung des 49. Geographentages war es, daß auf eine langatmige Begrüßungszeremonie verzichtet werden sollte. Konsequenterweise ist daher in die Verhandlungsbände nur die Schlußansprache des neuen Zentralverbandsvorsitzenden aufgenommen worden, die eine Schlußbilanz beinhaltet. Es wurde also auch in der Publikation bei den offiziellen Reden kräftig „abgespeckt", was letztlich der ausführlicheren Dokumentation der mottogebundenen Fachsitzungen zugute kommt. Man mag bedauern, daß dadurch auch einige Vorträge von eingeladenen prominenten Rednern fehlen, so etwa der Eröffnungsvortrag des Bundesumweltministers Prof. Dr. Klaus Töpfer, der allerdings im „Rundbrief Geographie" veröffentlich worden ist.

Das neue Konzept macht – wie bereits angedeutet – auch eine Änderung der Form des Verhandlungsbandes des Deutschen Geographentages notwendig. Traditionsgemäß sind bisher die Einzelreferate in gekürzter Form (auch Zusammenfassung) unter den Themen der Fachsitzung, in der sie gehalten worden sind, publiziert worden. Dafür geben die bisherigen Bände den Beleg. Damit ist eine beachtliche Dokumentation der deutschen Geographie, wie sie auf den Geographentagen dargeboten worden ist, geschaffen worden. Möchte man jedoch, daß diese Bände nicht nur als Archiv, etwa zum Studium der Entwicklung von Fragestellungen, benutzt werden, sondern als Nachschlagewerk, dann ist es notwendig, daß hier andere Formen der Publikation gefunden werden. Für den letzten Verhandlungsband, der den Geographentag in Basel wiedergibt, ist deshalb an die einzelnen Fachsitzungsleiter der Wunsch herangetragen worden, zusammen mit dem Referenten einen gemeinsamen Aufsatz zum Thema der Fachgruppensitzung zu erstellen. In den meisten Fällen ist das auch hervorragend gelungen, so daß der Verhandlungsband zum 48. Geographentag Basel neben dem dokumentarischen Charakter vor allen Dingen aber einen echten Nachschlagcharakter und einen hohen Informationswert besitzt, der über die Darstellung der bisherigen Zusammenfassung weit hinausgehen dürfte.

Selbstkritisch sollte gesehen werden, daß durch die Teilung der Verantwortlichkeiten in Koordinatoren und Herausgeber der Erscheinungstermin der Publikation merklich verzögert wurde. Um weitere zeitliche Verluste zu vermeiden, mußten am Ende auch einige Kompromisse akzeptiert werden, die sich in manchen Uneinheitlichkeiten ausdrücken. Die Herausgeber sind aber mit den

Koordinatoren der Überzeugung, daß es gelungen ist, die neue Konzeption des Geographentages auch in den Verhandlungsbänden sichtbar zu machen. Mit großem Interesse wird verfolgt werden, wie die Aufgliederung in Teilbände von den Lesern aufgenommen werden wird und ob die erhoffte Steigerung der Verkaufszahlen realisiert werden kann.

Die Herausgeber danken namens des Zentralverbandes der Deutschen Geographen dem Verlag herzlich für die stets gute und reibungslose Zusammenarbeit.

Dietrich Barsch   Heinz Karrasch

EINFÜHRUNG:
ÖKOLOGIE UND UMWELT.
PHYSISCHE GEOGRAPHIE IN EINER VERÄNDERTEN ROLLE

Hans-Jürgen Klink, Bochum

Das physisch-geographische Leitthema des 49. Deutschen Geographentages in Bochum hieß „Ökologie und Umwelt – Analyse, Vorsorge, Erziehung". Darin kommt u.a. die veränderte Rolle zum Ausdruck, in der sich die Physische Geographie heute in vielen Hochschulen der Bundesrepublik Deutschland, darunter auch dem Geographischen Institut der Ruhr-Universität Bochum, befindet. Einer gesunkenen Zahl von Studierenden für das Lehramt steht eine stark gewachsene Zahl von Studierenden des Diplomstudienganges gegenüber. Die Anforderungen an die AbsolventInnen dieser Studiengänge verlangen die Betonung berufsbefähigender Ausbildungsinhalte. Deshalb müssen heute auch in der Physischen Geographie anwendungsorientierte Fragestellungen in den Vordergrund gestellt werden, ohne daß die Grundlagenforschung vernachlässigt werden darf. Diese notwendige Aufgabendifferenzierung stellt mitunter die Geographie an den Hochschulen vor schwerwiegende personelle und materielle Probleme.

Die Ökologie als integrierende Dachwissenschaft verfügt über das inhaltliche Potential zum Brückenschlag zwischen Forschung und Anwendung. Sie ist in der Lage, diesen Praxisbezug in vielfältiger Weise herzustellen. Dazu muß es ihr jedoch gelingen, ihre naturwissenschaftlich gewonnenen Ergebnisse und Bewertungen in gesellschaftspolitische Anfragen umzuformulieren und Politik und Wirtschaft zu umweltverträglichem Handeln zu veranlassen.

Mit dem Leitthema „Ökologie und Umwelt" sollte dem außerordentlichen Bedeutungsgewinn Rechnung getragen werden, den ökologische Forschung in der Raumwissenschaft Geographie hauptsächlich unter der Bezeichnung „Geoökologie" in den letzten zwei Jahrzehnten erlangt hat. Darüber hinaus sollte nach außen dargestellt werden, in welch starkem Maße der gesellschaftliche Bezug der Geoökologie in Fragestellungen angewandter Umweltforschung aufgegriffen wird. Die Themenfolge zeigt, daß auch gerade Fachkollegen aus den neuen Bundesländern in der Absicht, das Land neu zu gestalten, sich mit großem Engagement in die anwendungsbezogene Umweltforschung eingebracht haben.

Um die Spannweite der Ökologie zu verdeutlichen, haben wir das Leitthema „Ökologie und Umwelt" in vier spezifizierte Fachsitzungen gegliedert:
– Siedlungsökologie, vornehmlich Stadtökologie
– Ökologie und Umweltpolitik
– Boden-, Gewässer- und Biotopschutz
– Umwelterziehung.

Mit diesen vier Fachsitzungen sind Schwerpunkte geoökologischer Forschung und Lehre angesprochen.

Es war naheliegend, im Ruhrgebiet ein Thema zu wählen, das in einer Städte- und Altindustrieregion von besonderer Bedeutung für die Forschung und Anwendung ist, nämlich Stadtökologie. Die Vorträge in dieser Fachsitzung lassen einen Block stadtökologische Grundlagenforschung und einen Block Einflußnahme stadtökologischer Forschung auf Stadtplanung und -entwicklung erkennen. Im ersten Block berichtet BURGHARDT allgemein über Bodenentwicklung, Bodenfunktionen und Bodenschutz im städtischen Lebensraum. Mit städtischen Böden in gärtnerischer Nutzung und ihrer Belastung mit Schwermetallen befassen sich die Referate von FRÜHAUF & DIABY und HELD. Die Ergebnisse gestatten einen Vergleich zwischen den Gehalten an bodenkontaminierenden Inhaltsstoffen in Nutzgärten der Stadt Halle an der Saale und solchen in Witten im südöstlichen Ruhrgebiet. Untersuchungsergebnisse über die Ansiedlung industriespezifischer Pflanzen und Pflanzengemeinschaften auf Industriebrachen des Ruhrgebietes und die sich hieraus ergebenden neuen Aufgaben für den Naturschutz stellt DETTMAR vor.

Die andere Gruppe von Beiträgen aus dieser Fachsitzung behandelt vornehmlich das Problem der Beeinflussung von Stadtplanung und -entwicklung durch Ergebnisse stadtökologischer Forschung, so BREUSTE, FREY und LESSING. Darüber hinaus entwickeln REINIRKENS & VARTMANN einen Bebauungsplan auf der Grundlage geoökologischer Untersuchungen an Boden, Bodenwasserhaushalt, Geländeklima und vorhandener Vegetation für die Stadt Witten.

Mit Fragen der Umsetzung geoökologischer Arbeitsergebnisse in umweltpolitische Ziele und die Raumplanung auf regionaler Ebene beschäftigt sich die Fachsitzung „Ökologie und Umweltpolitik". Sie umfaßt zunächst Grundsatzreferate von MEYER-ABICH und KNAUER. Der Beitrag von MANNSFELD zeigt sodann, auf welchen geoökologischen Datenfundus die Raumplanung in den neuen Bundesländern zurückgreifen kann. Außerdem werden Planungsfälle vorgestellt, bei denen eine geoökologische Begleitung erforderlich ist (KRÖNERT, BARSCH & SAUPE). Mit dem ästhetischen Landschaftsverbrauch speziell durch Windkraftanlagen beschäftigt sich HASSE.

Die wichtigen Umweltschutzgüter Boden, Wasser und Biotope sind Gegenstand der Fachsitzung Boden-, Gewässer- und Biotopschutz. So behandelt das Referat von SCHMIDT die Struktur der Bodendecke, die Bodendegradation und Gewässebelastung im Norddeutschen Tiefland. Der Beitrag von OPP beschäftigt sich mit der Analyse und Bewertung von Bodenbelastungen aus geographisch-ökologischer Sicht und fordert eine verstärkte Hinwendung der Geoökologie zu diesen Fragestellungen. Die Gewässergüte ausgewählter Seengebiete im Land Brandenburg beleuchten MARCINEK & MIETZ. Dieser Beitrag gibt einen Einblick in das Seenkatasterprojekt Brandenburgs, an dem die beiden Autoren arbeiten. Über den Aufbau eines Altlasteninformationssystems für den Raum Halle am dortigen geographischen Institut berichtet GLÄßER.

Ein besseres Umweltverständnis und damit auch nachhaltige Erfolge im Umweltschutz werden nur über eine bessere Umwelterziehung zu erreichen sein, die nicht nur in allen Schulformen, sondern auch in der Erwachsenenbildung zu vermitteln ist. Diesem wichtigen Aufgabenfeld eines vorsorgenden Umweltschutzes widmet sich die Fachsitzung „Umwelterziehung", auf der sieben von VOLKMANN kommentierte Vorträge gehalten worden sind.

Ergebnisse ökologischer Forschung erhalten in der eng gewordenen und durch die Aktivitäten des Menschen in vielfältiger Weise belasteten Welt von heute rasch eine politische Dimension und werden zu einer Herausforderung des menschlichen Überlebens- und Gestaltungswillens. Dazu müssen Forschungsergebnisse, teilweise unter Hinnahme von Vereinfachungen, für die Entscheidungsträger in Politik und Wirtschaft überzeugend aufbereitet und in gesellschaftsrelevante Handlungsanweisungen umgesetzt werden. Die wohl größte Herausforderung für den Ökologen besteht in der Mitgestaltung einer auf die nachhaltige Nutzungsmöglichkeit der Naturgüter ausgerichteten Umweltpolitik. Zur Einstimmung auf diese Fragestellung haben wir mit Herrn Staatsselretär Dr. BAEDEKER vom Ministerium für Umwelt, Raumordnung und Landwirtschaft des Landes Nordrhein-Westfalen einen aktiven Umweltpolitiker gebeten, ein Grundsatzreferat über die wechselseitigen Herausforderungen von Ökologie und Politik zu halten.

DIE ÖKOLOGISCHEN HERAUSFORDERUNGEN DER POLITIK

Rede des Staatssekretärs Dr. Hans Jürgen Baedeker,
Ministerium für Umwelt, Raumordnung und Landwirtschaft
des Landes Nordrhein-Westfalen

Im Einführungsreferat des heutigen Tages möchte ich die Spannweite der ökologischen Herausforderungen an die Politik ansprechen und an Einzelbeispielen Ziele und Verfahren verdeutlichen.

Meine Damen und Herren,
Wirtschaft und Umwelt stehen in weltweiten Beziehungen. Beschäftigung, Produktion und Umweltbelastungen sind Auslöser und Folge internationaler Veränderungen. Nationale Strategien allein können weder ökonomisch noch ökologisch erfolgreich sein.

Die Konferenz für Umwelt und Entwicklung, die letztes Jahr in Rio de Janeiro stattgefunden hat, hat zwei Aspekte noch einmal deutlich unterstrichen, die für die ökonomische und ökologische Zukunft ausschlaggebend sind:
– die Verantwortlichkeit der westlichen Industrieländer für die bislang erkennbaren globalen Umweltprobleme auf der einen Seite
– und das Recht der Entwicklungsländer, und das sind 80 % der Weltbevölkerung, durch zunehmende Industrialisierung materiellen Wohlstand zu erreichen, auf der anderen Seite.

Wir wissen, daß die Übertragung der Wirtschaftsweisen und der Wertesysteme der westlichen Industrieländer auf die Entwicklungsländer zur endgültigen ökologischen Weltkatastrophe führen würde. Daraus erwächst die Verantwortung für die industrialisierten Länder,
– eine ökologische und ökonomische Vorbildfunktion einzunehmen und
– zur Verbesserung der Lebensbedingungen in den benachteiligten Ländern beizutragen.

Letztlich muß also verhindert werden, daß ein ökologisch verhängnisvoller ungebremster Industrialisierungsprozeß, wie wir ihn in der Vergangenheit erlebt haben, in den nächsten Jahren von Ländern der Dritten Welt nachvollzogen wird.

Diese Verpflichtung muß in allen Industrieländern vor dem Hintergrund äußerst geringer finanzwirtschaftlicher Handlungsspielräume und wachsender ökonomischer Probleme vollzogen werden. Gerade vor diesem Hintergrund wird es nur möglich sein, dieses Ziel zu erreichen, wenn Produktionsverfahren verändert werden, Energie drastisch eingespart wird und wir eine umweltgerechte Veränderung der Lebensstile und Verhaltensweisen erreichen.

Das heißt:
Der Umbau der Industriegesellschaft muß vorangetrieben werden durch eine ökologische Gesellschaftspolitik:

- Umweltpolitik und Umweltgesetzgebung müssen sich noch stärker als bislang vom Vorsorge- und Verursacherprinzip leiten lassen.
- Produktion und Konsum müssen sich soweit wie möglich am Ziel einer Kreislaufwirtschaft orientieren.
- Der Verbrauch von Energie muß durch ökonomische Instrumente wie z.B. eine Energiesteuer drastisch verringert werden.
- Unternehmerischer Initiative und Verantwortung muß Raum gegeben werden, um ökonomisch und ökologisch sinnvolle Entscheidungen in eigener Verantwortung zu ermöglichen.
- Selbstverständlich muß diese verstärkte Eigenverantwortung aber um Haftungsregeln ergänzt und mit Informationspflichten verbunden werden.

Eine dauerhafte Entwicklung ist allerdings nur zu erreichen, wenn Umweltpolitik langfristiger, verläßlicher und vorhersehbarer wird. Solange Mehrheiten in der Umweltpolitik an Konjunkturen aktueller Probleme festgemacht werden nach dem Motto „der Schadstoff des Monats", sind Regelungen oft überdimensioniert, kurzatmig und unstimmig, weil die Erfolge erreicht werden sollen, solange die entsprechende Bewußtseinskonjunktur anhält.

Daraus entstehen Kostenargumente, Widerstände und Frustrationen über Vollzugsdefizite, die den tatsächlich möglichen ökologischen Fortschritt beeinträchtigen.

Langfristige und vorhersehbare Umweltpolitik ermöglicht dagegen die Integration von Umweltschutzmaßnahmen in den Produktionsprozeß. Das führt zu zusätzlichen technischen Innovationen, neuen Beschäftigungsmöglichkeiten und zur Verminderung volkswirtschaftlicher Kosten, weil nachgeschaltete Reparaturen von Umweltschäden weitgehend vermieden werden können.

Meine Damen und Herren,
ein zentraler Ansatzpunkt für eine nachhaltige und glaubwürdige Veränderung beim Verbrauch und bei der Belastung von Umweltgütern ist die Frage des Energieeinsatzes bei Produktion und Konsum.

Die derzeitige Energieversorgung und Energieverwendung hat verschwenderische Züge und kann durch die damit verbundenen Emissionen das Weltklima dauerhaft verändern.

Deshalb hat sich in den vergangenen Jahren immer stärker die Einsicht durchgesetzt, daß die ökologische Erneuerung der Industriegesellschaft nur gelingen kann, wenn der Energieeinsatz und die dabei entstehenden Schadstoffemissionen drastisch verringert werden.

Dabei bleibt richtig, daß Energie in einer modernen Industriegesellschaft jederzeit im notwendigen Umfang zur Verfügung stehen muß.

Vor diesem Hintergrund hat die Landesregierung von Nordrhein-Westfalen schon vor 10 Jahren energiepolitische Ziele formuliert, die heute mehr denn je gelten:
1. Die Schonung der Umwelt und Ressourcen
2. Sicherung der Energieversorgung
3. Die Steigerung der Wettbewerbsfähigkeit
4. Die Schaffung eines gesellschaftlichen Grundkonsenses.

Dem Umwelt- und Ressourcenschutz kommt dabei eine besondere Bedeutung zu. Er steht nicht nur zufällig an erster Stelle. Die Verschärfung der Klimaproblematik macht es zwingend, daß umwelt-, wirtschafts- und sozialpolitische Zielvorstellungen der Energiepolitik über das bisher erreichte Maß hinaus gegenseitig in Übereinstimmung gebracht werden.

Die Landesregierung Nordrhein-Westalen setzt dabei mit ihrem energiepolitischen Konzept auf 3 Elemente:
– Moderne Technik nutzen für die Steigerung der Energieproduktivität, für rationelle Energieverwendung und für den sparsamen Umgang mit Energie,
– moderne Technik nutzen für neue unerschöpfliche Energiequellen,
– moderne Technik nutzen für die umweltverträglichliche Verwendung der heimischen Kohle.

Wir wollen damit Ökonomie und Ökologie soweit wie irgend möglich in Einklang bringen.

Der rationellen Energieverwendung kommt dabei höchste Priorität in der Energiepolitik zu. Sie ist, quasi naturgesetzlich, der entscheidende Ausweg, weil sich Kohlendioxid weder durch Filter noch durch Katalysatoren verringern oder gar beseitigen läßt.

Das heißt:

Wir müssen die Verbrennung fossiler Energieträger weiter verringern.

Die Energiewirtschaft steht in einem tiefgreifenden Strukturwandel. Es ist heute nicht mehr ihre einzige Aufgabe, möglichst billig möglichst viel Energie herzustellen und zu verkaufen.

Ihre Aufgabe besteht heute darin, intelligente Lösungen zu entwickeln, wie mit möglichst geringem Energieeinsatz und möglichst wenig Umweltbelastung Licht, Kraft und Wärme bereitgestellt werden können.

Wenn ich gesagt habe, rationelle Energieerzeugung und -verwendung muß zur obersten Priorität werden, dann gilt das für die Energieerzeuger ebenso wie für die Energieverbraucher.

Staatliche Reglementierungen der Wirtschaft, das gesetzliche Vorschreiben einer bestimmten Technologie bringen selten optimale Ergebnisse. Besser ist es, die Rahmenbedingungen so zu gestalten, daß Unternehmen und Verbraucher aus eigenem Antrieb so handeln, daß ihre wirtschaftlichen Interessen und der Schutz der Umwelt zusammenpassen.

Die Technik ist meist nicht der Engpaß. Es geht auch nicht um den Verzicht auf Technik, sondern um den Einsatz besserer, intelligenterer Technik.

Strukturwandel in der Energieversorgung beginnt nicht auf dem Reißbrett, auch nicht in politischen Gremien oder Verwaltungen. Ein solcher Strukturwandel beginnt in den Köpfen der Menschen.

Die Politik kann den Rahmen vorgeben, z.B. durch Einflußnahme auf die Gestaltung der Energiepreisstruktur oder auf die Stromtarifstrukturen.

Das Verbraucherbewußtsein läßt sich auch dadurch beeinflussen, daß der Energieverbrauch durch Zähl-, Meß-, Regel- und Überwachungsanlagen bewußt gemacht wird. Entsprechend handeln können aber nur die Verbraucher selbst.

Ein wichtiger Punkt zur Beeinflussung des Nachfrageverhaltens ist im Bereich der Stromversorgung das Anreizen zu stromsparendem Verhalten durch Programme der Elektrizitätsversorgungsunternehmen, beispielsweise durch Beleuchtungs-, Heizungs- und Haushaltsgeräteprogramme.

Ein weiterer wichtiger Punkt zur Beeinflussung des Energieverbrauchs ist die Forcierung ökologischen Bauens, die Verminderung von Energieverlusten bei Neubauten und der Modernisierung von Altbauten oder auch die Nutzung von Abwärme aus Produktionsprozessen.

Auch Verkehrsangebote, Verkehrsleistungen und Verkehrsbedarf müssen nachhaltig verändert werden.

Angesichts der finanziellen Dimensionen, die mit Veränderungen im Hauswärmebereich und im Verkehrsbereich verbunden sind, ist das Beharrungsvermögen von Produzenten und Verbrauchern gerade hier besonders hoch. Dieses Beharrungsvermögen wird dadurch gestärkt, daß z.B. in Deutschland Wohnungen fehlen, die Bezahlbarkeit von Mieten ein Problem darstellt und neue Verkehrsbedarfe durch Freizügigkeit z.B. in Europa erst gerade entstanden sind und noch weiter entstehen werden.

Durchgreifende und nachhaltige Veränderungen werden wir in diesem wichtigen Bereich deshalb nur erreichen, wenn wir die Veränderungen nicht nur mit gesetzlichen Anforderungen, also dem Ordnungsrecht, durchzusetzen versuchen, sondern zugleich ökonomische Anreize schaffen, die zur Verhaltensänderung führen.

Daher ist es von zentraler Bedeutung für das Gelingen einer ökologischen Gesellschaftspolitik, daß für ihre Ziele steuerliche Maßnahmen genutzt werden. Dabei haben die bisherigen Maßnahmen zur Erhöhung der Mineralölsteuer allerdings lediglich fiskalische Zwecke verfolgt und damit ökologische Ansätze teilweise eher diskreditiert, weil sie nur unter dem Gesichtspunkt zusätzlicher steuerlicher Belastung diskutiert werden.

Was wir brauchen, ist eine umfassende, zumindest europaweit geltende, Energiesteuer auf den Einsatz aller Energieträger, die aufkommensneutral ausgestaltet wird, also den Energieverbrauch belastet und die Steuerpflichtigen an anderer Stelle entlastet. Damit sind Preissignale verbunden und können Investitionen zur Effizienzsteigerung bei der Energieumwandlung ausgelöst werden. Wir brauchen diese Steuer dringend. Leider liegt sie derzeit in Brüssel fest.

Meine Damen und Herren,
dadurch wird deutlich, daß die ökologischen Herausforderungen der Politik eine europäische Dimension haben.

Durch den EG-Vertrag von Maastricht sind die vertragsrechtlichen Grundlagen für die gemeinschaftliche Umweltpolitik und ihre Weiterentwicklung zur gemeinschaftlichen Gewährleistung eines hohen Schutzniveaus ergänzt worden.

Das muß Folgen haben für die Entscheidungs- und Entschlußfähigkeit der Europäischen Gremien bei der Festlegung von allgemeinen Zielen der Umweltpolitik auf hohem Schutzniveau. Das gilt z.B. für die notwendige Energiebesteuerung oder die Regelung des europäischen Transportwesens.

Mit Maastricht hat aber auch das Subsidiaritätsprinzip eine neue Ausprägung erfahren.

Es kann und muß erreicht werden, daß in der Umweltpolitik Überregulierungen verhindert werden und möglichst bürgernahe, effiziente und transparente Entscheidungen ermöglicht werden.

Deshalb hat z.B. die Umweltministerkonferenz der Bundesrepublik gefordert, daß die umweltpolitischen Maßnahmen der EG in gleicher Weise einer Überprüfung des Subsidiaritätsprinzips unterzogen werden, wie dies auch für andere Bereiche der Gemeinschaftspolitik gilt.

Die Überprüfung soll sich sowohl auf bereits erlassene Maßnahmen als auch auf Vorschläge erstrecken.

In die Überprüfung sollen einbezogen werden die Regelungsebene, die Regelungsdichte und der Regelungsumfang der Gemeinschaftsakte.

Das Subsidiaritätsprinzip darf aber nicht als Begründung dafür herhalten, Umweltpolitik zu renationalisieren. Materielle Mindestanforderungen müssen gerade aus Gründen einer umweltverträglichen Wirtschaftsentwicklung innerhalb der Gemeinschaft EG-weit gelten und fortentwickelt werden.

Die Vermeidung von Wettbewerbsverzerrungen muß dabei neben der Herstellung des hohen Schutzniveaus aber ebenfalls ein Kriterium für gemeinschaftliches Handeln sein. Es muß sichergestellt werden, daß gemeinschaftliches Umweltrecht in allen Mitgliedstaaten nicht nur rechtlich umgesetzt, sondern auch tatsächlich vollzogen wird.

Leider ist es zutreffend, daß trotz zunehmender Regelungsdichte auf der EG-Ebene im Umweltbereich nach wie vor sehr unterschiedliche Standards in den Mitgliedstaaten zu verzeichnen sind.

Daraus dürfen aber national nicht falsche Schlüsse gezogen werden. Es darf nicht um weniger Umweltschutz gehen, sondern es müssen auch aus Gründen der Wettbewerbsfähigkeit gleiche – und zwar gleich hohe – Standards innerhalb der EG erreicht werden.

Bis Ende 1993 will die EG-Kommission eine Liste vorlegen, die die Rechtsakte enthält, die nach Auffassung der Kommission zurückgezogen oder geändert werden sollen. Dabei will die Kommission vor allem im Bereich der Luftreinhaltung und des Gewässerschutzes die bestehenden Vorschriften nach Maßgabe neuester Erkenntnisse vereinfachen und anpassen.

Aus der Sicht eines Bundeslandes ist es dabei dringend erforderlich, daß die Fragen der Administrierbarkeit intensiv diskutiert werden.

Es muß vermieden werden, daß künftig die Verläßlichkeit und Kalkulierbarkeit der nationalen Umweltpolitik durch überperfektionierte EG-Regelungen gestört werden.

Meine Damen und Herren,
Umweltschutz muß in der fortgeschrittenen Industriegesellschaft ein selbstverständliches Strukturelement sein.

Der Schutz und die Erhaltung der natürlichen Lebensgrundlagen sind nicht nur ethisches Gebot, sondern auch Grundlage einer dynamischen wirtschaftlichen und gesellschaftlichen Entwicklung. Sie führen zu technologischem Fortschritt und neuen Beschäftigungsmöglichkeiten.

Sie bilden den Rahmen einer sogenannten dauerhaften Entwicklung, die angesichts der weltweit bedrohten Lebensbedingungen Bewußtsein und Verhalten zunehmend bestimmen muß und bestimmen wird.

Es wäre kurzsichtig und fatal, Umweltschutz angesichts konjunktureller und struktureller Einbrüche und damit verbundener fehlender Finanzierungsspielräume zur Disposition zu stellen.

Ökologische Schäden müßten dann später mit zusätzlichem Kostenaufwand repariert werden. Denn ignoriert werden können derartige Schäden auf Dauer nicht. Die Staaten im Osten Europas, die das für eine gewisse Zeit versucht haben, sind schließlich nicht zuletzt auch daran gescheitert.

Und auch die Situation in den neuen Bundesländern macht auf eindrucksvolle Weise deutlich, in welchem Maße die Vernachlässigung des Umweltschutzes zu einem Hindernis für die wirtschaftliche Entwicklung werden kann.

Im übrigen darf bei dieser Diskussion nicht vergessen werden, daß auch bei uns noch manche Sünde der Vergangenheit in Ordnung gebracht werden muß, um den wirtschaftlichen Fortschritt nicht zu hemmen. Die Sanierung und Reaktivierung alter Industriebrachen ist dafür ein besonders wichtiges Beispiel.

Die seit einigen Jahren erkennbaren Veränderungen in der weltwirtschaftlichen Arbeitsteilung, wirtschaftspolitische Entwicklungen in Europa und – last not least – die finanziellen Kosten der Deutschen Einheit bieten allerdings in der Tat einen Anlaß, die Qualität des Produktions- und Wirtschaftsstandortes Deutschland zu diskutieren.

Die Bundesregierung hat dazu ein umfangreiches Papier vorgelegt, das die aus ihrer Sicht notwendigen Schritte der Zukunftssicherung darstellt. Die Zielsetzungen der Bundesregierung weisen nach unserer Überzeugung zwar eine ganz beträchtliche soziale Schieflage auf. Sie lassen aber erkennen, daß strukturelle Probleme vor allem in
– der öffentlichen Verschuldung, der damit verbundenen hohen Zinsbelastung und Gefährdung der Geldwertstabilität,
– den hohen Löhnen und Lohnnebenkosten,
– der Abgabenquote, d.h. der Belastung der Bürger und Unternehmen mit Steuern und Sozialabgaben,
– falschen ökonomischen Anreizen durch staatliche Interventionen und Subventionen und
– unzureichender technologischer Erneuerung durch falsche oder zu späte Managemententscheidungen in den Unternehmen
gesehen werden.

Es ist zwar nicht zu bestreiten, daß in der Bundesrepublik Deutschland vergleichsweise strenge und weitreichende Vorschriften zum Schutz der natürlichen Lebensgrundlagen gelten.

Studien von Prognos, dem Deutschen Institut für Wirtschaftsforschung und dem Rheinisch-Westfälischen Institut für Wirtschaftsforschung haben aber gezeigt, daß die Belastungen der deutschen Wirtschaft durch den Umweltschutz – entgegen häufigen Behauptungen – nicht so gravierend sind, daß sie im internationalen Vergleich ein ausschlaggebender Standortnachteil wären.

Studien in der Schweiz von der Hochschule St. Gallen weisen in die gleiche Richtung. Es hat sich auch dort gezeigt, daß Umweltschutzvorschriften und ihre Durchsetzung selbst multinationale Unternehmen nicht ins Ausland verdrängen.

Allerdings hat sich auch gezeigt, daß Umweltvorschriften, die erst am Ende von Produktions- und Umwandlungsprozessen ansetzen, also sogenannte End-of-pipe-Regelungen, am ehesten die Investitionsneigung im Inland bremsen, falls Kostenbelastungen im Ausland wesentlich niedriger sind.

Aus den vorliegenden Studien ist zu folgern:

Eine leistungsfähige Volkswirtschaft ist auf leistungsfähigen Umweltschutz angewiesen, um richtige strukturelle und technologische Initiativen zu entwickeln. Das Wecken und Einbinden unternehmerischer Eigenverantwortung muß dabei eine zentrale Rolle spielen.

Die Studien haben daneben auch die unmittelbaren wirtschaftlichen Wirkungen der Umweltpolitik festgestellt. Umweltschutz führt danach durch technische Entwicklungen zu betrieblichen Kostensenkungen. Darüber hinaus werden durch Umweltschutz auch für viele Branchen bedeutsame Märkte geschaffen. Das Marktvolumen für Umweltschutz beträgt derzeit in Deutschland etwa 60 Mrd. DM pro Jahr. Es werden erhebliche Zuwächse in den nächsten Jahren erwartet.

Die Erfolge der deutschen Anbieter von Umweltschutzgütern und Dienstleistungen zeigen sich auch am Arbeitsmarkt. In aktuellen Studien werden etwa 630.000 bis 800.000 Beschäftigte der Umweltindustrie zugerechnet. Davon entfallen etwa 120.000 bis 160.000 z.B. auf Nordrhein-Westfalen. Auch hier werden beträchtliche weitere Zuwächse erwartet.

Die Zahlen belegen, daß eine dem ökologisch orientierten Strukturwandel verpflichtete Politik auch beschäftigungspolitisch sinnvoll ist.

Wir sehen darin eine Bestätigung unserer Politik der ökonomischen und ökologischen Erneuerung in einem alten Industrieland.

Vor 10 Jahren hat die Landesregierung Nordrhein-Westfalen als erste ein umfassendes Umweltprogramm entwickelt und beschlossen.

Dabei haben wir die sozialen, die wirtschaftlichen und die ökologischen Interessen und Bedingungen im Zusammenhang gesehen. Unser Motto war und ist: Arbeit und Umwelt, beides gleichzeitig, nicht das eine gegen das andere, nicht das eine oder das andere.

In Nordrhein-Westfalen als größtem industriellem Ballungsraum Europas haben wir so in den vergangenen 10 Jahren erreicht, Grundvoraussetzungen für ökologisch nachhaltiges Wirtschaften zu schaffen.

– Umweltschutz wird nicht mehr als ökonomische Bedrohung, sondern als gesellschaftlich notwendig, in vielen Bereichen auch als ökonomische Chance begriffen.
– Es gibt heute in unserem Land, das besondere Narben und Wunden durch die industrielle Entwicklung zu tragen hatte, einen Konsens, daß Industrielandschaften ohne ökologische Erneuerung keine Zukunftschance haben.
– Nordrhein-Westfalen hat heute einen Spitzenplatz in der Umwelttechnologie und weist eine Umweltforschungslandschaft außerordentlicher Vielfalt und Breite auf.

Wir haben diesen Stand im Zuge ganz erheblicher umweltpolitischer Erfolge erreicht. Ich möchte dafür einige Bespiele nennen:
- Im Bereich der Luftreinhaltung wird seit 1984 ein enormes technisches Umrüstungsprogramm bei Kraftwerken und Industrieanlagen durchgeführt. Die Emissionen an Schwefeldioxid sind um 89 %, bei Stickoxiden um 74 % und bei Schwebstäuben um 89 % zurückgegangen. Drei Viertel der umzurüstenden Industrieanlagen – insgesamt 3.877 – wurden bereits modernisiert. Das Wort Willy Brandts vom „blauen Himmel über der Ruhr", vor 30 Jahren von vielen belächelt, ist Wahrheit geworden.
- Für den Bereich des Gewässerschutzes gilt, daß rund 96 % der Einwohner an vollbiologische Kläranlagen angeschlossen sind. Für eine weitere Verbesserung der Klärleistungen – insbesondere die Phosphor- und Stickstoffelimination – und für die Sanierung öffentlicher Kanalnetze sind bereits umfangreiche Investitionsprogramme in Angriff genommen worden, die jetzt konsequent abgearbeitet werden.
- Die positiven Wirkungen der verbesserten Klärtechnik zeigen sich z.B. an der hervorragenden Wasserqualität der Ruhr und am Artenreichtum des Rheins. Hier leben heute wieder etwa 42 Fischarten und etwa 100 Arten von Kleinlebewesen, soviel wie zuletzt im Jahre 1920.
- Auch auf dem Gebiet der Abfallwirtschaft haben wir deutliche Erfolge zu verzeichnen: Von den produktionsspezifischen Abfällen in Nordrhein-Westfalen, das sind 35 Mio. Jahrestonnen, werden gegenwärtig etwa 55 % in Recyclingbetrieben und durch Recyclingmaßnahmen wiederverwertet, nämlich 19 Mio. Jahrestonnen. Damit liegt Nordrhein-Westfalen an der Spitze aller Bundesländer und aller vergleichbaren Industrieregionen.

Parallel zu allen diesen Maßnahmen haben wir erreicht, daß heute rund 80.000 ha (2,23 % der Landesfläche) unter Naturschutz gestellt worden sind.

Daneben spielt der Freiraumschutz auch für solche Flächen, die nicht unter Naturschutz gestellt werden, eine wesentliche Rolle.

Nordrhein-Westfalen gehört mit 510 Einwohnern pro Quadratkilometer zu den am dichtest besiedelten Industrieregionen der Welt. Der Anteil der besiedelten Flächen im Verhältnis zu den freien Flächen ist mit gut 20 % in Nordrhein-Westfalen fast doppelt so hoch wie im Durchschnitt der übrigen alten Länder der Bundesrepublik. In den Ballungskernen liegt der durchschnittliche Flächenanteil sogar bei über 50 %.

Es ist daher nicht verwunderlich, daß die Umweltpolitik in Nordrhein-Westfalen bereits sehr früh auf diese Situation reagiert hat. Hierfür sind insbesondere die Instrumente der Raumordnung und Landesplanung interessant, da sie sowohl Siedlungsbelange wie naturräumliche Belange steuern. Im Jahr 1976 wurde in Nordrhein-Westfalen mit dem Landesentwicklungsplan III der erste raumordnerische Umweltschutzfachplan in der Bundesrepublik aufgelegt; er sollte vor allem die Erholungsgebiete und Grundwasserreservoire im ländlichen Raum schützen. Aber schon nach wenigen Jahren stellte sich heraus, daß der spezialisierte Schutz von einzelnen Freiraumfunktionen allein nicht genügen kann. Gerade in den dicht besiedelten Industriegebieten muß es darauf ankommen, den noch vorhandenen freien Raum als solchen und in allen seinen Bestandteilen zu sichern. Mit der Neufassung des Landesentwicklungsplanes III von 1987 – der den programmatischen Titel trägt „Umweltschutz durch Sicherung natürlicher Lebensgrundlagen" – wurde deshalb in Nordrhein-Westfalen das bis heute modernste und umfassendste Schutzkonzept für den freien Raum verwirklicht. Dabei werden nicht einzelne schutzwürdige Freiräume herausgestellt, sondern das gesamte Land wird flächendeckend eingeteilt in Siedlungsraum und in Freiraum. Diese Aufteilung wird zugleich in einer Karte zeichnerisch dargestellt, damit auch optisch die Konfliktlinien veranschaulicht werden. Für den so festgelegten Freiraum wird als verbindliches landesplanerisches Ziel eine „relative Umwidmungssperre" eingeführt. Danach darf Freiraum für andere Funktionen, d.h. z.B. für Zwecke der Bebauung oder des Verkehrs, nur in Anspruch genommen werden, wenn die Inanspruchnahme nachweisbar erforderlich ist. Dies ist namentlich dann der Fall, wenn Bedarf für eine bestimmte Nutzung besteht, die nicht innerhalb des Siedlungsraums oder durch Ausbau vorhandener Infrastruktur befriedigt werden kann. Die Voraussetzungen gelten jedoch als erfüllt, wenn eine gleichwertige Fläche dem Freiraum wieder zugeführt oder in eine innerstädtische Grünfläche umgewandelt wird. Auf diese Weise erhalten die kommunalen Planungsträger eine Planungsflexibilität, ohne daß die ökologische Gesamtbilanz verschlechtert wird.

Zur Zeit befinden wir uns in der Novellierung des LEP III, mit der insbesondere die planungsrechtlichen Grundlagen für den Aufbau eines landesweiten Biotopsystems geschaffen werden sollen. Zu diesem Zweck sollen fast 10 % der Landesfläche, im LEP III als „Gebiete für den Schutz der Natur" ausgewiesen werden.

Trotz dieser sehr gezielten Politik zum Schutz des Freiraums können wir konstatieren, daß in Nordrhein-Westfalen keine Investition an fehlenden Flächen scheitert.

Durch den Grundstücksfonds Ruhr und einen landesweiten Grundstücksfonds sind bereits 1980 bzw. 1984 zentrale Instrumente zur Flächenreaktivierung von Brachflächen geschaffen worden. Dies ist eine notwendige Flankierung der Freiraumschutzpolitik der Landesregierung. Denn nur durch eine gezielte Inanspruchnahme brachgefallener alter Industrieflächen kann erreicht werden, bei gegebenem Bedarf das Ausweichen in den Freiraum zu verhindern.

Mit den zur Verfügung stehenden Mitteln der Grundstücksfonds hat das Land seit 1980 insgesamt 154 Brachflächen mit einer Gesamtfläche von etwa 1955 ha erworben. Hiervon konnten nach Aufbereitung und Herrichtung bis Ende 1992 rund 484 ha für eine neue Nutzung veräußert werden. Die erfreuliche Entwicklung in der Vermarktung der Flächen zeichnet sich dadurch aus, daß von den 484 ha über die Hälfte, nämlich 252 ha, in den letzten vier Jahren vermarktet werden konnten.

Gerade hochbelastete Gebiete alter Industrielandschaften, wie z.B. der Emscher-Lippe-Raum in Nordrhein-Westfalen, können im übrigen Attraktivität für wirtschaftliche Investitionen nur erhalten und wiedergewinnen, wenn Wasser, Boden und Luft über eine hinreichende ökologische Leistungsfähigkeit verfügen.

Wir tragen dazu mit dem Ökologie-Programm-Emscher-Lippe und mit der Internationalen Bauaustellung Emscher-Park bei.

Meine Damen und Herren,
wir müssen uns über folgendes im klaren sein:

Für die Lösung der Zukunftsaufgaben brauchen wir einen umfassenden und durchgehenden Neuansatz: eine ökologische Dynamik, die die wirtschaftliche Leistungskraft, die soziale Verträglichkeit und den ökologischen Fortschritt konzeptionell zusammenbindet. Das folgt aus der weltweiten ökologischen, ökonomischen und sozialen Bedrohung der Lebensbedingungen.

Zur Lösung der Probleme brauchen wir in den 90er Jahren nicht weniger, sondern mehr Umweltschutz. Deshalb muß aus Gründen der Zukunftsvorsorge der ökologische Fortschritt auch bei uns beschleunigt werden.

Der notwendige Fortschritt wird aber mittlerweile durch die Art, die Fülle und das Änderungstempo vor allem von Bundes- und EG-Umweltvorschriften gebremst. Sie haben inzwischen ein Ausmaß angenommen, das den ökologischen Fortschritt teilweise blockiert, weil Neuerungsmöglichkeiten oft in den langwierigen und komplizierten Prozeduren von Zulassungs- und Genehmigungsverfahren hängen bleiben.

Die bisherige Vorgehensweise der Umweltgesetzgebung mit Ordnungsrecht und detaillierter Regelungsdichte war verständlich und notwendig, weil sie vornehmlich aus dem Prinzip der Gefahrenabwehr und der Beseitigung bestehender Umweltbelastungen begründet wurde. Diese mußten mit ordnungsrechtlichen Vorschriften und nachgeschalteten Sanierungstechnologien begrenzt, eingeschränkt oder zurückgenommen werden.

Wenn auch diese „End of Pipe"-Politik zweifellos nötig war, um die eingetretenen Schäden und Belastungen abzubauen oder zu mildern, so ist sie aber nicht die richtige Antwort für die Herausforderungen der Zukunft.
– Massive Veränderungen der ökonomischen und politischen Situation in Europa,
– globale Umweltprobleme,
– Bevölkerungswanderungen aus Gründen unvorstellbarer Armut,
– der Europäische Binnenmarkt und eine neue Konkurrenz der einzelnen europäischen Regionen erfordern eine Neubestimmung gerade der Umweltziele.

Meine Damen und Herren:
Wir verfolgen in Nordrhein-Westfalen eine Neuorientierung der Umweltpolitik und der Umweltverwaltung, die diesen Gesichtspunkten Rechnung trägt, überflüssigen Verwaltungsaufwand abbaut, unternehmerische Entscheidungsbereiche erweitert und das Projektmanagement der Umweltverwaltung wesentlich verbessern soll.

Damit wollen wir einen Beitrag leisten zur Verbreiterung des gesellschaftlichen Konsenses über die Beschleunigung des ökonomisch-ökologischen Fortschritts.

Dabei ist insbesondere darüber nachzudenken, inwieweit ordnungsrechtliche

Regelungen durch den stärkeren Einsatz ökonomischer Instrumente ersetzt oder gefördert werden können, ohne die internationale Wettbewerbsfähigkeit zu belasten.

Wenn Wirtschaft und Gesellschaft in zunehmendem Maße lernen sollen, in Kreisläufen zu denken, müssen wir dazu kommen, mit weniger bürokratischer und gesetzlicher Reglementierung, mit einer Neuverteilung von Verantwortung zwischen Produzenten und überwachenden Verwaltungen, mit ökologisch ehrlichen Preisen und einer ökologische Steuerreform Ökologie und ökonomische Entwicklung zu fördern.

Die Umweltverwaltung der Zukunft sollte sich deshalb mehr mit der Entwicklung mittelfristiger Zielperspektiven für die Entwicklung der Umweltqualität beschäftigen als mit der Erfassung und Bewertung vergangener Entwicklungen.

Sie sollte sich bei der Überwachung der Einhaltung von Umweltqualitätszielen industrieller und gewerblicher Qualitätssicherungssysteme und Gütegemeinschaften bedienen. Sie sollte sich selbst mehr auf die Kontrolle der Kontrolleure und Stichproben beschränken.

In der Phase der Umweltvorsorge geht es darum, beim Produktdesign und bei der Konzeption der Produktionsverfahren rechtzeitig, d.h. möglichst von Anbeginn an, die Umweltfolgen der Produktion, des Produktes, des Transportes und des Verbrauchs zu berücksichtigen.

Damit ist eine neue Produktverantwortung der Produzenten verbunden, die insbesondere in betriebsinternen Festlegungen von Verantwortung und Umweltinformationssystemen als Grundlage für umweltgerechte Entscheidungen Ausdruck finden muß.

Deshalb ist es erforderlich, daß Anforderungen für betriebsinterne Verantwortungsregelungen neu geschaffen werden, Branchen-Gütesicherungssysteme entwickelt und Normen der Öko-Bilanzierung, des Öko-Controlling und des Öko-Audits festgelegt werden.

Lassen Sie mich festhalten:
Mit dieser Neuausrichtung umweltvorsorgender Produktion erweitern sich die Möglichkeiten der Kooperation zwischen Betreibern und überwachender staatlicher Verwaltung erheblich.

Der Beitrag der staatlichen Umweltschutzverwaltung liegt dabei nicht zuletzt im Bereich der Information über Umweltqualitätsziele.

Deshalb muß unter Nutzung der Systeme der automatisierten Datenverarbeitung ein Konzept des Umwelt-Monitoring und der staatlichen Umweltberichterstattung entwickelt werden, das einen möglichst frühzeitigen Informationsaustausch über Tendenzen der Veränderungen von umweltrelevanten Indikatoren zuläßt.

Ziel ist es, ein gutes ökologisches Projektmanagement in Nordrhein-Westfalen zu ereichen, das den ökologischen Fortschritt beschleunigt und damit den Modellcharakter Nordrhein-Westfalens als grünste Industrieregion vergleichbarer Art unterstreicht.

Meine Damen und Herren:
Wenn zur Zeit über den Wirtschaftsstandort Bundesrepublik gesprochen wird, wird als negatives Kriterium immer wieder auch die Dauer von Genehmigungsverfahren genannt.

In der Tat muß es ein zentrales Anliegen sein, technische Innovationen zugunsten des Umweltschutzes auch dadurch zu fördern, daß Genehmigungsverfahren so schnell durchgeführt werden, daß die mit den Innovationen verbundenen ökologischen Verbesserungen und ökonomischen Marktvorteile auch genutzt werden können und nicht durch den Zeitablauf bis zur Inbetriebnahme aufgezehrt werden.

Deshalb ist und war die Dauer von Genehmigungsverfahren Gegenstand fortwährender verwaltungsinterner Kritik in Nordrhein-Westfalen.

Im Geschäftsbereich des Umweltministeriums sind alle administrativen Vorkehrungen im Rahmen vorhandener Verwaltungsstrukturen getroffen worden, die zu einer Straffung und Konzentration beitragen.

Nordrhein-Westfalen hat im Rahmen verschiedener Initiativen, z.B. auch in der Umweltministerkonferenz, Vorschläge gemacht, wie durch materiell-rechtliche Änderungen zusätzliche Beschleunigungseffekte umgesetzt werden können.

Eine Reihe von Anregungen dieser Art sind inzwischen von der Bundesregierung aufgegriffen und im Rahmen von gesetzlichen Initiativen umgesetzt worden. Ich nenne hier vor allem das Wohnbauland- und Investitionserleichterungsgesetz und die Verordnungen zum Bundesimmissionsschutzgesetz.

Meine Damen und Herren:
Nach Ergebnissen der Prognos AG über Auswirkungen von Umweltschutzmaßnahmen auf die Wettbewerbsfähigkeit der deutschen Wirtschaft gewinnen neben den quantitativ meßbaren Umweltschutzkosten die eher qualitativen Einflüsse im Zusammenhang mit der Umweltschutzdiskussion an Gewicht für die Investitions- und Innovationsentscheidungen deutscher Unternehmen im Inland und an ausländischen Standorten. Dies wirkt nach den Feststellungen der Studie stärker über die subjektiven Einschätzungen als über objektivierbare Tatbestände.

Deshalb haben wir ein hohes Interesse daran, ein Diskussionsklima mit der Wirtschaft zu erreichen, das Schuldzuweisungen abbaut, gemeinsames Projektmanagement aufbaut und Maßnahmen konsensorientiert festlegt.

Die Standortqualität setzt sich aus fundamentalen Faktoren zusammen, zu denen auch die gesamtwirtschaftlichen Präferenzen und Wertsysteme gehören.

Für die Standortqualität ist damit das Maß an politischem und sozialem Konsens in einer Gesellschaft wichtig.

Wir müssen insoweit ein gemeinsames Interesse daran haben, den politischen, technischen und sozialen Konsens für die Standortqualität nutzbar zu machen.

Meine Damen und Herren,
Konsens, Entscheidungsfähigkeit und Entschlußkraft werden zum Teil an außer-

ordentlich komplexen Sachverhalten deutlich, die weit über das generelle Gerüst der Rahmenbedingungen einer vorsorgenden Umweltpolitik hinausgehen. Ein Beispiel dafür, das vielleicht gerade bei einem Geographentag angesprochen werden sollte, ist der Braunkohlenabbau.

Als Fallbeispiel sei das umstrittene Braunkohlen-Abbauvorhaben Garzweiler II, insbesondere die Vorbereitung einer Entscheidung über dieses Großprojekt, vorgestellt:

Zunächst einige Stichworte zu dem Vorhaben, das aus energiewirtschaftlicher und energiepolitischer Sicht der Landesregierung, gestützt auf eine gutachterliche Einschätzung der PROGNOS-AG, erforderlich ist, wenn auf Kernenergie verzichtet werden soll:

– Das Bergbauunternehmen hat vor einigen Jahren den Aufschluß des Abbaufeldes Garzweiler II im Nordbereich des Rheinischen Braunkohlenreviers als Anschlußmaßnahme für den bereits laufenden Tagebau Garzweiler I beantragt.
– Das Projekt in seiner beantragten Form würde sich über 66 km2 erstrecken bei einer Abbautiefe von etwa 250 m unter Geländeoberkante; der Abbauzeitraum liegt etwa zwischen 2.000 und 2.045.
– Der beantragte Tagebau würde die Umsiedlung von etwa 11.800 Einwohnern aus 19 Ortschaften erforderlich machen.
– Die notwendige Trockenhaltung der offenen Grube erfordert die Absenkung des Grundwasserspiegels unter Tagebausohle und bewirkt damit die weitgehende Leerung mehrerer Grundwasserleiter in der betroffenen hydrogeologischen Großeinheit. Der Einwirkungsbereich erstreckt sich in Nordwest-Richtung bis über die Landesgrenze.

Dies bedeutet die Betroffenheit
– eines Siedlungsraumes mit einer Einwohnerdichte von etwa 400 E./km2 in ländlich-kleinstädtischer Prägung,
– einer auf hervorragenden Lößböden basierenden Landwirtschaft,
– eines jahrtausendalten Kulturraumes, der alle großen Siedlungsepochen widerspiegelt und im besonderen bodendenkmalpflegerischen Schutzinteresse liegt,
– des grenzüberschreitenden, von hohem Grundwasserstand geprägten Naturparkes im Bachsystem von Schwalm und Nette und
– eines nicht eben strukturstarken Raumes, in dem unmittelbar und mittelbar etwa 100.000 Menschen vom Braunkohlenbergbau leben.

Damit wird die Eingriffsdimension, aber auch die Tatsache deutlich, daß Braunkohlenplanung nicht exklusiver Bestandteil der Energiepolitik ist, sondern ebenso Strukturpolitik, Arbeitsmarktpolitik und selbstverständlich Umweltpolitik.

Dieses alles läßt die Landesbedeutsamkeit des Projektes und damit auch die Notwendigkeit erkennen, daß die Landespolitik (ungeachtet förmlicher Verfahrenszuständigkeiten, die selbstverständlich unangetastet bleiben) grundsätzlich zu einem solchen Großvorhaben Stellung nimmt, und zwar so frühzeitig wie möglich, da die Lebensplanung der betroffenen Bevölkerung maßgeblich von der Projektrealisierung abhängt.

Da für jedermann ersichtlich die politische Einschätzung der künftigen Braunkohlenplanung im allgemeinen und des Vorhabens „Garzweiler II" im besonderen nicht ohne die detaillierte Klärung fachlicher Fragen möglich sein würde, hat die Landesregierung bereits im weiten zeitlichen Vorfeld gesetzlich vorgeschriebener Planverfahren umfangreiche Untersuchungsprogramme beschlossen, die im Zeitraum zwischen 1984 und 1991 komplexen, bergbaubedingten Fragestellungen nachgegangen sind.

Exemplarisch möchte ich einige Untersuchungsthemen benennen, um Komplexität, Konkretheit und Entscheidungsrelevanz deutlich zu machen:
- Sozialverträglichkeit von Umsiedlungen,
- Entwicklung von groß- und kleinräumigen Grundwassermodellen,
- hydrologisch-hydrochemisches Gutachten zur Sicherung von Feuchtgebieten im Flußgebiet der Schwalm,
- ökologisches Gutachten über die Auswirkungen von Versickerungswasser auf Feuchtgebiete,
- Auswirkungen von Abraumkippen auf die Grundwasserbeschaffenheit,
- hydraulische Maßnahmen gegen Versauerungsprozesse,
- Entwicklung künstlicher Grundwasserlandschaften.

In die Untersuchungen sind Wissenschaftler der Universitäten Aachen, Bochum, Bonn, Bremen, Darmstadt, Dortmund, Düsseldorf, Gießen, Hannover und Köln einbezogen worden.

Auf der Grundlage aller seinerzeitigen Ergebnisse hat die Landesregierung sich in politischen Leitentscheidungen grundsätzlich für die weitere Nutzung der Braunkohle ausgesprochen, dafür allerdings erhebliche Einschränkungen gemacht und wichtige Rahmenbedingungen benannt. Im übrigen darf eine solche politische Leitentscheidung nicht verwechselt werden mit der abschließenden Genehmigungsentscheidung innerhalb eines gesetzlich vorgeschriebenen förmlichen Verfahrens. Wohl beinhalten die Leitentscheidungen rahmensetzende Vorgaben und machen deutlich, unter welchen Bedingungen eine Genehmigungsfähigkeit des Projektes erwartet werden kann.

Wenngleich ein breites Spektrum von bergmännischen, organisatorischen und technischen Möglichkeiten besteht, unerwünschte bergbauliche Auswirkungen zu verhindern bzw. zu mindern, so ist die Landesregierung aus Gründen der Risikominimierung doch der Auffassung, daß die künftige Braunkohlengewinnung im nördlichen Revier eine bestimmte Linie nach Nordwesten nicht überschreiten darf und damit das Abbauvorhaben zu reduzieren ist. Die spezielle Situation erfordert diese räumliche Begrenzung vor allem, um
- die Menge des zu sümpfenden Grundwassers zu minimieren,
- die Menge des grundwasserstützenden Fremdwassers zu reduzieren,
- die Menge versauerungsempfindlicher Lockermassen zu verringern und
- räumlichen Spielraum bei der Positionierung von Infiltrationsanlagen zu gewinnen.

Die vorliegenden Untersuchungsergebnisse lassen erwarten, daß mit dieser räumlichen Begrenzung der Erhalt des Schwalm-Nette-Naturraumes in artenreicher Vielfalt und Prägung durch nährstoffarme, grundwasserabhängige Vegetation gewährleistet werden kann.

Überdies verringert die räumliche Begrenzung die Zahl der von Umsiedlung betroffenen Menschen um etwa 4.000 und entspannt damit die Problematik der sozialverträglichen Umsiedlungsgestaltung erheblich.

Daneben hat die Landesregierung unmißverständlich zum Ausdruck gebracht, daß angesichts des mit der Braunkohlenverstromung verbundenen CO_2-Ausstoßes die Realisierung CO_2-mindernder Maßnahmen, d.h. ein entsprechender Fortschritt in der Kraftwerkstechnologie, unverzichtbar ist und im Zusammenhang mit einer abschließenden Genehmigungsentscheidung über das Abbauvorhaben neu zu bewerten sein wird.

Der bisherige Planungsprozeß „Garzweiler II" war in mehrfacher Hinsicht eine neue Erfahrung:
– Noch kein vergleichbares Großprojekt ist im Vorfeld förmlicher Planverfahren so intensiv untersucht worden.
– Eine derart weitreichende räumliche Begrenzung eines Abbauvorhabens hat es bisher noch nicht gegeben.

Beides weist nicht nur auf das Problempotential und die differenzierten Wirkungszusammenhänge im Abbaugeschehen hin, sondern macht auch den Stellenwert umweltpolitischer Erfordernisse im fachlichen und gesamtpolitischen Abwägungsprozeß deutlich.

Ich denke, auch im Kreis der hier versammelten Geographen sind teilweise
– die Brisanz des Stichwortes „Garzweiler II",
– die öffentliche Diskussion und
– die Kritik im betroffenen Raum oder bei verschiedenen Interessengruppen
bekannt. Gemessen am Gefährdungspotential, wie es zu Beginn der Untersuchungsphase erkennbar war, sind diese Kritik, Skepsis oder auch Sorgen nachvollziehbar und zum Teil nicht unberechtigt. Dies hat letztlich die Sensibilität und Geduld der bisherigen Entscheidungsvorbereitungen gesteuert. Der seither gewonnene Erkenntnisstand gibt allerdings keinerlei Anlaß, den laufenden Planungsprozeß abzubrechen, denn die Auswirkungen der bergbaulichen Tätigkeiten erscheinen grundsätzlich beherrschbar.

Es ist nun die zentrale Aufgabe des umweltpolitisch akzentuierten Planungsprozesses (auf der Ebene der Regionalplanung), das Projekt sozial- und umweltverträglich auszugestalten und nachvollziehbare und gut begründete Abwägungen zwischen den unterschiedlichen Interessen vorzunehmen.

Mit anderen Worten: Wenn das generelle Erfordernis von Projekten außer Frage steht und überdies objektiv Maßnahmen zur Verfügung stehen, die nachteiligen Auswirkungen erfolgreich entgegenwirken, so muß ein Projekt grundsätzlich akzeptiert werden, sofern
– Leben und Gesundheit der Bevölkerung oder die dauerhafte Sicherung der natürlichen Lebensgrundlagen nicht gefährdet sind,
– den gesetzlichen Bestimmungen Genüge getan ist und
– die Entscheidungen demokratisch legitimiert sind.

Andernfalls, etwa aus einer undifferenzierten Ablehnungshaltung heraus – und da spielt auch generelle Technikablehnung eine Rolle – würden unser Staat, unsere Wirtschaft und letztlich unser Gemeinwesen wichtige Daseinsgrundlagen und Chancen zur Weiterentwicklung verlieren.

Meine Damen und Herren,
lassen Sie mich zum Schluß folgendes festhalten:

Eine zentrale Herausforderung der Ökologie an die Politik ist es, gerade in der gegenwärtigen ökonomischen Situation der Bundesrepublik Deutschland der notwendigen ökologischen Dynamik den richtigen Schub zu verschaffen. Soziale, Konjunktur- und Finanzfragen stehen im Mittelpunkt der Diskussionen. Ökologische Politik muß erreichen, daß erkennbar wird, daß die sozialen Fragen ebenso wie die Konjunktur- und Finanzfragen nur dann befriedigend und dauerhaft zu klären sind, wenn sie auch die erforderliche ökologische Dynamik im Auge behalten. Dabei muß deutlich werden, daß gerade die notwendige ökologische Dynamik erhebliche Sachbeiträge zur Lösung der ökonomischen Probleme leisten kann. Das gilt in besonderem Maße dann, wenn sie den Weg aus der reglementierenden Phase zu einer kooperativen nachhaltigen Entwicklung findet.

Wir brauchen allerdings in diesem Land dazu eine neue Akzeptanz und eine bessere Verwertung technologischer Kompetenz. Umwelttechnik und umweltverträgliche Produktion sind Herausforderungen und Chancen der ökonomischen Zukunftsvorsorge. Sie müssen allerdings auch von der Gesellschaft getragen werden.

Ökologische Politik ist gefordert, die Erneuerungsfähigkeit und Leistungsbereitschaft des Wirtschaftsstandortes Bundesrepublik unter Beweis zu stellen.

Wir in Nordrhein-Westfalen werden das unsere dazutun.

FACHSITZUNG 1:
SIEDLUNGSÖKOLOGIE

ÖKOLOGISCHE ORIENTIERUNG DER STADTENTWICKLUNG IN DEN NEUEN BUNDESLÄNDERN – STRUKTURWANDEL UND ENTWICKLUNGSCHANCEN – BEISPIEL STADTREGION LEIPZIG

Jürgen Breuste, Leipzig

1. Stadtökologische Bestandsaufnahme

Der Prozeß des gegenwärtigen Strukturwandels in Ostdeutschland betrifft alle Lebensbereiche. Er ist verbunden mit einem weitgehenden Wertewandel und einer ökologischen Neuorientierung. Nachhaltige Veränderungen erfahren auch die ostdeutschen Stadtregionen. Dabei sind Konflikte zwischen den Zielstellungen einer ökologisch orientierten Stadtplanung, denen einer zukunftsträchtigen Wirtschaftsentwicklung und den Ansprüchen der Stadtbewohner überall wahrnehmbar.

Der generelle Strukturwandel sollte auch zu einer Verbesserung der stadtökologischen Situation führen, schließlich ergibt sich eine einmalige Gelegenheit, ökologische Aspekte in die ohnehin notwendige Umgestaltung ganzer Städte einzubringen und nicht auf nachträgliche Reparaturen zu beschränken. Dazu ist sowohl eine ökologische Bestandsaufnahme (Tab. 1) der Ausgangssituation als auch die Entwicklung von räumlich differenzierten Umweltqualitätszielen dringend erforderlich (Gelbrich, Wiegandt 1991).

Stadtökologische Bestandsaufnahmen in der Region Halle-Leipzig und Entwicklungskonzeptionen hat es bereits in den zurückliegenden 15 Jahren gegeben. Sie waren jedoch weder allgemein zugänglich, noch konnten sie durch die Stadtverwaltungen sachgerecht ausgewertet werden. Der stadtökologische Ausgangszustand des gegenwärtigen Strukturwandels läßt sich jedoch gut dokumentieren. Es zeigt sich, daß ostdeutsche Stadtregionen nicht nur hochgradige Belastungs- und Krisenbereiche sind, sondern auch viele schützens- und erhaltenswerte Landschaftsteile und Strukturmerkmale aufweisen Unter dem Aspekt einer zukünftig ökologisch orientierten Stadtentwicklung ergeben sich damit sowohl günstige als auch ungünstige Entwicklungsvoraussetzungen (Breuste 1986, Gutte 1984, Klotz 1984, Klotz et al. 1984).

2. Rahmenbedingungen des Strukturwandels

Die gegenwärtige wirtschaftliche Anpassungskrise führte zu einem industriellen Zusammenbruch großen Ausmaßes. Im bedeutendsten Wirtschaftsbereich der Stadt Leipzig, der Industrie, verschwanden innerhalb von weniger als drei Jahren

Tab. 1:

**Typische ökologische Zustandsmerkmale ostdeutscher Städte vor der Wiedervereinigung
Beispiel Stadtregion Leipzig**
(im Vergleich mit westdeutschen Städten und gemessen an Zielen der ökologisch orientierten Stadtentwicklung)

ungünstig	günstig
Klima und Lufthygiene	
• hoher Grad der Luftverschmutzung durch vorrangigen Hausbrand auf Braunkohlebasis • hoher Grad innerstädtischer Überwärmung durch bedeutende Wärmeemissionen	• offene, kaltluftproduzierende Flächen im Umland vorhanden (Agrarflächen, Auen)
Oberflächengewässer, Grundwasser, Wasserhaushalt	
• häufig hoher Verschmutzungsgrad der städtischen Oberflächengewässer • teilweise bedeutende Absenkung des Grundwassers durch Bergbau • ungünstige Qualität und nicht ausreichende Menge an Grundwasser	• offene Auenbereiche im Stadtgebiet • unverbaute städtische Fließgewässer • überwiegend unvollständig versiegelte Flächen in den alten Wohn- und Industriestrukturen • weite städtische Bereiche mit geringer oder fehlender Versiegelung
Böden	
• viele, erst z.T. erkannte Altlastverdachtsflächen und Altablagerungen • hohe Bodenbelastungen an Verkehrsstrassen	• landwirtschaftlich und gärtnerisch genutzte Böden nehmen große Flächen ein • geringe Bebauungs- und Versiegelungsflächen pro Einwohner
Vegetation, Tierwelt	
• bedeutende Schäden des Baumbestandes, fehlende Baumsanierung und jahrzehntelang unterlassenes Nachpflanzen des Straßenbaumbestandes • alte Baumalleen im Stadtumland • großflächige Versiegelung und Artenverarmung in Großneubaugebieten • Ausbreitung von Krankheiten übertragenden Tierarten (z.B. Wanderratte, Haustaube)	• generelle geringe Pflegeintensität der Vegetation in allen Stadtstrukturen, außer Einzelhausbebauung und Gärten • häufige Spontanvegetationsflächen, Ruderalsäume und Kleinstrukturen (z.B. Trockenmauern, Feuchtflächen) • langjährige Kontinuität hist. Nutzungsarten • vielfältige Tierhabitate durch Bauverfall (z.B. Fledermäuse, Greifvögel)

Ökologische Orientierung der Stadtentwicklung

Grün- und Erholungsflächen

• niedriger Anteil innerstädtischer Grünflächen je Einwohner • unzureichende Ausstattung und geringer Pflegegrad der Grünflächen • ausgeräumte Agrarlandschaft im Stadtumland • geringe Waldflächen im Umland	• erholungsattraktive Auenlandschaften • bedeutende Kleingartenflächen (ca 1/3 der Gesamtgrünflächen) • geringe Pflegeintensität der öffentlichen und halböffentlichen Grünflächen, kaum Einsatz von Herbiziden

Verkehr

• hoher Anteil an Zweitakfahrzeugen • unzureichender Parkraum und geringer Ausbauzustand der Hauptausfallstraßen • P+R-System gering entwickelt	• dichtes ÖPNV-Netz mit hoher Auslastung • geringer Privat-PkW-Bestand • Verkehrsberuhigung durch "mangelnden" Ausbauzustand der Wohngebietsstraßen

Entsorgung

• kaum geordnete Abfalldeponien • ungeregelte Entsorgung von Industrieabprodukten und -abwässern • viele "wilde" Kommunalmülldeponien im unmittelbaren Stadtumland	• geringeres Abfallaufkommen durch eingeschränkte Verpackung • entwickeltes Wertstofferfassungssystem (SERO) in allen Stadtteilen (Erfassung eines Drittels des Gesamtabfallaufkommens als Wertstoffe)

Energie

• Altbaugebiete mit niedrigeffektiver Braunkohleheizung • Neubaugebiete mit Fernheizsystem und hohen Wärmeverlusten • oberirdische Fernwärmeleistungen • unzureichende Wärmeisolierung der Gebäude	

Stadtstruktur

• viele Altindustrieflächen in innerstädtischen Baugebieten • hoher Anteil unsanierter Altbauwohnsubstanz der Baujahre vor 1918 • innerstädtischer Verfall • Bevölkerungskonzentration in randstädtischen Großneubaugebieten • unmittelbarer Übergang der Neubaugebiete ins agrare Umland	• geringe Baugebietsfläche, fehlende Versiegelungen durch flächenextensive Gewerbeansiedlung • unverbautes Umland mit alten agraren Siedlungsstrukturen • keine Dominanz von Straßenverkehrsstrukturen

mehr als die Hälfte der Arbeitsplätze. Die Arbeitslosenquote erreichte Mitte 1992 11 %. Durch Arbeitslosigkeit im weiteren Sinne sind 34 % der Erwerbspersonen betroffen. Damit verbunden ist eine bedeutende Bevölkerungsabwanderung. Von Ende 1989 bis Ende 1991 hat Leipzig etwa 40 000 Einwohner verloren und hat z.Z. weniger als 500 000 Ew. Die Abwanderung junger und qualifizierter Arbeitskräfte – insbesondere in die alten Bundesländer – wird sich auf den Aufbau einer neuen Wirtschaftsstruktur auswirken.

Wie diese neue Wirtschaftsstruktur aussehen wird, ist noch unbestimmt. Von ihr aber wird es abhängen, welche Zukunft die Region Leipzig hat, ob sie nach Überwindung der gegenwärtigen Anpassungskrise und einer Konsolidierungsphase im europäischen Wirtschaftsvergleich eine mitbestimmende Rolle spielen kann.

Trotz großer finanzieller Unterstützung des Bundes erfordern die notwendigen Sanierungen, Beseitigung von Umweltschäden, die Übernahme von Altschulden usw. einen kaum vorstellbaren öffentlichen und privaten Kapitalumfang. Allein die Sanierung des Wohnungsbestandes Leipzigs wird nach Schätzungen zwischen 2 und 6,5 Mrd. DM erfordern (Rat d. Stadt Leipzig 1992 a, b).

Mit 140 km^2 Fläche ist das Stadtgebiet Leipzigs bereits jetzt zu klein, um den Ansprüchen von Bevölkerung, Gewerbe und Infrastruktur auf seinem Territorium gerecht zu werden. Von den insgesamt 1170 ha Industrie- und Gewerbeflächen sind 700 ha vor 1919 entstanden und in ihrer baulichen Struktur hoffnungslos veraltet. Im Umland der Stadt ist ausreichend Fläche vorhanden, deren Nutzung jedoch gegenwärtig nicht durch städtische Raumordnung bestimmt werden kann. Kommunale Interessengegensätze lassen sich nur schwer überbrücken. Somit verläuft die Bauentwicklung im Umland Leipzigs ohne städtische Steuerung und schafft vollendete Strukturtatsachen (Dtsch. Verband f. Angew. Geogr. 1992, Wirth 1991) (Tab. 2).

Die Zerstörung jahrzehntelang gewachsener Raumstrukturen führt zum Verlust an Identität und Orientierung für die Bevölkerung, die erst, wenn neue Strukturen wirklich fest etabliert sind, wiedergewonnen werden kann.

Allein die ökologische Sanierung von Altlasten, Stadtstruktur, Energiesystem, Gewässern usw. erweist sich als eine viele Jahre in Anspruch nehmende Aufgabe. Die Anpassungskrise wird wesentlich länger dauern als erwartet.

3. Ökologische Auswirkungen des Strukturwandels

Durch den eingeleiteten Strukturwandel sind tiefgreifende Veränderungen der ökologischen Situation der Städte eingeleitet worden, weitere sind, sollte der gegenwärtige Trend der Stadtentwicklung anhalten, mittelfristig zu erwarten (Tab. 3).

Ungeklärte Eigentumsverhältnisse und Altlastenverdacht führen gegenwärtig zu Gewerbe- und Industriebrachen, insbesondere der Altindustrieflächen und zum weiteren Wohnbauverfall in den Baugebieten. Die Umstrukturierung vollzieht sich deshalb insbesondere im Stadtumland und führt auch zu Konflikten mit dem ökologischen Wert dieser Flächen. Die Bebauung oder Beeinträchtigung

Tab. 2: Ausgewiesene Baugebiete im Umland von Leipzig

Bauflächen	Anzahl	Fläche (in ha)
Industrie- u. Gewerbe	70	2 080,2
Wohngebiete	38	810,8
Einkaufszentren u.a.	23	640,0
Summe	131	3 531,0

Quelle: Wirth 1992, S. 7

Tab. 3: Ökologisch relevante Wirkungen der urbanen Anpassungskrise

gegenwärtig feststellbar		mittelfristig zu erwarten	
ungünstig	günstig	ungünstig	günstig
• Zunahme des KfZ-Bestandes um ca. 25 % in 2 Jahren • Zunahme der Luftbelastung durch KfZ • Zunahme der Versiegelung in den Baugebieten und im Stadtumland • Zunahme von ungepflegten Brachflächen in allen Baugebieten, Verfall, von Altindustrieflächen, Ruderalisierung • Flächenumwidmungen (Acker in Bauland u.a.) • Einstellung des DDR-Wertstofferfassungssystems und Verdreifachung der Abfallmengen • Zunahme der ungeordneten Müllentsorgung • Abnahme des Umweltbewußtseins	• Verminderung der Industrieemissionen • beginnende Sanierung des Baumbestandes • Stopp des innerstädtischen Flächenabrisses • Beginnende Sanierungen von Altlasten • Komplexe Umweltüberwachung • Veröffentlichung aller Umweltdaten • Ausbau der städtischen Umweltverwaltungen • Förderung stadtökologischer Forschungen durch Bund und Länder • Aktive Bürgerbeteiligung an der Stadtgestaltung (keine Massenerscheinung)	• großzügiger Ausbau der Verkehrsinfra-struktur, weitere Bebauung im Umland und damit verbundene Landschaftszerstörung und Erzeugung von KfZ-Verkehr • Umwidmung von Grünflächen (insbes. Kleingärten) in Bauland • Erhöhung der Baudichte durch Nachverdichtung • Zerschneidung der Auenlandschaften durch Trassen • Zerstörung vieler jetzt noch vorhandener Spontanvegetationsflächen	• Weitere Verbesserung der lufthygienischen Situation durch Hausbrandumstellung • Aufwertung der Erholungsbedeutung des Stadtumlandes • Entwicklung des ökolog. Wertbewußtseins • Energiebewußtes Verhalten und generelle Energieeinsparungen • Umweltbewußtere Wassernutzung • Renaturierung von Auenlandschaften • Korrektur von Landschaftsschäden

Tab. 4: Ökologisches Konfliktpotential im Umland von Leipzig
  Bsp.: Ausgewiesene Bauflächen - vorhandene Schutz- und Vorbehaltsflächen

Überdeckung neuer Baugebiete mit	Fläche (in ha)
Landschaftsschutzgebieten	228,1
wertvollen Biotopen	424,3
Trinkwasserschutzgebieten	237,0
erkundeten Grundwasservorkommen	498,5
Summe	**1387,9**

untersucht wurden 2740,2 ha (von 3 531 ha)
Quelle: Wirth 1992, S. 8

ökologisch wertvoller Bereiche ist im Zuge der kommunalen Interessenabwägung in den Kommunen nicht zu verhindern (Tab. 4).

Eine tiefgreifende Beeinträchtigung der ökologischen Stadtsituation ergibt sich allein durch die Zunahme des PKW-Bestandes um ca 25 % in nur 2 Jahren. Dieses Verkehrsaufkommen kann fast nicht verkraftet werden, führt zu chaotischen Verhältnissen im fließenden und ruhenden Verkehr. Fehlender Parkraum in den Wohngebieten wird durch Beparken aller befahrbaren Flächen – inklusive Grünflächen – ausgeglichen.

Besonders entlastend hat sich die Senkung der Schadstoffimmissionen durch die Luft – bedingt durch Produktionseinstellungen der Industrie – ausgewirkt, obwohl besonders im Winter weiterhin der Braunkohle-Hausbrand entscheidender Luftverschmutzer bleibt.

In den Baugebieten ist als ökologisch günstig insbesondere die im Vergleich mit westdeutschen Städten geringere Versiegelung festzustellen. Hier kommt es darauf an, diesen Zustand jetzt nicht im Zuge von zu erwartenden Sanierungen zu beseitigen. Was in den alten Bundesländern mit aufwendigen Entsiegelungsprogrammen erreicht wurde, ist z.T. in Leipzig schon Realität. Da dafür jedoch kein ökologisches Grundverständnis, sondern Mangel an Veränderungsmöglichkeiten in der Vergangenheit die Ursache ist, muß dieses Wertverständnis erst aufgebaut werden.

4. Entwicklungschance „Ökologische Stadterneuerung"

Ökologische Zielstellungen sollten als Umweltqualitätsziele räumlich differenziert für einen überschaubaren Zeitraum der nächsten Jahre auf der Basis der bestehenden Situation erarbeitet werden. Sicher ist die Übernahme von Standards der alten Bundesländer da, wo unmittelbar menschliche Gesundheit z.B. durch Luftbelastung betroffen ist, keine Frage, wenn auch dafür Jahre notwendig sein werden. Andererseits ist angesichts der ökologischen Gesamtsituation die einfache Übertragbarkeit ökologischer Stadtentwicklungsvorstellungen Westdeutschlands auf die neuen Bundesländer durchaus fraglich. Die ökologischen Prioritäten sind in den neuen Bundesländern gegenwärtig sicher anders zu setzen als im Westen Deutschlands.

Neben den wirtschaftlichen Strukturveränderungen sieht die Stadtverwaltung Leipzigs besonders den Ausbau der Verkehrsinfrastruktur und die ökologische Sanierung als übergeordnete, maßgebliche Zielstellungen der Entwicklung an.

Als ökologisch bestimmte Planung werden verstanden:
– Wiederherstellung und Aufwertung naturräumlicher Verbindungen,
– starke Auflockerung und Durchgrünung dicht bebauter Gebiete
– Schaffung zusammenhängender Grünzüge durch Vernetzung und
– ökologisch wirksame Landschaftsgestaltung der Bauflächenerweiterungen
– Aufforstung von Agrarflächen im Umland.

Die Sicherung des städtischen Grünbestandes und seine sinnvolle Erweiterung ist gegenwärtig eine Hauptaufgabe. Dazu gehören die Erhaltung das Altbaumbestandes und der Gehölzflächen, die Vernetzung naturnaher Biotope, die Entwicklung von Erholungsräumen in den Wohngebieten und von Grünzügen in die umgebende Landschaft (Tab. 5 u. Abb. 1).

Tab. 5: Grünflächenausstattung Leipzigs in qm/Ew.

	Leipzig	Essen	Hannover
Grünanlagen, Parke	24	52	53
Wald	24	44	48
Kleingärten	32	10	-

Quelle: Rat d. Stadt Leipzig 1992b, S. 12

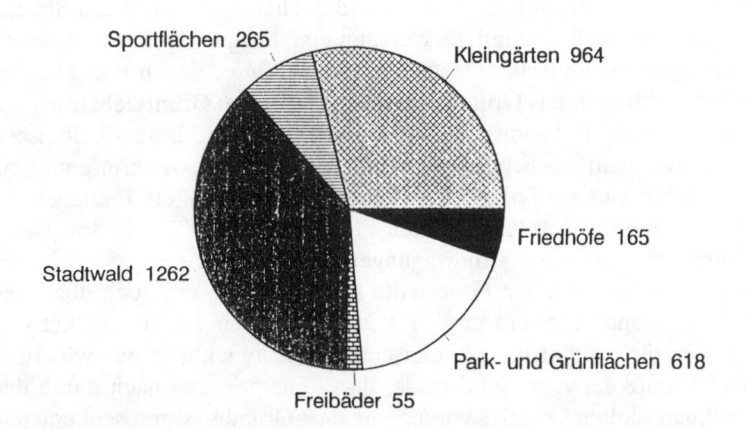

Lpz. Amts-Bl., 13, 22.6.92

Abb. 1: Grünflächenstruktur Leipzig

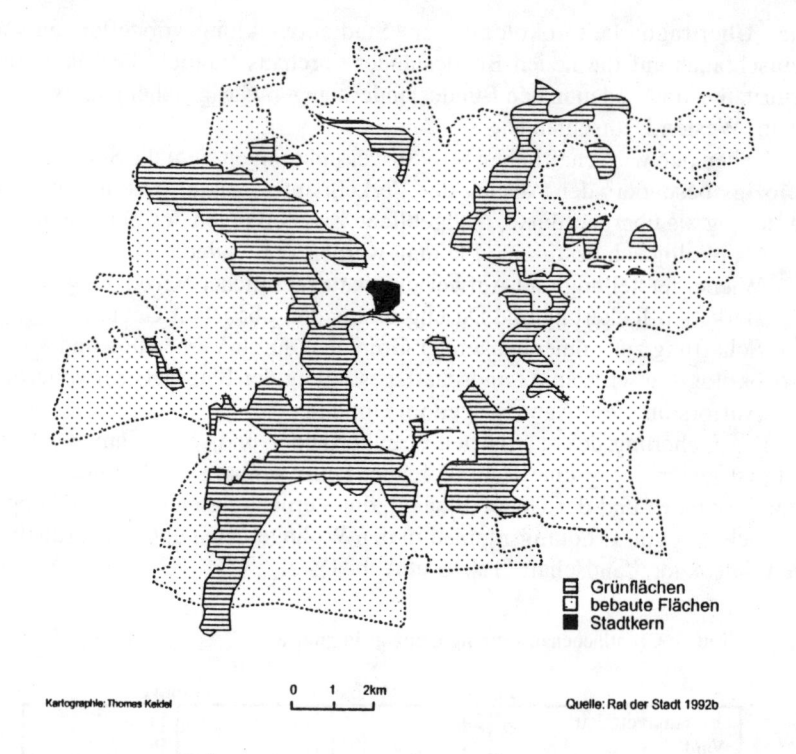

Abb. 2: Leipzig, Grünstruktur

Entwicklungslinien für Grünstrukturen sind die noch vorhandenen Fluß- und Bachauen (Elsteraue, Partheaue, Rietschke- und Zschampertaue), deren Schutz, Renaturierung und umweltverträgliche Nutzung eine Hauptaufgabe gegenwärtiger und zukünftiger ökologischer Gestaltung ist. Sie durchziehen und gliedern das Stadtgebiet und bilden das Grundgerüst der städtischen Grünflächenstruktur (Abb. 2). Ihre weitere Bebauung muß verhindert werden. Eine ökologische Revitalisierung, die auch die Erholungsnutzung durch die Bevölkerung und die Belebung des Stadtbildes zur Folge hat, erfordert im Gegenteil ein Freilegen der in der Stadt z.T. unterirdisch kanalisierten Fließgewässer (z.B. Pleiße). Dafür haben sich aufgeschlossene Bürgerbewegungen bereits engagiert.

Leipzig ist eine der wenigen Großstädte Mitteleuropas, die noch über eine vielgestaltige Auenlandschaft mit großen Auwaldbeständen im Stadtgebiet verfügt. Das ist für die zukünftige ökologische Stadtentwicklung ein wichtiges Potential. Der Schutz der Auwaldbestände, ihre Renaturierung nach durch den Braunkohlenabbau südlich Leipzigs vorgenommener Grundwasserabsenkung und langjährig unterbliebener Frühjahrshochwässer (bedingt durch Abflußregulierung) ist gegenwärtig eine wichtige Aufgabe der städtischen Umweltverwaltung.

Für die Stadt Leipzig werden „weiche" Standortfaktoren wie ökologisch intakte Stadtstruktur, erholungsattraktive Umgebung und landschaftlich reizvolle

Lage für die zukünftig nachhaltige Entwicklung einen weitaus größeren Stellenwert einnehmen als bisher. Dafür versuchen Stadtverwaltung und Forschungseinrichtungen die notwendigen Grundlagen zu legen. Die Erkenntnis, daß die Stadt Leipzig nur in einer ökologisch intakten Umgebung eine Zukunft hat, wird sich durchsetzen. Die Chancen, jetzt dafür die richtigen Entscheidungen zu treffen, sind günstig wie kaum jemals vorher in der jüngeren Stadtgeschichte.

Literatur

BREUSTE, J.: Methodische Ansätze und Problemlösungen bei der Erfassung der urbanen Landschaftsstruktur und ihrer ökologischen und landeskulturellen Bewertung unter Berücksichtigung von Untersuchungen in Halle/Saale.- Halle, Univ., Fak. f. Naturwiss., Habilschrift (Diss. B), 1986

BREUSTE, J.: Landschaftsökologische Struktur und Bewertung von Stadtgebieten. In: Geogr. Berichte, Gotha/Leipzig. 131 (1989) 2, S. 105–115

BREUSTE, J.: Leipzigs grünes Rückgrat. In: Garten und Landschaft 103 (1993) 3, S. 17–19

DEUTSCHER VERBAND FÜR ANGEWANDTE GEOGRAPHIE (HRSG.): Chancen für die Zukunft: Die Region Leipzig-Halle im Wandel. – Leipzig 1992 (unveröff. Tagungsmaterialien der DVAG-Konferenz Sept. 1992)

GELBRICH, H.; C.-CH. WIEGANDT: Stadtökologie in Ostdeutschland: Stellenwerte und Schwierigkeiten kommunaler Entscheidungen für eine ökologisch ausgerichtete Stadtentwicklung. In: Standort, Zeitschrift für Angew. Geogr., Hamburg. 15 (1991) 4, S. 3–9

GUTTE, P.: Ökologische Stadtgliederung anhand anthropogen bedingter Vegetationseinheiten insbesondere der Ruderalpflanzengesellschaften (dargestellt am Beispiel Leipzigs).- In: Tagungsbericht 2. Leipziger Symposium urbane Ökologie, Leipzig 1984, S. 40–42

KLOTZ, S.: Phytoökologische Beiträge zur Charakterisierung und Gliederung urbaner Ökosysteme, dargestellt am Beispiel der Städte Halle und Halle-Neustadt. Univ. Halle, Fak. f. Naturwiss., Diss., 1984

KLOTZ, S.; P. GUTTE und B. KLAUSNITZER: Vorschlag einer Gliederung urbaner Ökosysteme. In: Arch. f. Natursch. u. Landschaftsforsch., Berlin. 24(1984)3, S. 153–156

LEIPZIGER AMTS-BLATT. Leipzig (1992) 13, 22.6.1992

RAT DER STADT LEIPZIG (HRSG.): Umweltbericht der Stadt Leipzig 1991. Leipzig 1992a

RAT DER STADT LEIPZIG (HRSG.): Flächennutzungsplan Stadt Leipzig: Vorentwurf. Leipzig 1992b

WIRTH, P.: Flächenbedarf und ökologische Risiken: Aktuelle Planung im Umland von Dresden und Leipzig.-In: Standort, Zeitschrift für Angew. Geogr., Hamburg. 16 (1991) 3, S. 5–11

NATURERLEBNISRÄUME – BAUSTEINE EINES INTEGRIERENDEN NATURSCHUTZES IN DER STADT

Jochen Frey, Mainz

1. Einführung

In einer Zeit intensiver Vermarktung und Banalisierung von Begriffen wie „Natur", „Landschaft" und „Ökologie", in einer Zeit steigender Ansprüche an Freiflächen seitens Industrie und Gewerbe, Wohnungsbau oder Verkehrswegebau, haben der ehrenamtliche wie der berufliche Naturschutz einen schweren Stand.

Die Suche nach Rote Liste-Arten, § 20c-Biotopen, Kaltluftbahnen oder schützenswerten Grundwasserhorizonten wird zum Erfolgszwang. „Werden wir, die fachkundigen Ökologen, nicht oder nur unzureichend fündig, dann werden die von uns begutachteten Flächen plattgemacht, zugeschüttet, zugepflastert oder einfach ‚umgestaltet' – und unsere ganze Arbeit, unser Engagement war wieder einmal für die Katz'" – ein Zitat aus dem Alltag eines *reaktiven, punktuell-restriktiven* Naturschutzes, wie er sich in der Bundesrepublik Deutschland etabliert hat.

Auf administrativer und politischer Ebene zeigen sich die Folgen des *punktuell-restriktiven* Naturschutzes u.a. in der Aufsplitterung inhaltlich zusammengehöriger Behördenapparate (z.B. Umweltamt und Grünflächenamt), in „Ausgleichsregelungen" bei Eingriffen oder in verbalen Aussagen wie „Bis hierher der Mensch – von hier ab die Natur" oder „Nistplätze statt Arbeitsplätze?".

Angesichts dieser Situation sind insbesondere die ökologischen Wissenschaften – zu denen sich auch Teilbereiche der Geographie zählen – aufgefordert, Konzepte zu entwerfen, die den in § 1(1) des Bundesnaturschutzgesetzes proklamierten *ganzheitlichen* Naturschutz in die planerische Praxis umzusetzen vermögen.

2. Integrierender Naturschutz

Inhaltlicher Hintergrund der folgenden Ausführungen ist die von Pfadenhauer (1988, 1991) entworfene *Systematik des integrierenden Naturschutzes*, die sich an zentralen Aussagen des Bundesnaturschutzgesetzes orientiert.

Naturschutz im Sinne von Pfadenhauer ist eine *Integration* von
- *biotischem Ressourcenschutz*, d.h. der Sicherung und Förderung von regionaltypischen Tier- und Pflanzenarten bzw. -populationen, einschließlich ihrer Lebensgemeinschaften und Lebensräume,
- *abiotischem Ressourcenschutz*, d.h. dem Schutz und der Regeneration der natürlichen Lebensgrundlagen Boden, Wasser und Luft, vor allem durch die Förderung des Bodenlebens sowie die Vermeidung von Nährstoff- und Schadstoffeinträgen bzw. -austrägen,

– *ästhetischem Ressourcenschutz*, d.h. dem Schutz und der Entwicklung der landschaftlichen Vielfalt, Eigenart und Schönheit als emotionalem Bedürfnis des in einer Landschaft lebenden, oder sich dort erholen wollenden Menschen.

Naturschutzbestrebungen und ökologische Forschungen, die einen oder mehrere dieser Teilbereiche vernachlässigen oder ignorieren, sind dementsprechend nicht länger vertretbar (Wiegleb & Bröring 1991). Biotische, abiotische und ästhetische Naturschutz-Komponenten bilden eine kausale und funktionale Einheit.

Gerade innerhalb des Ökosystems Stadt zeigt sich die Notwendigkeit des integrierenden Naturschutzes, insbesondere im Hinblick auf die sozialen, psychologischen und pädagogischen Dimensionen seiner ästhetischen Komponente (vgl. Probst 1993). Sukopp et al. (1980) stellten bereits Ende der siebziger Jahre fest, daß „die Aufgabe des Naturschutzes in der Stadt" vor allem darin besteht, Pflanzen, Tiere und deren Lebensräume „für den unmittelbaren Kontakt der Stadtbewohner mit natürlichen Elementen ihrer Umwelt gezielt zu erhalten". „Kontakt aufnehmen mit natürlichen Elementen der Umwelt" heißt demnach, die Natur in ihren Phänomenen, in ihrer Vielfalt und Verschiedenheit sinnlich wahrzunehmen (gr.: aisthesthai > „Ästhetik"), kennenzulernen und zu erleben.

3. Natur erleben in der Stadt – wie und wo?

Kirsch-Stracke (1990) definiert Naturerleben als „geistige, sinnliche und körperliche Aneignung von Natur durch den Menschen", über Beobachtung und Erkundung, über die Wahrnehmung von Formen, Farben, Geräuschen, Gerüchen und Geschmacksempfindungen, durch Anfassen und Befühlen oder im Zuge einer schonenden Nutzung von Naturgütern.

Bringen wir diese Sachverhalte in einen geographischen Kontext, so können wir z.B. mit Hilfe entsprechender Kartierverfahren (Kirsch-Stracke et al. 1987, AG Stadtbiotopkartierung Mainz, in Vorber.) räumliche Einheiten festlegen, innerhalb derer es für die Bevölkerung Möglichkeiten gibt, Natur zu erleben, die also – anders ausgedrückt – ein bestimmtes *Naturerlebnispotential* aufweisen.

Analog zu Begriffen wie Biotoppotential oder klimaökologisches Potential verweist der Begriff *Naturerlebnispotential*
– auf die Vielfalt der ästhetischen Phänomene, die die betreffende räumliche Einheit hervorbringen kann,
– auf die Möglichkeiten, die die Fläche für naturbezogene Naherholung bietet, d.h.
– auf die Effizienz der Fläche im Bezug auf die Gewährleistung von Vielfalt, Eigenart und Schönheit von Natur und Landschaft als Lebensgrundlagen des Menschen und als Voraussetzung für seine Erholung (vgl. § 1(1) BNatSchG).

Hiervon ausgehend sind als *Naturerlebnisräume* solche Flächen zu bezeichnen, die einerseits ein *hohes Naturerlebnispotential* und andererseits ein *geringes Konfliktpotential mit anderen Naturschutzziele*(Arten- und Biotopschutz, Klima-

, Boden- und Gewässerschutz) aufweisen. Im besiedelten Bereich kann es sich dabei um Biotope von wenigen Quadratmetern bis zu Biotopkomplexen von mehreren Hektar Größe handeln.

Eine Übersicht über charakteristische Eigenschaften städtischer Naturerlebnisräume sowie über die Perspektiven, die sich daraus für Mensch und Natur ergeben, zeigt Tab. 1 (zusammengestellt nach Angaben aus Nohl 1990, Kirsch-Stracke 1990, Hard 1992, Frey 1993). Es sei jedoch darauf hingewiesen, daß ein Naturerlebnisraum die hier genannten Kriterien nicht alle gleichzeitig erfüllen muß.

Tab. 1: Eigenschaften und Perspektiven eines Naturerlebnisraumes in der Stadt

Eigenschaften eines Naturerlebnisraumes	Perspektiven für Mensch	und Natur
Ein Naturerlebnisraum ist ...	*Hierdurch ergeben sich ...*	
... nicht planerisch überformt	... Möglichkeiten zum Beobachten und Entdecken	... Möglichkeiten zur Entfaltung von Spontannatur
... nicht perfekt: unvollkommen, ein Provisorium	... zur spontanen und intensiven Wahrnehmung natürlicher Strukturen und Phänomene	... zur Entwicklung bzw. Erhaltung verschiedener Biotopsukzessionen
... strukturell vielfältig, doch überschaubar	– hoher Erfahrungs- und Erlebniswert	– Gewährleistung von Arten- und Biotopvielfalt
... zumindest in Teilbereichen nutzbar, doch nicht übernutzt	... Möglichkeiten zum Spielen, zur Vergnügung, Entspannung u. Bildung	... (in der Regel) nur geringe Belastungen abiotischer und biotischer Ressourcen
	... Möglichkeiten selbstorganisierter landwirtschaftlicher und gärtnerischer Betätigung	... die Verwirklichung von Naturschutzzielen durch angemessene Nutzungsweisen: – Naturschutz = side effect ökologisch orientierter Nutzung
... unverwechselbar ... raumspezifisch ... regionaltypisch	... Möglichkeiten ... zur Integration des Menschen in das Ökosystem Stadt ... zur Förderung der räumlichen Identität (im Sinne eines nichtchauvinistischen Heimatgefühls)	... Möglichkeiten ... zum Aufbau/zur Erhaltung standorttypischer Biotopkomplexe ohne größeren finanziellen und technischen Aufwand

4. Fallbeispiel eines Naturerlebnisraumes: die Alte Ziegelei in Mainz

Die ca. 18 Hektar große Alte Ziegelei südlich des Mainzer Vorortes Bretzenheim, die als Industriebetrieb mit angrenzenden Lehmabbaugruben im Jahre 1900 gegründet und 1972 stillgelegt wurde, gilt mittlerweile als unkonventionelle Erholungs-, Freizeit- und Bildungseinrichtung im „Grünen". Dies ist vor allem engagierten Bürgern zu verdanken, die die Stadt Mainz davon überzeugen konnten, das Gelände aufzukaufen und nicht städtebaulich zu überplanen (VHS Mainz 1980).

Die Ergebnisse einer im Jahre 1979 durchgeführten Befragung der Bevölkerung über mögliche Nutzungen des brachgefallenen Geländes zeigt Tab. 2. Auffallend ist die inhaltliche Ähnlichkeit vieler Wünsche mit den in Tab. 1 gezeigten Anforderungen an Naturerlebnisräume in der Stadt.

Tab. 2: Auszüge aus den Vorstellungen der Bürger über die zukünftige Nutzung des Geländes der Alten Ziegelei Rosbach (VHS Mainz 1980); Hervorhebungen durch den Verf.

... und ein Storchennest auf dem Kamin

Auszüge aus den Vorschlägen der Bürger:

- Hobbywerkstätten, wo man nichts bezahlen muß, Material wird selber mitgebracht
- *** freies Gelände, wo Kinder buddeln, Buden bauen und am Bach spielen können**
- wie in Frankfurt der „Wäldchestag" könnte ein „Wildgrabentag" eingeführt werden
- *** es muß abenteuerlich bleiben**
- kein steriles Ghetto mit einem Zaun und einem Sandhaufen, wo Kinder kaum mal „piep" sagen dürfen
- Hobbywerkstatt zum Restaurieren archäologischer Funde
- *** damit mal endlich der Bürger bestimmt, was gemacht wird und nicht irgendein unbekanntes Gremium**
- einen schönen englischen Garten zum Spazierengehen
- keine Zufahrt für Autos
- die Rutschbahn könnte von oben bis unten ins Tal gehen
- Cafe mit Gastwirtschaft, in das man nach ausgedehntem Spaziergang einkehren kann
- *** wichtig, daß das Gebiet sehr vielseitig und flexibel nutzbar wird**
- Gelegenheit, selbst kreativ und aktiv zu sein
- *** die Menschen, ob alte, ob junge, wollen nicht verwaltet werden, sondern allenfalls Anregung und Voraussetzung zur Selbstverwirklichung finden**
- eine „Fabrik" nach dem Vorbild Hamburg
- *** aber bitte keine eingezäunten Sportplätze! Kein Vergnügungspark**
- *** es sollten sich ältere Bürger, ebenso Familien mit Kindern dort wohlfühlen können**
- die Fahrradralleybahn soll bleiben
- es wäre schade, wenn alles, Lehmgruben usw., kommerzialisiert würde
- im Ringofen Weinstube
- Abenteuerspielplatz mit Wasser zum Matschen und Brettern zum Nageln
- sowas wie der „Hirschgarten" in München
- *** großen Schornstein als weithin sichtbares Zeichen erhalten**
- ohne Schilder „Betreten der Wiesen und Ballspielen verboten"
- und ein Storchennest auf dem Kamin

Die Tatsache, daß sich so viele Menschen in der Alten Ziegelei wohlfühlen, ist nicht zuletzt auf ihre „Abenteuerlichkeit" (vgl. Tab. 2) und ihre „Vielfalt an Natur" (Zit. eines Besuchers), kurz, auf ihr *hohes Naturerlebnispotential* zurückzuführen:

- Das Gelände hebt sich physiognomisch deutlich von der umliegenden Landschaft ab und ist, vor allem von seinen Rändern (= Abbaukanten) aus, *gut überblickbar*.

  Infolge von Lehmabbau und Lehmverarbeitung bzw. der teilweisen agrarischen Nachfolgenutzung ist ein *abwechslungsreiches* Kleinrelief mit einer hohen Vielfalt an Biotopstrukturen entstanden: einerseits landwirtschaftlich geprägte Flächen (Äcker, Wiesen), andererseits Brachflächen unterschiedlichster Art (z.B. nicht rekultivierte Lehmgruben mit lückigen Pionier-Trockenrasen und Salweiden-Vorwaldgebüschen, verfallene Werksschuppen mit ruderaler Hochstaudenvegetation) sowie ehemalige Abbaukanten (mit freistehenden Erdwänden, Einzelbäumen wie Vogelkirsche oder Walnuß, Schlehen-Hartriegel-Gebüschen, thermophilen bzw. nitrophilen Gras- und Krautsäumen). Die Kleinkammerung dieser Landschaft wird, insbesondere im Vergleich mit der weitgehend ausgeräumten oder dichtbesiedelten Umgebung, von fast allen Besuchern als *wohltuend*, als *attraktiv* empfunden (vgl. dazu u.a. Jätzold 1990).

- Auch der *phänologische Wandel der Landschaft* wird durch den Strukturreichtum des Geländes für viele Besucher gut erlebbar und nachvollziehbar. Die ganzheitliche Wahrnehmung des stetigen Wechsels an Formen, Farben, Geräuschen und Gerüchen in der Natur wird dabei unwillkürlich gefördert.

- Die relief- und vegetationsbedingten unterschiedlichen Expositions- und Beschattungsverhältnisse innerhalb des Geländes steigern, insbesondere bei Hochdruckwetterlagen, das individuelle *Wärme- und Kälteempfinden* der Besucher. Man entwickelt ein „Gespür" für überhitzte, kaltlufterfüllte oder klimatisch ausgeglichene Flächen.

- Das Gelände ist nicht durch Zäune eingegrenzt und *frei begehbar*. Kreative Spielmöglichkeiten sind nicht reglementiert oder limitiert, Freizeiteinrichtungen (Verweilplätze, Grillplätze, Spielplätze usw.) integrieren sich in die vorhandenen Gebäude(reste) und Brachflächen. Somit ist auch bei nichtnaturschutzorientierten Aktivitäten ein *direkter, unmittelbarer Kontakt mit der Natur* gegeben.

- Während ihres Aufenthaltes werden die Besucher spontan mit *naturbezogenen Strukturen und Phänomenen* konfrontiert, die sie emotional ansprechen. Hierbei kann es sich sowohl um *spektakuläre* als auch um *„alltägliche"* Strukturen und Phänomene handeln.

  Zu den ersteren zählen in der Alten Ziegelei z.B. der Biotopkomplex der Ziegel-Trockenschuppen oder die brachgefallenen Lehmabbaugruben. Innerhalb dieser Großstrukturen finden sich wiederum einige erlebnisrelevante Kleinstrukturen (z.B. verwilderte Bestände von Estragon und Flieder, vegetationslose Abbaukanten mit Nistlöchern höhlenbrütender Insekten, Ziegelschutthaufen). Hier wird der Besucher nicht selten von verschiedenen

Tieraktivitäten, z.B. dem Hervorhuschen von Zauneidechsen oder Flug-, Freß-, Paarungs- und Brutpflegeaktivitäten von Vögeln und Fluginsekten überrascht (zum Artenspektrum vgl. Frey 1990). Als *„alltägliche"*, d.h. bekannte und wiederentdeckbare Naturphänomene können u.a. Stimmen von Singvögeln, Düfte, Farben und Formen von Blüten (Kamille, Holunder, Klatschmohn u.a.) oder Geschmackserlebnisse, z.B. beim Verzehr selbstgepflückter Brombeeren und Kirschen, angesehen werden.

- Das Gelände bietet dem Besucher zahlreiche Möglichkeiten, *Natur schonend zu nutzen:* So können z.B. im Frühjahr aus Weiden- und Schlehenjungtrieben, im Sommer aus ruderalen Kräutern und Stauden oder im Frühherbst aus getrockneten Gräsern und spätblühenden Pflanzen *Blumensträuße* bzw. *Trockengestecke* angefertigt werden. Dem Sammler stehen *Wildobstarten* (z.B. Brombeeren, Holunderbeeren, Schlehen, Hagebutten) sowie wildwachsende bzw. verwilderte *Heil- und Gewürzpflanzen* (z.B. Echte Kamille, Brennessel, Beifuß, Garten-Salbei) zur Verfügung. Einige der Grünland-Bereiche, vor allem die Weidelgras-Weißklee-Rasen, bieten sich außerdem für *Ballspiele* und andere *Gruppenspiele*, zum *Zelten* oder als *Liegewiese* an.
- Das Gelände eignet sich als Ort für *Übungen, Veranstaltungen* oder *Initiativen* im Rahmen der *naturbezogenen Pädagogik* (dazu Göpfert 1990) bzw. der *praxisorientierten Ökologie* (Beispiele in Heidt & Frey 1993). Die entsprechenden infrastrukturellen Einrichtungen (sanitäre Anlagen, Stromanschluß, Seminarräume usw.) sind in ausreichendem Maße vorhanden.

Zu den zahlreichen, seit Beginn der 80er Jahre durchgeführten Aktivitäten zählen u.a. naturkundliche Exkursionen, Geländespiele („Öko-Rallye"), geländebezogene Ratespiele („Biotop-Quiz"), Naturschutz-Work-Camps, Volkshochschulkurse, Baumspende- und -pflanzaktionen oder Geländepraktika (z.B. für Geographie-Studenten!).

Die Möglichkeiten, in der Alten Ziegelei Natur zu erleben, sind damit noch nicht erschöpft. Eine systematische Erfassung mit Hilfe einer Kartiermethodik „Naturerlebnispotential" sowie begleitende empirische Studien sind im Rahmen der Stadtbiotopkartierung Mainz in Vorbereitung.

5. Ausblick

Das Beispiel Alte Ziegelei in Mainz zeigt uns, daß es durchaus realistisch ist, Freiflächen im Sinne des integrierenden Naturschutzes als Naturerlebnisräume zu erhalten. Naturerlebnisräume sind also nicht nur Wunschgebilde ökologischer Planer. Wie aber ist die Situation derartiger Flächen einzuschätzen?

1. Das Angebot an städtischen Freiflächen, die den Wert von Naturerlebnisräumen besitzen, ist zwar gering, die Möglichkeit, aus bestehenden Freiflächen Naturerlebnisräume zu entwickeln, meist aber vorhanden. Zahlreiche Freiflächen werden derzeit allerdings „intensiv gepflegt".
2. Eine dauerhafte Existenz vorhandener Naturerlebnisflächen ist nicht immer gesichert, da diese häufig anderen Nutzungsinteressen (z.B. Bebauung) vorbehalten sind.

3. Der Nutzungsdruck auf Naturerlebnisflächen ist zuweilen hoch, vor allem wenn Teile derselben anderen Flächennutzungen zum Opfer fallen.
4. Bei einigen Flächen handelt es sich um Altlasten-Standorte, auf denen eine Nutzung als Naturerlebnisraum in der Regel entfällt.
5. Es existieren zahlreiche Kleinflächen (z.T. im unmittelbaren Wohnumfeld; vgl. Schulte 1992), die nach Tab. 1 verschiedene Anforderungen an Naturerlebnisräume erfüllen.

Vor allem die letztgenannten Kleinstrukturen sind im Hinblick auf die Belange des integrierenden Naturschutzes noch völlig unzureichend erfaßt – eine Herausforderung für die siedlungsökologische Forschung der Zukunft!

Literatur

Frey, J. (1990): Landschaftsökologische Untersuchungen in der „Alten Ziegelei", Mainz-Bretzenheim, als Grundlage eines Arten- und Biotopschutzprogramms. Dipl.Arb. Geogr. Inst.d.Univ.Mainz (n.p.): 220 S.
Frey, J. (1993): Naturerlebnisräume in der Stadt – Ausgleichsflächen für Menschen und ihre Umwelt. Verh.Ges.Ökol. 22: S. 203–209.
Göpfert, H. (1990): Naturbezogene Pädagogik. 2. Aufl. Deutscher Studien-Verlag, Weinheim: 330 S.
Hard, G. (1992): Konfusionen und Paradoxien. The paradox of nature conservation in cities. Garten & Landschaft 102 (1): S. 13–18.
Heidt, V. & J. Frey (1993): Kursskript „Geoökologische Arbeitsmethoden I", Wintersemester 1993/94. Geogr.Inst.d.Univ.Mainz: 159 S.
Jätzold, R (1990): Die Bedeutung von Landschaften für das Wohlbefinden des Menschen (Festvortrag). In: Paracelsus-Klinik Sonnenalm, Scheidegg im Allgäu, Festschrift: S. 29–33.
Kirsch-Stracke, R. (1990): Sechs Jahre Stadtbiotopkartierung Hannover – Sackgasse oder Fortschritt für den Naturschutz in der Stadt? Darstellung und Diskussion der Stadtbiotopkartierung unter besonderer Berücksichtigung ihrer Auswertung für das Naturerleben. Ber.naturhist. Ges.Hannover 132: S. 287–328.
Kirsch-Stracke, R. et al. (1987): Stadtbiotopkartierung Hannover. Von der Vorbereitung bis zum Planungsbeitrag. Landschaft & Stadt 19 (2): S. 49–77.
Nohl, W. (1990): Gedankenskizze einer Naturästhetik der Stadt. Landschaft & Stadt 22 (2): S. 57–67.
Pfadenhauer, J. (1988): Naturschutzstrategien und Naturschutzansprüche an die Landwirtschaft. Ber.ANL 12: S. 51–57.
Pfadenhauer, J. (1991): Integrierter Naturschutz. Garten & Landschaft 101 (2): S. 13–17.
Probst, W. (1993): Naturerlebnisräume in der Stadt – mehr Freiheit für die Natur, mehr Freiheit für kreatives Spielen. Geobot.Kolloq. 9: S. 59–67.
Schulte, W. (1992): Naturschutzrelevante Kleinstrukturen in Städten und Dörfern – zur bundesweit notwendigen Bestandsaufnahme, Erhaltung und Entwicklung. Schr.R.Dt.Rat f.Landespfl. 61: S. 59–63.
Sukopp, H. et al. (1980): Biotopkartierung im besiedelten Bereich von Berlin (West). Garten & Landschaft 90 (7): S. 560–564.
VHS (Volkshochschule) Mainz (ed.) (1980): Ziegelei Rosbach und Wildgrabental. Eine Dokumentation der Volkshochschule Mainz, zusammengestellt vom Arbeitskreis „Bürger erarbeiten Planungsvorschläge für die Ziegelei Rosbach". Mainz: 36 S.
Wiegleb, G. & U. Bröring (1991): Wissenschaftlicher Naturschutz. Garten & Landschaft 101 (2): S. 18–23.

DAS KOMMUNALE UMWELTINFORMATIONSSYSTEM DER STADT HANNOVER: NUTZUNG FÜR STADTÖKOLOGISCHE FRAGESTELLUNGEN

R. Lessing, Hannover

Einleitung

Kommunen stehen immer häufiger vor dem Problem, die Anforderungen des Umweltschutzes auf der lokalen Handlungsebene in praktisches Handeln umzusetzen. Das gestiegene Umweltbewußtsein ihrer Bürgerinnen und Bürger einerseits und die Erkenntnisse der globalen Umweltsituation andererseits fordern stets und schnell zu konkretem Handeln auf. Dadurch ist ein Handlungs- und Entscheidungsdefizit entstanden, das heutzutage nicht mehr mit den bekannten Instrumenten des Verwaltungshandelns abbaubar ist. Aus diesem Grund sind in mehreren Kommunen der Bundesrepublik in den letzten Jahren Umweltinformationssysteme geschaffen worden.

Kommunale Umweltinformationssysteme unterscheiden sich gegenüber anderen Fachinformationssystemen dadurch, daß sie Terminologie und Verarbeitungsmodi nicht nur einer Disziplin wie zum Beispiel Boden beinhalten, sondern – vom Ansatz des Umweltgedankens her – interdisziplinär für alle in der Kommune auftretenden Fragestellungen und damit Disziplinen ausgestattet sein müssen. Damit ist die Struktur eines kommunalen Umweltinformationssystems sehr komplex. Der Aufbau eines Umweltinformationssystems kann in der Regel nur in einem langen Zeitraum bewerkstelligt werden.

Das Amt für Umweltschutz der Landeshauptstadt Hannover hatte das Glück, in den Jahren zwischen 1988 und 1992 im Rahmen eines vom Bundesminister für Forschung und Technologie geförderten Forschungsprogramms ein kommunales Umweltinformationssystem (LHH 1992) aufbauen zu können. An dem Projekt waren insgesamt 14 Institutionen (Universität, Landesämter u.a.) beteiligt. Im Mittelpunkt des Forschungsprogrammes stand der Aufbau des kommunalen Umweltinformationssystems, bezogen auf die Bereiche Luft, Wasser, Boden, Biotope und Raumstruktur. Mit ihm sollten im Stadtgebiet insgesamt und in seinen Teilräumen die wesentlichen Stoffbelastungen des urbanen Ökosystems erfaßt und die Wirkungszusammenhänge sowie die Stoffdynamik möglichst kontinuierlich dargestellt werden. Aufbauend auf der Bestandsaufnahme sollte das Informationssystem in der Lage sein, die zukünftige Entwicklung in den Umweltbereichen vorausschauend abzuschätzen.

Seit nunmehr über einem Jahr ist das Umweltinformationssystem (UIS) im praktischen Einsatz. Anwendungsgebiete und Struktur des UIS werden im folgenden erläutert.

Stadtökologische Fragestellungen

Fast alle raumbezogenen und somit stadtökologisch relevanten Aufgaben und Fragestellungen, die innerhalb der Stadtverwaltung Hannover bearbeitet werden, erfordern die Mitwirkung des Amtes für Umweltschutz. Die Bedeutung eines Umweltinformationssystems für diese Aufgaben liegt darin, Informationen aktuell und schnell zur Verfügung zu stellen und somit den am Umweltinformationssystem partizipierenden Ämtern eine Unterstützung bei der Abwicklung der Arbeitsvorgänge zu bieten. Aus den unterschiedlichen Arbeitsvorgängen und den EDV-technischen Ausstattungen der beteiligten Ämter resultieren die Anforderungen an ein Umweltinformationssystem. Eine Strukturierung wird hier nach der organisatorischen Aufteilung des Amtes für Umweltschutz vorgenommen, die sich aus der vielfältigen Verbindung zu anderen Aufgaben ergeben hat.

Das Amt für Umweltschutz der Stadt Hannover organisiert sich in die Umweltplanung, die Umweltüberwachung, die Umweltinformation und die Umweltforschung.

Aufgaben im Rahmen der Umweltplanung

Die Aufgaben des Amtes für Umweltschutz bestehen u.a. in der Unterstützung und Mitwirkung bei Aufgaben anderer Ämter, wie z.B. des Stadtplanungsamtes (Flächennutzungsplan, Bebauungsplan) oder des Grünflächenamtes (Landschaftsplan, Grünordnungsplan). Die Beurteilung der Umweltauswirkungen der geplanten Maßnahme im Rahmen einer Ersteinschätzung oder Umweltverträglichkeitsprüfung bilden wichtige Bestandteile des Planungsprozesses. Die Arbeiten, die dabei im Amt für Umweltschutz anfallen, beinhalten die Informationsweitergabe an den Auftraggeber oder an vom Auftraggeber beauftragte Gutachter (externe Büros) und die Beurteilung der Umweltverträglichkeit sowohl aus eigener Sicht als auch im Sinne einer Stellungnahme in bezug auf die von den Auftraggebern oder den beauftragten Gutachtern eingestufte Umweltverträglichkeit. Die Beurteilung erfolgt in der Regel anhand vorhandener Unterlagen. Jede Planung wird dabei jeweils im Kontext der derzeitigen Umweltsituation, der -entwicklung und der -qualitätsziele beurteilt. Die Arbeiten, die im Rahmen der Stadtentwicklungsplanung durchzuführen sind, fallen häufig und kontinuierlich an und müssen aufgrund des mehrfachen Umlaufes innerhalb der Stadtverwaltung und der Weitergabe an „fachfremde Personen" gut dokumentiert und nachvollziehbar sein.

Weiterhin gibt es Planungsfragen mit speziellen Problemen. Sie grenzen sich gegenüber den Vorhaben im Rahmen der Stadtplanung dadurch ab, daß sie bestimmte, bis zum Zeitpunkt der Erstellung noch nicht ausgearbeitete allgemeine Aspekte aufgreifen und Konzept-Charakter haben.

Einzelvorhaben, wie z.B. einzelne Bauvorhaben, werden auf ihre Umweltverträglichkeit hin in der Regel von externen Gutachtern und Fachleuten untersucht. Je nach Vorhaben kann das Ausmaß der anfallenden Arbeit im Amt für Umweltschutz, die Bereitstellung der Informationen an den Gutachter, unterschiedlich groß sein.

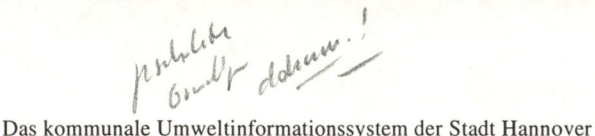

Aufgaben im Rahmen der Umweltüberwachung und Umweltmonitoring

Die im Rahmen der Umweltüberwachung in der Regel abzuwickelnden Vorgänge basieren auf den gesetzlichen Grundlagen des Wasser-, Abfall- und Immissionsschutzgesetzes. In Bezug auf ein UIS werden in diesem Bereich Daten kontinuierlich erhoben und müssen systematisch aktualisiert werden. In der Regel lassen sich diese Verwaltungsvorgänge sehr gut standardisieren, da bei den meisten Vorgängen immer wieder die gleichen Parameter und Fragestellungen anfallen. Daraus können standardisierte Formblätter für die Bearbeitung entwickelt werden. Das UIS kommt für diese Arbeiten täglich zum Einsatz, wobei die zu benutzenden Funktionen gleichzeitig von mehreren Personen wahrgenommen werden müssen.

Eine weitere wesentliche Aufgabe, die im engeren Sinne der Umweltüberwachung zuzuschreiben ist, aber keine gesetzliche Aufgabe wie oben beschrieben darstellt, ist das Umweltmonitoring. Unter dem Umweltmonitoring wird eine Umweltbestandsaufnahme der einzelnen Umweltbereiche verstanden. Durch die kontinuierliche Erhebung nach bestimmten Zeitabschnitten und die Möglichkeit der Bilanzierung kann die zeitliche Entwicklung beschrieben und die zu erreichenden (Umweltqualitäts-) Ziele überprüft werden. Damit fließen diese Ergebnisse als Bausteine in die Umweltplanung ein.

Aufgaben im Rahmen der Umweltinformation

Obwohl auch alle Vorgänge aus der Umweltplanung und Umweltüberwachung als Beiträge zu einer umfassenden Umweltinformation aufgefaßt werden können, hat das UIS eine wesentliche Funktion im Bereich der Umweltinformation als Beitrag zur Öffentlichkeitsarbeit. Zu diesem Zweck ist es notwendig, vorhandene Informationen über Umweltzustände und ggf. auch über mögliche Entwicklungen so aufzubereiten, daß sie leicht verständlich veröffentlicht werden können. Die Veröffentlichung kann sowohl in Buchform als auch in direkter Abfrage zu bestimmten Themen am Bildschirm eines UIS erfolgen. Damit sind Dokumentation und schnelle Visualisierung der vorhandenen Umweltthemen Aufgaben eines UIS in diesem Bereich.

Aufgaben im Rahmen der Umweltforschung

Obwohl im praktischen „Geschäft" des kommunalen Umweltschutzes schnell die Grenze des bisherigen Wissens erreicht wird, kommen Aufgaben der Umweltforschung selten in einer Verwaltung vor. Immer wieder fehlen die Kenntnisse über ökosystemare Zusammenhänge und fachübergreifende Aspekte sowie deren Umsetzung in der Kommune. Dazu gehören wissenschaftliche Ausarbeitungen, wie z.B. die Bedeutung des Schwermetall- und Nährstoffgehalts im Boden und im Pflanzengut kleingärtnerisch genutzter Flächen für die Ernährung. Solche

Arbeiten treten in der Regel selten innerhalb einer Stadtverwaltung auf, ihre Bearbeitung erstreckt sich jedoch immer über einen Zeitraum von mehreren Monaten. Arbeiten, die mit dem UIS im Bereich der Umweltforschung erstellt werden, erfordern daher auch eine gute Dokumentation der Arbeitsschritte und -ergebnisse.

DV-technische Umsetzung des UIS

Das Produkt „Umweltinformationssystem", so wie es jetzt in der Stadt Hannover besteht, ist ein Ergebnis, das über einen komplizierten Prozeß und trotz sich ständig ändernder Rahmenbedingungen entstanden ist. Wesentlich war die Entscheidung, einen modularen Aufbau für das Umweltinformationssystem zu wählen, der einen Austausch einzelner Funktionen des UIS bei sich ändernden Rahmenbedingungen und neuer Soft- und Hardware ermöglicht. Diese Entscheidung muß ständig überprüft werden unter Beachtung der Tatsache,

- daß einzelne Bausteine wegen Entwicklungen auf dem Markt (neue Produkte, Einstellung bestimmter Unterstützungen) ausgetauscht werden können,
- daß die Bausteine (als Empfehlung an andere Kommunen) sukzessive besorgt werden können und
- daß die Software weitestgehend unabhängig von der Hardware ist, d.h., daß auch eine Entwicklung z.B. auf Kleinrechnern vorgenommen werden kann.

Auf Grund der durchzuführenden Arbeitsvorgänge (s.o. Aufgaben des UIS) ergeben sich unterschiedliche Anforderungen an die Funktionalität. Mehrere Aspekte spielen dabei eine Rolle. In der Abbildung 1 sind die für die vier oben genannten Umweltbereiche wichtigsten Aufgaben, die ein Umweltinformationssystem zu übernehmen hat, die notwendigen Funktionen aufgeführt. Es ist zu erkennen, daß die Ausstattung im wesentlichen durch die Aufgaben der Umweltvorsorge/Umweltplanung bestimmt wird. Das bedeutet, daß bei Vorhandensein dieser Bausteine auch die Aufgaben der Umweltüberwachung, Umweltforschung oder Umweltinformation unterstützt werden.

Die Funktionen lassen sich in zwei Bereiche strukturieren, einmal in den Bereich der „Dokumentation" sowie in den der „Dokumentation und Entwicklung". Unter dem ersten Bereich wird im wesentlichen die Visualisierung und die Möglichkeit der Ausgabe der Ergebnisse verstanden, alphanumerische Daten in Form von Tabellen oder Formblättern, geographische Daten mit Hilfe eines Geoinformationssystems am Bildschirm oder in Form von Karten oder Plänen. Unter dem Bereich „Dokumentation und Entwicklung" wird darüber hinaus noch die Möglichkeit verstanden, Ursache-Wirkungsanalysen durchzuführen, um Umweltauswirkungen prognostizierbar und quantifizierbar zu machen, soweit diese Zusammenhänge noch nicht bekannt sind. Wesentliche Aspekte beider Bereiche sind die der Prognose und Verschneidung von Informationen (zur Erstellung von z.B. Konfliktkarten).

In welcher Form sich die einzelnen Funktionen in eine Struktur für ein Umweltinformationssystem abbilden lassen, veranschaulicht die Abbildung 2.

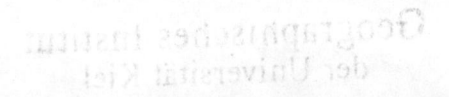

	UMWELTINFORMATION	UMWELTÜBERWACHUNG	UMWELTFORSCHUNG	UMWELTPLANUNG
DOKUMENTATION				
Istzustand				
punktbezogene Daten	⊕		⊕	⊕
flächenbezogene Daten der Daten- und Zustandsebene	⊕		⊕	⊕
flächenbezogene Daten der Wirkungsebene	⊕	ev.		⊕
künftiger Zustand ohne Maßnahme				
punktbezogene Daten	⊕		ev.	ev.
flächenbezogene Daten der Daten- und Zustandsebene	⊕			ev.
flächenbezogene Daten der Wirkungsebene	⊕	ev.		ev.
künftiger Zustand mit Maßnahme				
punktbezogene Daten	⊕			
flächenbezogene Daten der Daten- und Zustandsebene	⊕			
flächenbezogene Daten der Wirkungsebene	⊕	ev.		
Ziele				
Zielhierarchie	⊕		⊕	
Einzelziele, flächendeckende Ziele	⊕		⊕	
Konfliktbereiche				
zwischen den Zielen	⊕	⊕		
zwischen den Zielen und den ermittelten Zuständen	⊕	⊕	⊕	
Maßnahmen, Handlungsvorschläge	⊕	⊕	⊕	
DOKUMENTATION UND ENTWICKLUNG				
methodische Vorgehensweise				
Einsatz von Verknüpfungs-Methoden	⊕	⊕	⊕	
Einsatz von Simulations- und Prognoserechnungen	⊕	⊕	⊕	
Aussageverläßlichkeit der Information				
Genauigkeit bei der Datenerfassung, Digitalisierung	⊕	⊕	⊕	
Genauigkeit beim Einsatz von Verknüpfungs-Methoden	⊕	⊕	⊕	
Genauigkeit beim Einsatz von Simulationsprogrammen	⊕	⊕	⊕	
Datendefizite				
zu erhebende Daten	⊕	⊕	⊕	
durchzuführende Verknüpfungen mit den vorhandenen Daten	⊕	⊕	⊕	

Abb. 1: Funktionen eines Umweltinformationssystems

Die einzelnen Bausteine des Umweltinformationssystems, die unterschiedliche Funktionen beinhalten und Aufgaben unterstützen, werden im folgenden erläutert.

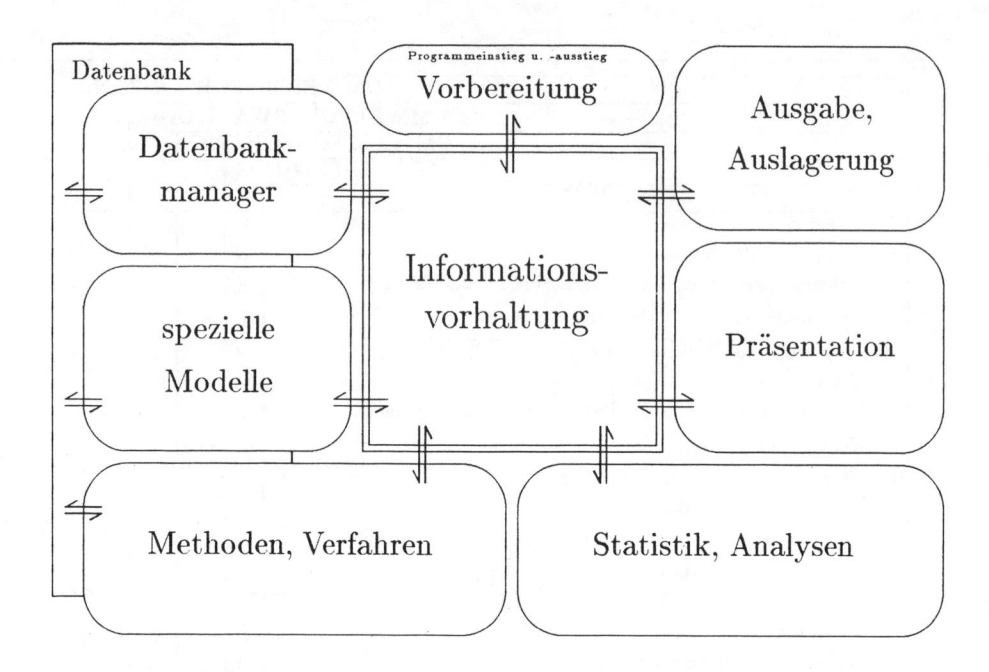

```
                  Programmeinstieg u. -ausstieg
 ┌─ Datenbank ──────────┐
 │  Datenbank-    Vorbereitung     Ausgabe,
 │  manager                        Auslagerung
 │
 │  spezielle    Informations-     Präsentation
 │  Modelle      vorhaltung
 │
 │  Methoden, Verfahren   Statistik, Analysen
 └──────────────────────┘
```

Abb. 2: Bausteine eines Umweltinformationssystems

Das Arbeitsfeld

Der Nutzer des Informationssystems befindet sich generell in einem sogenannten Arbeitsfeld. In der Abbildung 2 ist dieser Bereich durch den Kasten „Informationsvorhaltung" gekennzeichnet. Der Nutzer sieht von seinen Aktivitäten – Erzeugen, Bereitstellen und Weiterverarbeiten der Daten, das über die Schnittstellen (Pfeile) geregelt wird – nichts, entweder weil er sich in der Benutzeroberfläche bewegt, die ihm nur bestimmte Möglichkeiten offenläßt, oder weil er sich im Geoinformationssystem (s.u.) befindet, in dem ihm nur bestimmte Operationen offenstehen. Die Benutzeroberfläche wird in der Regel durch die Anwendung bestimmt und ist eindeutig definiert. Das können Datenbankabfragen sein oder auch variable Funktionen, die unter C programiert wurden und unter X-Windows laufen. Sofern möglich werden die Anwendungen mit sogenannten Icons verbunden, Symbolen auf einer Benutzeroberfläche, deren „Anstoßen" die definierten Funktionen in Gang setzen. Dadurch ist es möglich, mit einfach erkennbaren Symbolen die von dem Arbeitsfeld gestatteten Operationen durchzuführen und so den Nutzer zu den Ergebnissen zu führen.

Das für die Stadt Hannover gewählte Geoinformationssystem (SPANS) bietet die Möglichkeit der projektbezogenen Arbeit; das bedeutet, daß nicht immer mit der gesamten Datenbank gearbeitet werden muß. Darüberhinaus bietet es die Möglichkeit der Nutzung zweier interner Programmiersprachen. Damit können bestimmte Aufbereitungs-, Auswertungs- sowie Abfragevorgänge standardisiert werden.

Vorbereitung

Der Nutzer des Systems „steigt" über den Baustein „Vorbereitung" in die Anwendung ein. Dieses Modul hat zur Aufgabe, im Dialog mit dem Nutzer zu entscheiden, welche Anwendungsfelder für die Nutzung bereitgestellt werden sollen und mit welcher Gebietseingrenzung der Nutzer arbeiten möchte.

Datenbankmanager

Der Datenbankmanager (auch Metadatenbank genannt) ist eine Katalogisierung der vorhandenen Daten, der Benennung, wie sie beschaffen sind, wer für die Aktualisierung zuständig ist, und vieles mehr. Im Umweltinformationssystem wird dieser Baustein KURD (Katalog umweltrelevanter Daten) genannt, der auch unabhängig von den anderen Modulen des Umweltinformationssystems und damit von anderen Institutionen genutzt werden kann. Im Umweltinformationssystem erfüllt KURD gleichzeitig die Funktion eines Datenbankmanagers, d.h. die Funktion der Bereitstellung der erforderlichen Daten, angedeutet durch den Pfeil zwischen Datenbankmanager und Datenbank. KURD sorgt auch dafür, daß die Daten während der Übernahme in das Arbeitsfeld anwendungsspezifisch (z.B. Simulationsmodell oder Geoinformationssystem) aufbereitet werden.

Spezielle Modelle

Der Nutzer des Umweitinformationssystems kann vom Arbeitsfeld ausgehend auch spezielle Modelle anwenden, d.h. Verfahren, die eine Auswertung von Umweltdaten vornehmen und speziell auf die naturräumlichen Verhältnisse von Hannover zugeschnitten sind. Die Modelle dienen dem Zweck der Simulation veränderter Ausgangszustände (Nutzungsumwidmung) oder der Prognose zukünftiger Umweltsituationen (bei gleicher oder veränderter Nutzung). Im Umweltinformationssystem sind eine Reihe von Auswertungsverfahren dieser Art integriert, wie z.B. ein Luftschadstoffausbreitungsmodell oder ein Grundwassersimulationsmodell). In der Regel benötigen diese Modelle eine Reihe von Eingangsparametern, die vorzugeben sind. Dieser Schritt erfolgt entweder interaktiv vom Arbeitsfeld aus oder – sofern es sich um unveränderbare Daten handelt – im direkten Zugriff der Modelle auf die Datenbank. Die Ergebnisse der Modelle werden in einer vom Geoinformationssystem lesbaren Datenform bereitgestellt.

Methoden, Verfahren und Statistik, Analysen

Zu diesen Bausteinen des Umweltinformationssystems gehören solche, die zur Bearbeitung der Umweltdaten notwendig sind, aber – im Gegensatz zu den speziellen Modellen – nicht speziell für den Raum Hannover Gültigkeit haben. Für die Arbeit in einem Umweltinformationssystem als notwendig erkannte Verfahren sind Regionalisierungsverfahren (div. Interpolationsverfahren), Verschneidungsverfahren räumlicher Daten, Verknüpfungsmethoden nach frei definierbaren Möglichkeiten, quantitative Analyse vorhandener Informationen (z.B. Flächenstatistik), Zeitreihenanalysen, Trendverfahren und Ursache-Wirkungsanalysen.

Datenbank

Wie an Abbildung 2 zu erkennen, hat der Nutzer des Umweltinformationssystems vom Arbeitsfeld ausgehend keinen direkten Zugriff auf die Datenbank. Das hat den Vorteil,
- daß nur die Daten über die Metadatenbank „eröffnet" werden, die der Nutzer auch sehen darf,
- daß die Datenbank-Pflege auch nur von den zuständigen Personen vorgenommen wird und so über die Nutzung des Umweltinformationssystems eine unerlaubte Änderung der Daten ausgeschlossen ist und
- daß der Nutzer der Daten über die Metadatenbank KURD auch gleich erfährt, welche Auswertungs-/Umsetzungsverfahren mit den Daten zulässig sind, und somit unzulässige Schlüsse vermieden werden können.

Die Datenbanken, die in der Stadtverwaltung aufgebaut sind oder aufgebaut werden, sind relationale Datenbanken (ORACLE oder INGRES) für die alphanumerischen Daten oder Datensätze bei den Geometriedaten.

Präsentation

Die Präsentation der Ergebnisse der jeweiligen Anwendung ist für die Weitergabe innerhalb der Stadtverwaltung, aber auch für eine Visualisierung der Ergebnisse nach außen von entscheidender Bedeutung. Das Umweltinformationssystem bietet mehrere Möglichkeiten, die von der schnellen Visualisierung früher erarbeiteter Karten und Informationen bis hin zur Abfrage räumlich gebundener alphanumerischer Informationen bei gleichzeitiger Visualisierung des Raumbezuges reichen.

Ausgabe, Auslagerung

Unabhängig von der Tatsache, daß der Nutzer die durch seine Anwendung erstellten Auswertungen in die Datenbank überführen und damit anderen Nutzern zur Verfügung stellen kann, ist es notwendig und sinnvoll, vorgenommene Arbeiten auszulagern, um sie für eine spätere Kontrolle der Ergebnisse oder eine Überarbeitung/Aktualisierung der Informationen wieder auf den Rechner zu spielen. Dieser Aspekt ist deswegen besonders wichtig, weil manche stadtinternen Fragestellungen über einen längeren Zeitraum laufen können (bis zu mehreren Jahren) und das Amt für Umweltschutz mehrmals Stellung beziehen muß.

Ausblick

Umweltinformationssysteme sind von ihrem Ansatz her medienübergreifend und daher sehr komplex. Diese Tatsache hat zur Folge, daß es keine einheitliche Definition eines Umweltinformationssystems, geschweige denn eines kommunalen Umweltinformationssystems gibt. Zudem hat man auf dem EDV-Sektor mit sich ständig ändernden Produkten zu tun, die natürlich auf ihre Nutzbarkeit in einer kommunalen Verwaltung überprüft werden müssen, da sie sicherlich viele Arbeitsvorgänge erleichtern können. Sowohl wegen der Komplexität eines UIS als auch der sich ständig ändernden Rahmenbedingungen kann man davon ausgehen, daß es jeweils bestimmte Entwicklungsstufen eines Informationssystems geben wird, an denen den Anforderungen der Praxis entsprechend weitergearbeitet werden muß.

Für das Umweltinformationssystem Hannover gilt, daß es mit den vorhandenen Bausteinen vorerst einen soliden Grundstock besitzt. Die Hauptaufgabe wird für die nahe Zukunft darin gesehen, stadtökologische Fragestellungen für die Nutzung mit dem Umweltinformationssystem aufzuarbeiten, in KURD zu dokumentieren, zu veröffentlichen und in den alltäglichen Verwaltungsvollzug zu integrieren. Dabei wird darauf geachtet, daß die jeweilige Fragestellung so behandelt wird, daß eine Übertragbarkeit auf andere Kommunen gewährleistet ist.

Literatur

LHH 1992: Modellentwicklung eines kommunalen Umweltinformationssystems im Rahmen des „Ökologischen Forschungsprogramms Hannover", Landeshauptstadt Hannover, Amt für Umweltschutz, BMfT-Forschungsprojekt Förderkennzeichen 0716012 2, Juni 1992

BODENSCHUTZ IN URBANEN ÖKOSYSTEMEN

W. Burghardt, Essen

1. Einleitung

Das Thema bewegt sich im Spannungsfeld der wertfreien Betrachtung von verdichteten Siedlungsformen als Ökosysteme und des anthropozentrisch formulierten und damit wertenden Bodenschutzes, der überwiegend ein Bodenfunktionsschutz ist. Dazu wird der Versuch unternommen, im Vergleich zu Ökosystemen der freien Landschaft Merkmale urbaner Ökosysteme herauszuarbeiten.

2. Merkmale von Ökosystemen

2.1. Naturnahe Ökosysteme

Ökosysteme setzen sich aus Biotopen und Biozönosen zusammen. Teilsysteme der Biotope sind u.a. Böden, die hier weiter behandelt werden sollen. Kausalketten der Genese von Ökosystemen sind auch in Böden wiederzufinden (Burghardt, 1990a,1992). So führen Faktoren zu Prozessen der Stoffumwandlung und des Stofftransportes, die sich in neuen Merkmalen bemerkbar machen und Ökosysteme mit individuellen Eigenschaften der Biotope und somit von Böden herausbilden. Wesentliche Kennzeichen für Böden sind Parameter der Art, der Mengen, der räumlichen und zeitlichen Verteilungsmuster der Stoffbestände. Böden besitzen die Eigenschaft, im Ökosystem als Speichermedium und Transportmedium für Stoffe zu dienen. Dazu müssen sie an ihren Rändern durchlässig sein. Nur so ist ein Stoff- aber auch Energieaustausch mit benachbarten Teilen des Ökosystems möglich.

Aus der Kausalkette der Pedogenese folgen für die unter dem Einfluß natürlicher Faktoren einer Landschaft entstandenen Böden Einmaligkeit (Individualität), aber auch Ähnlichkeitsbeziehungen zu benachbarten Böden, prozessuale Verknüpfungen mit der Umgebung, Anpassung an die Umgebung, und die Eigenschaft, Informationsträger über Ausstattung, Entwicklung und Entwicklungspotentiale von regionalen Ökosystemen zu sein. Daraus sind Prognosen zur Entwicklung von Bodeneigenschaften und der aus diesen ableitbaren Bodenfunktionen möglich.

2.2. Urbane Ökosysteme

Urbane Ökosysteme lassen sich definieren als von Technologien geprägte Nutzungssysteme. Die Entwicklung von urbanen Ökosystemen wird dabei von außen unter dem Einfluß von Energie- und Stoffimporten gesteuert (Burghardt, 1990 b).

Aus der steigenden Verfügbarkeit an Energie ergibt sich für das urbane Ökosystem eine Zunahme

1. der Orte, zwischen denen Stoffströme stattfinden
2. der Dauer und der Intensität von Stoffströmen und
3. eine Veränderung der Zeiten von Stoffströmen.

Die anthropogenen Stoffströme enden u.a. in Form von Geländeumgestaltungen, Gebäuden, Anlagen, Immissionen, Reststoff- und Abfalldeponien. Wesentlich ist dabei die Überdeckung oder Anreicherung vorhandener Ökosysteme durch Stoffablagerungen und Stoffeinträge. Prozesse der natürlichen Böden werden durch die neue Konstellation der Faktoren der Bodenbildung gestört. Die ursprünglichen Böden werden zu Relikten oder fossiliert. Es entsteht eine Rohbodenlandschaft, die für weite Areale des urbanen Ökosystems typisch ist.

Folgen sind fehlende Beziehungen der Merkmale und Informationsgehalte zu den übrigen Gliedern des Ökosystems. Flächen als Endpunkte von Stoff- und Energieströmen sind jedoch Schnittstellen zu den Kreisläufen der sozioökonomischen und technischen Systeme. Daraus lassen sich somit Abhängigkeiten und Beziehungen der Böden zu diesen Systemen formulieren. Die Stofftransporte und -ablagerungen stehen dabei in Beziehung zu der Nutzung der jeweiligen Flächen und zur Nutzung der übrigen Flächen, denen die Stoffe entnommen wurden oder über die der Transport erfolgte. Stoffbestände von Flächen sind daher Informationsträger über Nutzungen und Nutzungseignung anderer Flächen. Die Merkmalsbestände und Informationsinhalte beziehen sich nun auf Nutzungsziele.

Stoffströme als Voraussetzung zur Veränderung von Flächeneigenschaften durch Nutzung finden nicht nur zwischen Flächen statt. Vielmehr erfolgen auf den Flächen selbst weitere Verteilungsvorgänge. Diese werden wesentlich durch die Versiegelungsformen gesteuert (Abbildung 1).

3. Bodenschutz

Der Bodenschutz verfolgt zwei Ziele:
1. den Schutz des Bodens als Naturkörper und
2. den Schutz der Bodenfunktionen durch
   – Minimierung des Flächenverbrauches
   – Vermeidung von Schadstoffeinträgen.

3.1. Boden als Naturkörper

Für urbane Böden bedeutet die Flächennutzung, daß der Bestand an Böden durch Zerstörung zurückgedrängt wird. Merkmale natürlicher Böden werden aufgrund veränderter Faktorenkonstellation der Pedogenese zu Relikten. Durch Abtrag und Auftrag von Substraten entstehen außerdem Rohböden und junge Böden mit geringem Entwicklungsgrad. Dabei wird die Beziehung urbaner Böden zur Vegetationsdecke, zum Klima und zum Grundwasser durch Versiegelung, aber auch durch Umgestaltung der Wassereinzugsgebiete und des Abstandes der

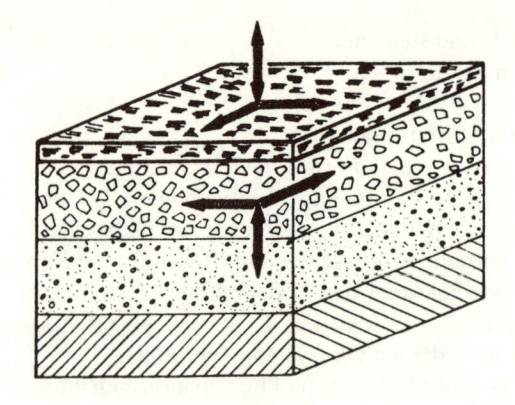

Abb. 1: Versiegelungsformen

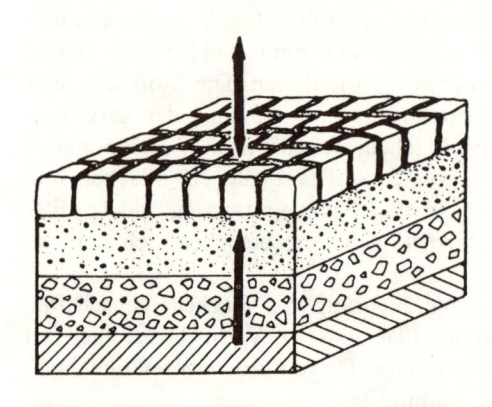

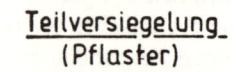

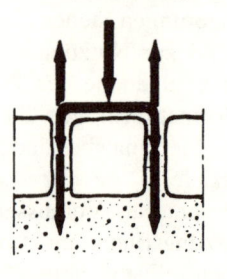

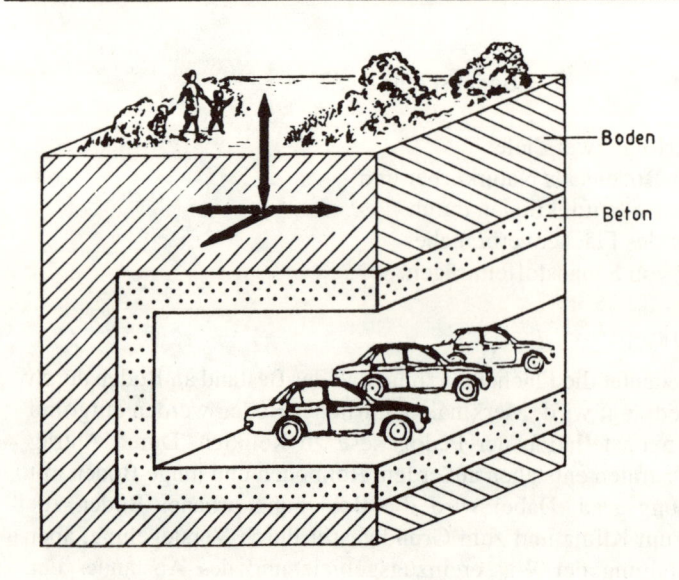

Geländeoberfläche zum Grundwasser beeinflußt. Bodenüberdeckung führt zu fossilen, d.h. begrabenen Böden.

3.2. Rohböden durch Substratablagerungen

Stoffaufträge erfolgen durch Umlagerung natürlicher Lockergesteine, teils auch von zu Lockergesteinen aufbereiteten Festgesteinen, wie z.B. Bergematerial des Steinkohlebergbaues, aber auch im großen Umfang durch Substrate technogenen Ursprungs (Bauschutt, Aschen, Schlacken, Schlämme, Müll). Dabei entstehen stark horizontal ausgerichtete oder willkürlich angeordnete und damit nicht vorbestimmbare Stoffverteilungsmuster. Durch die Art der Aufbringung können die Substrate stark verdichtet sein. Die meisten Subtrate sind kalkhaltig. Hohe Skelett (Grus-, Kies-, Stein-)gehalte sind häufig anzutreffen. Die nach dem Auftrag neu entstehenden Böden werden als Lithosole bezeichnet. Unterschieden werden Allolithe aus umgelagertem natürlichem Substrat, Technolithe aus technogenem Substrat und Phyrolithe aus Gemengen technogener und natürlicher Substrate.

3.3. Bodenbildung

Erste Prozesse einer neuen Bodenbildung sind im urbanen Ökosystem Humusanreicherung, Gefügebildung, Partikeleintrag in das Skelett und Stauwasserbildung. Durch Humusanreicherung entstehen auf kalkfreien Substraten Regosole, bei kalkhaltigen Substraten Pararendzinen. Typische Gefügeformen sind Platten-, Block-, Riß- und Einzelkorngefüge, wobei diese Formen nebeneinander in einem Horizont vorkommen können. In der Klassifikation hat das Gefüge noch keine Berücksichtigung gefunden. Dies ist auch für den Partikeleintrag der Fall. Bei Stauwasserbildung durch schichtigen Bodenauftrag treten sekundäre Pseudogleye auf.

3.4. Schutz der Bodenfunktionen

3.4.1. Minimierung des Flächenverbrauches

Die Ursachen des Flächenverbrauches liegen außerhalb des Einflußbereiches der Bodenkunde. Die Bodenversiegelung als wesentlichste Form des Flächenverbrauches hat jedoch Wirkungen auf den Boden. Die Wirkungen der Versiegelung sind vielfältiger, als die heute übliche Ermittlung des Versiegelungsgrades und der Entsiegelungspotentiale erkennen lassen. Tab. 1 enthält eine Systematisierung der Versiegelungswirkung (Burghardt, 1993).

Tab. 1: Wirkung der Versiegelung

auf Stoffflüsse (Kreisläufe)
- Unterbrechung zwischen Biosphäre und Pedosphäre (Boden)
- Unterbrechung in den Sphären bei vertikaler Versiegelung
- Umleitung, Kanalisation, Konzentration, Ableitung und Ablagerung

auf Biosphärenentwicklung
- lebensfeindliche Standorteigenschaften versiegelter Flächen
- Unterbrechung und Isolierung von Lebensräumen durch versiegelte Flächen (Zerschneidungswirkung und Kammerung)

auf Landschaftsentwicklung
- Erosionsförderung durch Bodenabschwemmung aus benachbarten Flächen
- Unterbrechung, Umleitung und Ableitung von Oberflächen, Hang- und Grundwasser
- Veränderungen und Außerfunktionssetzung von Wassereinzugsgebieten

durch Errichtung des Bauwerkes
- Eintrag von Sand, Kies
- Bodenverdichtung

durch konstruktive und Materialeinflüsse des Bauwerkes
- Reliefgestaltung
- Entfernung von Teilen des Bodenprofiles
- Verschüttung des Bodenprofiles
- Lärmschutzwälle
- Mächtigkeit und Aufbau des Bauwerkskörpers
- Baustoffe (Natursteine, Beton, Bitumen, Teer)

durch Nutzung des Bauwerkes
- Stoffabgabe (Emissionen der Fahrzeuge, Heizungen)
- Fahr- und Trittwirkung

durch Unterhaltung des Bauwerkes
- Streusalz- und Granulataustrag
- Pflanzenschutzmitteleinsatz
- Straßen und Baukörperentwässerung
- Bepflanzung der Seitenstreifen und Zwischenräume

durch Abbruch des Bauwerkes
- Entsiegelung
- Bauwerksreste
- Verbleib der Baustoffe
- Folgenutzung.

3.4.2. Vermeidung von Schadstoffeinträgen

In Städten stehen die Bodenfunktionen Siedlungsfläche und Erholungsraum, Industrie- und Gewerbeflächen, Lagerstätte für Abfälle und Reststoffe und teilweise auch Grundwasserspeicher mit Grundwasserschutz im Vordergrund des Interesses. Dieses Interesse richtet sich vor allem auf die Abwehr von Gefahren für die menschliche Gesundheit, die von Bodenschadstoffen ausgehen. Bodenschutzkonzepte der Städte stellen diese in den Vordergrund ihrer Zielsetzungen.

Über die Art der Stoffe, die toxisch wirken, sind wir heute teilweise gut unterrichtet. Jedoch Kenntnisse über Verteilungsmuster und Verhalten von Schadstoffen in Böden urbaner Ökosysteme sind nicht vorhanden. Ebenso sind Qualitätsmerkmale von Böden, die die Schadstoffverfügbarkeit steuern, weitgehend nur für Böden des ländlichen Raumes genauer erfaßt worden. Voraussetzungen hierzu sind Erhebungen zur Kennzeichnung von Böden und zur Ermittlung des Beziehungsgefüges von Böden zu anderen Merkmalen urbaner Ökosysteme, die oben beschrieben wurden. Erste Vorhaben werden bereits durchgeführt.

Stoffeinträge über die Atmosphäre sind heute stark verringert worden. Von größerer Bedeutung ist, daß die Böden bereits belastet sind. In Städten sind Böden nicht nur an der Oberfläche, sondern bei Substrataufträgen bis in große

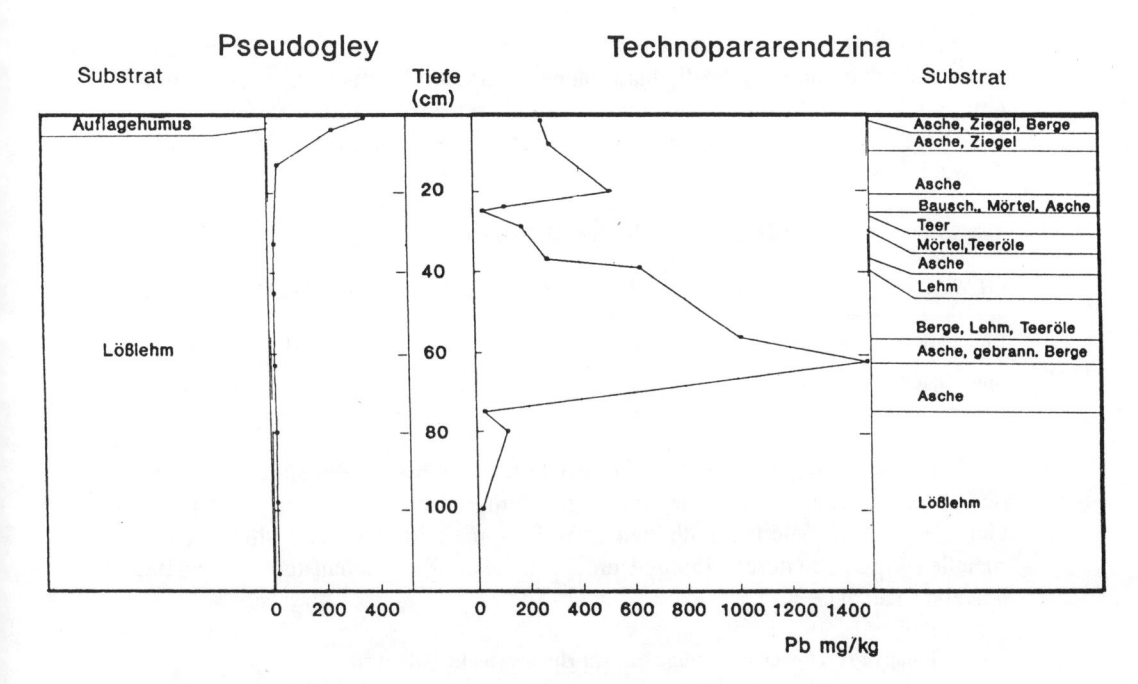

Abb. 2: Substrate und Pb-Gehalte eines natürlichen Pseudogleyes und einer Technoparendzina (Rheinelbe, Gelsenkirchen, 1992)

Tiefen mit Schadstoffen angereichert worden. Abb. 2 zeigt, daß wir außerdem bei Schadstoffen mit stark wechselnden Tiefenverteilungsmustern rechnen müssen. Ähnliches gilt für die horizontale Verteilung. Die Bewertung solcher Systeme ist schwierig.

3.5. Bodenqualität

Verfolgt man den Bodenschutz in der Stadt, der ein Bodenfunktionsschutz ist, mit offenen Augen, so stellt man fest, daß außer auf einigen Flächen mit starker Schadstoffanreicherung oder bei sensibler Nutzung, wie z.B. Kinderspielplätze, Bodenschutz keine Beachtung findet. Offensichtliche Beispiele sind Baustellen. Auf Baustellen werden ganze Flächenareale zu verdichteten Pisten gewalzt. Anschließend soll der Boden als Träger von Regelungsfunktionen wie z.B. zur Filterung von Schadstoffen und zum Transport von Sickerwasser dienen. Dies ist nach Baustellenbetrieb nicht vorstellbar. Bodenschutz beginnt beim sinnvollen Umgang mit Böden. Reaktionen auf hohe Schadstoffgehalte genügen nicht. Wir müssen davon ausgehen, daß in Städten Bodenfunktionen im starken Maße beansprucht werden. Jedoch blieb in der Bodenschutzpolitik die Bodenqualität in Städten bisher unberücksichtigt. Dies ist jedoch für einen tragfähigen Bodenschutz zu fordern.

Die Bodenqualität urbaner Böden ist zur Erfüllung einiger Funktionen durchaus günstig zu beurteilen. In den nachfolgenden Tabellen 2-5 werden hierzu am

Beispiel Oberhausen-Brücktorviertel (Ludescher und Burghardt, 1993; Burghardt und Ohlemann, 1993) die naturnahen Braunerde-Hortisole u.Ä. aus lehmigem Sand mit Böden auf Substrataufträgen als typische Stadtböden verglichen. So befinden sich die pH-Werte meist im Bereich des Neutralpunktes oder sind schwach basisch (Tab. 2).

Tab. 2: Relative Häufigkeitsverteilung (%) der pH-Werte bis 1 m Tiefe

pH-Wert	4,1–5,0	5,1–6,0	6,1–7,0	7,1–8,0	8,1–9,0	9,1–10,0	n
Braunerde-Hortisol u.Ä.	2	18	80	0	0	0	61
Substrataufträge	0	11	23	59	5	2	150

Schwermetalle werden in diesem pH-Wertbereich immobilisiert. Als Folge des Bodenauftrages verstärkte und tiefe Humusanreicherung (Tab. 3) kann in Gebieten, die natürliche Sandböden aufweisen, die Bindungsstärke für Schwermetalle steigern, da durch erhöhte Humusgehalte die Kationenaustauschkapazität ansteigt (Tab. 4).

Tab. 3: Relative Häufigkeitsverteilung (%) der Humusgehalte (Glühverlust)

Glühverlust,%	< 2,1	2,1–4,0	4,1–8,0	8,1–15,0	,1–30,0	> 30	n
Braunerde-Hortisol u.Ä.	13	35	26	22	4	0	23
Substrataufträge	13	16	18	29	22	2	62

Tab. 4: Relative Häufigkeitsverteilung (%) der Kationenaustauschkapazität (KAK)

KAK, mmol/kg	< 30	31–80	81–120	121–180	> 180	n
Braunerde-Hortisol u.Ä.	29	63	8	0	0	24
Substrataufträge	20	34	20	12	14	90

Es zeigt sich auch, daß die Wasserspeichereigenschaften verbessert sind (Tab. 5). Dies ist besonders bei Aschen der Fall.

Tab. 5: Relative Häufigkeitsverteilung (%) der Feldkapazität (Wasserspeicherung in Poren < 0,05 mm ø)

Feldkapazität, Vol.%	< 7	7–12	13–18	19–24	25–30	n
Braunerde-Hortisol u.Ä.	4	24	50	11	11	26
Substrataufträge	0	13	35	52	0	23

Hieran schließt sich die Frage an, wieweit die Ablagerung von Stoffen auf Flächen so gezielt eingesetzt werden kann, daß die Bodenqualität für die Belange des Bodenschutzes verbessert wird. Dies ist heute noch kein Bestandteil städtischer Bodenschutzkonzepte. Dabei muß generell festgestellt werden, daß es einen weiten Gestaltungsfreiraum für Umweltschutzmaßnahmen über Einflußnahme auf Böden in Städten gibt. Hingewiesen sei auf die Reaktivierung oder Schaffung von Stauwasserböden.

In diesem Zusammenhang muß auch gesehen werden, daß die Nutzung der Filterleistung von Böden auch zu Belastungen von Böden führt. Dabei nutzen wir Böden gezielt in einer Weise, die auch technische Anlagen übernehmen können. Bekanntes Beispiel ist die Abgasreinigung zur Minderung von Emissionen. Daher sollten Bodenfunktionen als Schutzfunktion nur dort in Anspruch genommen werden, wo dies der Wiederherstellung naturnaher Systeme dient. Ein Beispiel hierfür ist die Regenwasserversickerung in Böden, wobei Böden die ihnen in natürlichen Ökosystemen zukommende Aufgabe des Zwischenspeichers zur kontinuierlichen Speisung von Gewässern und Grundwasser erfüllen.

Zusammenfassung

Wesentliche Aussagen dieses Beitrages sind:
- Merkmale urbaner Ökosysteme sind Stoffströme, die auf Flächen zur Ablagerung kommen und dort die Bodenqualität bestimmten.
- Auf- und Einträge sind abhängig von der Flächennutzung und der Lage und Nutzung anderer Flächen.
- Über Nutzung und Stoffströme ist die Qualität der Flächen an den Wirtschaftskreislauf angebunden.
- Städtböden weisen eigene Qualitätsmerkmale auf. Diese können auch positive Eigenschaften zur Erfüllung von Anforderungen an die Bodenfunktionen aufweisen.
- Bodenschutz in Städten sollte nicht nur auf Belastungen aus Schadstoffeinträge und auf Flächenverbrauch reagieren, sondern gezielt die Qualität von Stadtböden fördern.

Letzte Anmerkung:

Dazu müssen Stadtböden bekannt sein. Bodenschutz ist somit nicht nur eine Angelegenheit der Immissionsforschung, sondern besonders der Bodenkunde!

Literaturhinweise:

ARBEITSKREIS STADTBÖDEN DER DEUTSCHEN BODENKUNDLICHEN GESELL-SCHAFT
(VORSITZ: W: BURGHARDT) (1989 b): Empfehlungen des Arbeitskreises Stadtböden der Deutschen Bodenkundlichen Gesellschaft für die bodenkundliche Kartieranleitung, urban, gewerblich und industriell überformter Flächen (Stadtböden). Umweltbundesamt, Texte 18/89, 171 S.

BURGHARDT; W. (1990a): Zur Konzeption der Bodenforschung im Ökosystem verdichteter Siedlungsformen. Mitteilgn. Dtsch. Bodenkundl. Gesellsch., 61, 65–68.

BURGHARDT, W. (1990b): Bodenforschung in Ökosystemen verdichteter Siedlungsformen. Konzeptionelle Auswertung des Förderschwerpunktes „Bodenbelastung und Wasserhaushalt" im Bodenforschungsprogramm des BMFT. Unveröffentlichter Bericht für das Bundesministerium für Forschung und Technologie, Bonn.

BURGHARDT, W. (1992): Soil quality of urban ecosystems. In Eijsackers, H.J.P. u. T. Hamers (Hrsg.): Integrated Soil and Sediment Research – a Basis for Proper Protection. Kluwer Academic Publishers, Dordrecht, Boston, London, 87–88.

BURGHARDT, W. (1993). Formen und Wirkung der Versiegelung. Symposium Bodenschutz 29–30.6.1992, Zentrum für Umweltforschung der Westfälischen Wilhelms-Universität, 111–125.

BURGHARDT, W. & ST. OHLEMANN (1993): Bodenphysikalische Merkmale der urban-industriell überformten Böden in Oberhausen-Brücktorviertel. Mitteilgn. Dtsch. Bodenkundl. Gesellsch., 72, 855–858.

LUDESCHER, S. & W. BURGHARDT (1993): Chemische Qualitätsmerkmale der urban-industriell überformten Böden in Oberhausen-Brücktorviertel. Mitteilgn. Dtsch. Bodenkundl. Gesellsch., 72, 1009–1012.

SCHWERMETALLBELASTUNG VON KLEINGARTENBÖDEN DER STADT HALLE

M. Frühauf und K. Diaby, Halle

1. Problemstellung

Auf Grund der hohen Intensität unterschiedlichster Belastungseinflüsse werden Kleingartenanlagen in urbanen Räumen – insbesondere solche in Ballungsgebieten – als ökologische Problemräume angesehen. Die Belastungswirkungen auf Boden und Pflanzen erfolgen dabei nicht nur über den Luftpfad, sondern gehen auch auf die (spezifische) Nutzungsform und -intensität (Dünge- und Pflegemittelapplikation) zurück. Andererseits sind Kleingartenanlagen, wie es das Beispiel Halle zeigt, teilweise auf solchen Standorten lokalisiert, die auf Grund ihrer starken anthropogenen Überprägung eine schon erhöhte substratbedingte „Schadstoffgrundlast" vermuten ließen. In der ehemaligen DDR spielten Kleingartenanlagen zudem eine wichtige Rolle bei der individuellen Gemüse- und Obst-Erzeugung, woraus eine besonders enge Wechselwirkung zwischen Boden- und Pflanzenbelastung und Schadstofftransfer in die Nahrungskette deutlich wird. Der Untersuchungsansatz sowie erste Befunde eines längerfristigen Forschungsprojektes zu diesem Problemfeld sollen im Folgenden vorgestellt werden.

2. Der Untersuchungsraum

Im Stadtgebiet von Halle sind etwa 130 Kleingartenanlagen mit einer Fläche von rund 480 ha, d.h. ca. 3,8 % des Stadtgebietes, verbreitet. Ihre Entwicklung und heutige Verbreitung ist durch vielfältige siedlungsgeschichtliche, aber auch landschaftliche Rahmenbedingungen erklärbar. Oftmals sind sie in Halle dort lokalisiert, wo aus ingenieurgeologischen Gründen heraus keine andere bauliche Nutzung erfolgen konnte. Anderseits sind sie auf Flächen entwickelt, die schon auf Grund der anthropogenen Substratkomponenten eine erhöhte Schadstoffgrundlast vermuten ließen. Zu solchen Standorten zählen verfüllte Tagebaugelände mit mehr oder weniger großem Rekultivierungserfolg, Senkungsgebiet über ehemaligem Tiefbau mit teilweise Verfüllungen unbekannter Herkunft und Zusammensetzung, alte Deponieflächen, Überflutungsflächen in der Saaleaue sowie sonstige Sonderstandorte.

3. Untersuchungsmethoden

3.1. Auswahl der Untersuchungsstandorte

In die Untersuchungen sollten deshalb möglichst Kleingartenanlagen mit allen typischen (quasi)natürlichen und anthropogenen Substrat-Bodenverhältnissen des Halleschen Raumes einbezogen werden. Bei den (quasi)natürlichen Standort-

verhältnissen galt es deshalb, folgende vier Boden-Substratverhältnisse zu berücksichtigen:
1. lehmig-schluffige Auenböden
2. Böden in Verwitterungsprodukten bzw. Umlagerungsdecken des anstehenden Festgesteins (Porphyr oder Buntsandstein)
3. Lößböden (insbesondere Schwarzerden)
4. Böden in glazialen Ablagerungen (insbesondere in pleistozänen Lehmen und Sanden).

Hinzu kamen die für Halle typischen (rekultivierten) Bergbau-Standorte. Diese als Bauland relativ ungeeigneten Flächen werden besonders im südöstlichen Stadtgebiet großflächig als Gartenanlagen genutzt. Da von vornherein die Vermutung nahe lag, daß sich die atmogenen Schadstoffpfade überwiegend aus der Spezifik des Emission-/Immission-Geschehens ergeben, erschien es wichtig, diese Einflußgrößen indirekt durch Zuordnung der Gartenanlage in einen Stadtstrukturtyps (Arbeitsbegriff) zu berücksichtigen. Als Ergebnis dieses Herangehens wurden 15 Kleingartenanlagen als repräsentative Untersuchungsräume festgelegt (Abb. 1).

3.2. Gelände-/Laborarbeiten

Von den 15 Kleingartenanlagen wurden in jeweils drei Gartenparzellen Bodenprofile aufgegraben, Beprobungen im 5 cm Abstand (bis 80/90 cm Tiefe) durchgeführt und die wesensbestimmenden pedologischen Grundgrößen, aber auch die Nährstoff- (Al, Na, Ca, K, Mg: PO_4, NO_3) und Schwermetallgesamtgehalte von Cd, Cu, Pb, Cr, Fe, Ni sowie Zn (Königswasser-Aufschluß) sowie die pflanzenverfügbaren Anteile (mit NH_4Cl bzw. mit H_2O) bestimmt.

Um die Schwermetallbelastung vergleichbar machen zu können, wurden alle analysierten Einzelelementgehalte immer ins Verhältnis zu den KLOKE-Richtwerten (1980) gesetzt, dann addiert und durch die Summe der untersuchten Elemente dividiert. Sicherlich verwischt die so entstandene Bezugsgröße die spezifischen Einzelbelastungsgrößen; sie gibt aber eine gewisse Orientierung über den Gesamtbelastungszustand.

4. Diskussion der Untersuchungsbefunde

Die Boden-Substratverhältnisse in den Kleingartenanlagen lassen nur in Ausnahmefällen noch ein (quasi)natürliches Bodenprofil erkennen. Häufig sind zumindestens in den Oberbodenbereichen mehr oder weniger starke anthropogene Substratbeimischungen erkennbar. Die im Vergleich zu benachbarten (quasi)natürlichen Bodenbildungen deutlich werdende horizontale und vertikale Heterogenisierung des Substrataufbaus wird begleitet von einer Erhöhung des Humusgehaltes (4–8%) und der Humusmächtigkeit (4–7 dm). Dies führt anteilig wieder zu einer Homogenisierung der pedo-ökologischen Bedingungen in den Oberbodenbereichen.

Schwermetallbelastung von Kleingartenböder der Stadt Halle   67

Legende:
- — ·· — Stadtgrenze
- ——— Straße
- ━━━ Eisenbahn
- ═══ fließendes Gewässer
- stehendes Gewässer
- Acker- u. Freifläche
- Wald, Park, Friedhof
- Kleingartenanlage
- Neubaugebiet
- Altneubaugebiet
- Altbaugebiet
- Einzelhäuser
- alter Siedlungskern
- Industriegebiet
- Militärgelände (teilw. außer Nutzung)
- [1] Standorte der Untersuchungen in halleschen Kleingartenanlagen

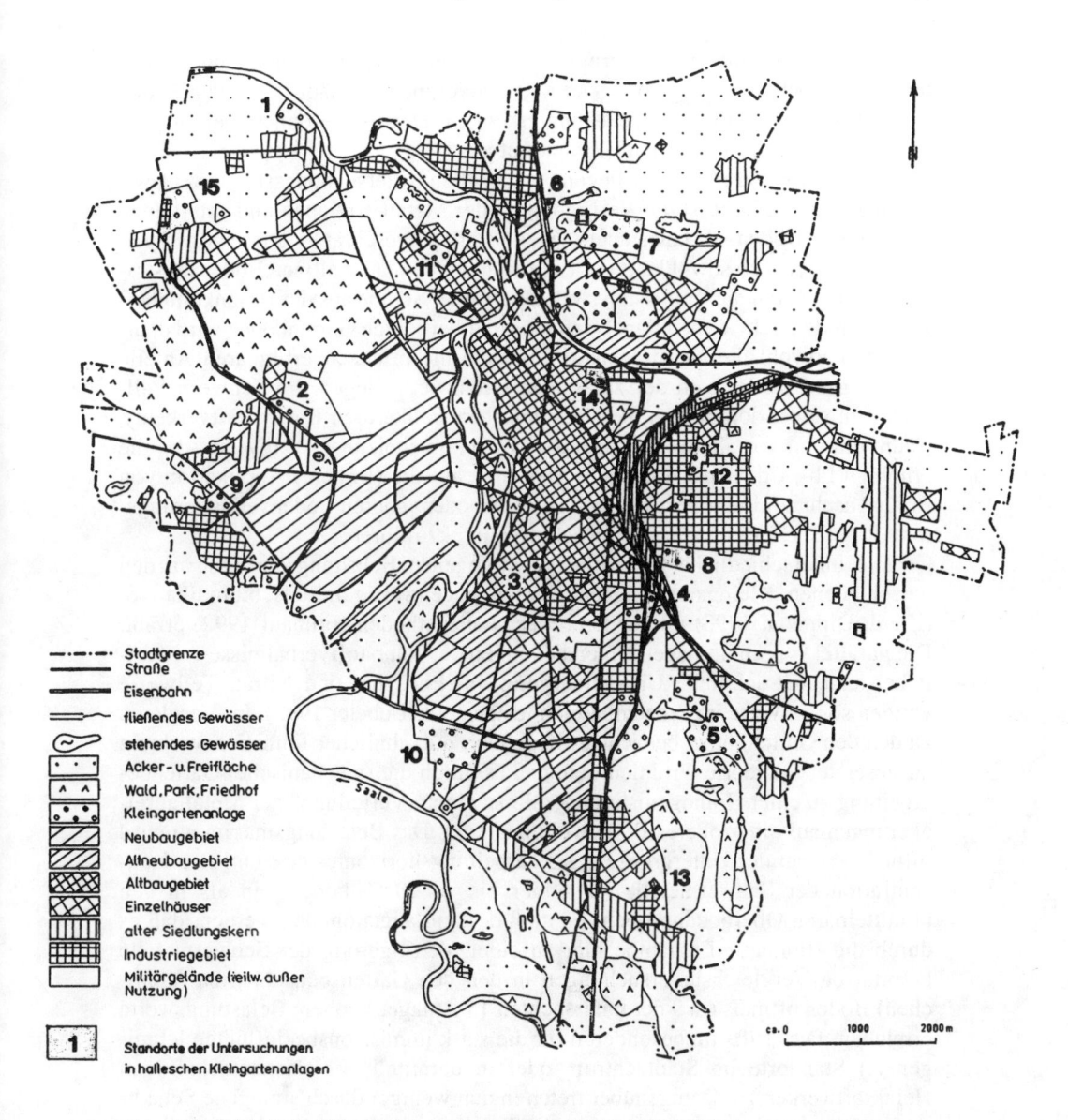

Abb. 1: Halle/Saale. Stadtstrukturtypen n. emissionsökologischer Sicht

Die teilweise noch im Unterboden erkennbaren (fossilierten) Bodenbildungen weisen sehr unterschiedliche geogene Schwermetallkomponenten auf. So treten relativ hohe Gesamtgehalte in den sogenannten „Verwitterungsböden" auf. Markant, aber durch ihre Genese verständlich, erscheinen die Metallwerte in den Kaolintonen (Frühauf et al., 1993). Da es sich in keinem Fall um einen autochthonen „Verwitterungs"-Boden handelt, sondern im Oberboden immer Lößbeimischungen feststellbar sind, kam es in den Humushorizonten über einen „Verdünnungseffekt" zu einer Verringerung der natürlichen Schwermineralanteile. Die humose (allochthone) anthropogene Materialkomponente läßt in einigen Fällen schon eine verstärkte Grundbelastung erkennen. Dies ist besonders bei „importiertem" Auenmaterial der Fall (Frühauf et al., 1993).

Die Oberboden-pH-Werte liegen bei fast allen Untersuchungsstandorten zwischen 7 und 8. Damit ist die Verfügbarkeit der Metall-Kationen und somit auch der Transfer Boden – Pflanze überwiegend stark eingeschränkt. Diese hohen pH-Werte erklären sich sowohl aus der Einmischung von kalkhaltigen Bodensubstraten als auch durch die Immission stark alkalischer Stäube aus der Braunkohleheizung. Aus den Schwermetallanalysendaten der beprobten Gartenböden wird deutlich, daß sowohl die Gesamtgehalte als auch die pflanzenverfügbaren Anteile überwiegend im Bereich der zulässigen Grenzwerte liegen. Im Schwermetallspektrum selbst dominieren die stadttypischen Indikatoren Blei (Kraftverkehr), Cadmium und vor allem Zink (aus der Braunkohleheizung). Teilweise sind die erhöhten Pb-, Cd- und Cu-Gehalte aber auch auf die (frühere) Applikation von Pflanzenschutzmitteln, Insektizidrückständen oder anderen Bodenverbesserungsmitteln (z.B. Ofenasche; Ruß, Bauschutt) zurückzuführen.

Die unterschiedliche Intensität der atmogenen Belastungseinflüsse in den verschiedenen Kleingartenanlagen werden gegenwärtig mittels bioindikativer (Zierdt/Dippman 1993) und anderer Nachweismethoden (Frühauf 1992) erfaßt. Die parallel vorgenommenen Untersuchungen der Nährstoffverhältnisse verdeutlichen eine beträchtliche Überversorgung mit Phosphat und Nitrat. Teilweise wurden sogar Werte im Prozentbereich festgestellt (Uebeler 1993). Im Vergleich zu den den Gartenböden benachbart liegender, d.h. ähnlicher Immisionswirkung ausgesetzter Standorte wird deutlich, daß es durch die (mechanische) Gartenbearbeitung zu einer Homogenisierung, d.h. zu einer „Verteilung" der Metallanreicherungen auf ein größeres Bodenvolumen kam. Das Belastungsmaximum wird oftmals erst an der Untergrenze des Bearbeitungshorizontes erreicht. Die Konzentration der Schwermetalle kann hier bis zu 20 % höher sein als in den unmittelbaren Oberbodenproben. Es muß deshalb angenommen werden, daß es durch die Biomasse-Entnahme hier zu einer Verringerung der Schwermetalle kommt, da Vergleichsuntersuchungen in den den Gärten benachbarten (ähnlichen) Böden oftmals (in 9 der untersuchten 15 Anlagen) höhere Belastungswerte erreichen. Dies trifft im besonderen für die stark immissionsbeeinflußten lehmigen (!) Standorte im Stadtzentrum oder in unmittelbarer Nachbarschaft von Heizkraftwerken zu. Demgenüber treten in den weniger durch atmogene Schadstoffzufuhr charakterisierten sandigen (!) Standorten im Randbereich der „Dölauer Heide" in den Gartenböden immer höhere Metallbelastungen als in den benachbarten, ähnlich strukturierten Böden (podsolige Braunerden) auf. Hier bildet die durch die erhöhte Humusakkumukation im Oberboden bewirkte stärkere Sorptionskapazität eine wesentliche Ursache für das größere Metallakkumulationsvermögen. Ob individuelle Düngemittelapplikationen zur Erklärung dieser Befunde ebenfalls mit herangezogen werden können, wird aktuell untersucht.

Die Bedeutung der atmogenen Komponente wird vor allem in den Kleingärten der Stadtstrukturtypen Industriegebiet/Bahnanlage, Innenstadt und im Be-

Schwermetallbelastung von Kleingartenböder der Stadt Halle

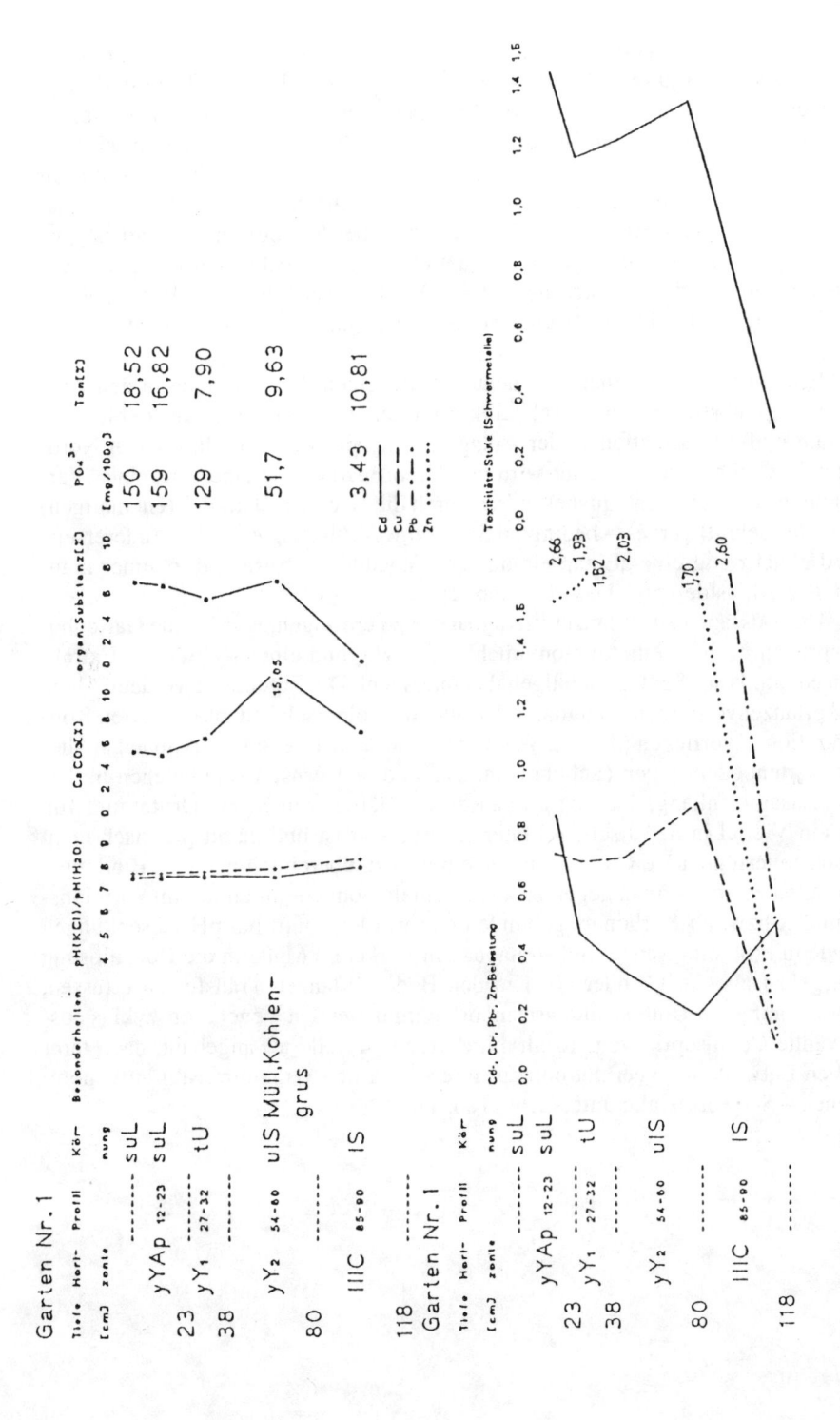

Abb. 2: Bodenkundliche Kenndaten und relative Schwermetallgehalte im Garten Nr. 1 am „Küttenerweg"

reich alter Siedlungskerne, d.h. im Stadtrandbereich bei sehr geringem Anteil von Fernwärmeversorgung und starker Beastung durch den Hausbrand deutlich. Ausnahmen mit einer generell höherern Metallbelastung bilden solche Standorte, die außer über den atmogenen Belastungspfad zusätzlichen Kontaminationseinflüssen unterliegen. Dies bezieht sich einerseits auf die hochwasserbedingte Zufuhr von Schadstoffen in Saaleaue-Gärten, in denen die Schwermetallgesamtbelastung teilweise um 40 % höher liegt als dies bei Standorten der Fall ist, wo überwiegend nur mit einer atmogenen Belastung zu rechnen war. Speziellere Untersuchungen der Absätze des letzten Hochwassers (Frühauf 1992) zeigen, daß hier sogar beträchtliche Grenzwertüberschreitungen festgestellt werden konnten.

Etwas erhöhte Bodenschwermetallgehalte treten daneben auch in den Aufschüttungssubstraten der Bergbaurekultivierungsflächen auf. Als ökologisch brisant muß die Situation in der Anlage „Küttener Weg" im Halleschen Nordosten bezeichnet werden. Hier wird durch die Bearbeitung einerseits eine „Verdünnung" der atmogen – insbesondere durch die Nachbarschaft des (ehemaligen) Braunkohlekraftwerkes – bedingten Schwermetallführung erreicht. Andererseits wird gleichzeitig eine „Einarbeitung" der liegenden Substrate, d. h. einer industriellen Altlastdeponie, bewirkt (Abb. 2).

Um Aussagen zur Pflanzenverfügbarkeit zu erbringen, wurden die Gartenbodenproben nach einem Ammoniumchloridauszug und einer Kaltwasser-Extraktion ebenfalls auf Schwermetallgehalte untersucht. Die Ergebnisse verdeutlichen, daß pflanzenverfügbare Metallanteile kaum in ökologisch bedenkenswerten Konzentrationen vorliegen (Tab. 1). Weitergehende sequentielle Extraktionen an diesen Gartenbodenproben (Schuhmann, Bärwald und Ernst 1991) belegen in diesem Zusammenhang, daß von Pb nahezu die Hälfte, von Ni ein Drittel und von Cu ein Viertel in detritischem Material festgelegt ist und damit praktisch nicht pflanzenverfügbar ist. Cd und Zn, die ein nahezu übereinstimmendes Bindungsverhalten zeigen, sind dagegen zu zwei Dritteln vom Gesamtanteil im Sorptionskomplex bzw. an Karbonate gebunden und werden somit bei pH-Absenkungen sowie mikrobiologischem Substratabbau in stärkerem Maße in die Bodenlösung übergehen als Cu, Pb oder Ni. Um den Boden-Pflanzen-Transfer zu erfassen, wurden auf allen Untersuchungsstandorten im laufenden Vegetationszyklus ausgewählte Gemüsepflanzen (Kohlrabi, Porree und Sellerie) angebaut, nach ihrer vollen Entwicklung geerntet und auf ihre – über den Wurzeltransfer aufgenommenen – Schwermetalle untersucht (Tab. 1).

Tabelle 1: Schwermetallgehalte in Gemüsepflanzen Kohlrabi (mg/kg FG)

Proben-Nr.	Cd	Cr	Cu	Pb	Zn
Auenböden					
1	0,04	0,21	0,4	0,27	4,78
2	0	0,18	0,2	n.n(*)	1,19
3	0	0,27	0,5	0,17	3,37
anthropogene Böden					
1	0,06	0,55	0,2	0,51	2,66
2	0,1	0,12	0,2	0,45	1,98
3	0,05	0,07	0,2	1,71	19,5
Löß-Braunschwarzerde					
1	0,05	0,21	0,3	n.n.	1,43
2	0,02	0,31	1,1	0,49	2,84
3	0,02	0,48	n.n	0,77	4,34
Sand-Braunerde					
1	0,06	1,1	1,1	0,62	11,99
2	n.n.	0,31	1,0	0,39	5,43
3	0,02	0,2	0,7	0,26	2,52
Lehm-Pseudogley					
1	0,03	0,34	0,4	0,46	3,63
2	0,05	0,23	0,5	0,32	3,61
3	0,03	0,26	0,4	0,26	2,88

* n.n. : Konzentration ist kleiner als Nachweisgrenze

Die bestimmten Transferkoeffizienten (Boden-Pflanze) zeigen (sehr zur Beruhigung der Nutzer), daß eine Belastungswirkung auf die Anbauprodukte über diesen Pfad kaum wirksam wird.

Transferkoeffizienten Boden : Pflanze

Elemente	Cd	Cu	Pb	Zn	Cr	Ni
eigene Werte	0-0,16	0-0,2	0-0,13	0-0,5	0-0,12	0,03-0,5
Normalbereiche (nach Blume 1990)	1-10	0,1-1	0,01-0,1	1-10	0,01-1	0,1-1

Diese Transferkoeffizienten bewegen sich durchschnittlich unter 1 %.

Literaturnachweis:

Bundesgesundheitsamt (1991): Bekanntmachungen des BGA. Richtwerte für Schadstoffe in Lebensmitteln. Bundesgesundheitsblatt 5/91, S. 226–227

Diaby, K. (1991): Schwermetallbestimmung in Halleschen Auenböden mittels ICP-AES. Diplomarbeit, Martin-Luther-Universität, Halle, 1991

Frühauf, M. (1992): Zur Problematik und Methodik der Getrennterfassung geogener und anthropogener Schwermetallgehalte in Böden. In: Geoökodynamik Bd.XIII,1992 S.97–120

Frühauf, M., Zierdt, M., Kley, D. Dippmann, S., Schmidt, G. und K. Diaby (1993): Abschlußbericht zum Thema „Stadtökologische Forschungen im Raum Halle – Belastung physisch-
geographischer Umweltmedien"; Martin-Luther-Universität Halle; 1993

Kloke, A. (1980): Richtwerte 80, Orientierungsdaten für tolerierbare Gesamtgehalte einiger
Elemente in Kulturböden. In: Mitteilungen VDLUFA H. 1–3, S. 9-1, 1980

H.Schuhmann, R. Bärwald und Monika Ernst (1991): Untersuchungen zur Mobilisierung und
Bioverfügbarkeit von Schwermetallen in natürlichen Böden. 6. Colloquium atomspektro-
metrischer Spurenanalytik. Bodenseewerk Perkin Elmer GmbH, D-7770 Überlingen; S.
681–689

Zierdt, M. u. S. Dippmann (1993): Aktives Flechtenmonitoring in Halle/S.; Ber. z. dt. Landeskunde, Bd. 67, H. 1, Trier

SCHWERMETALLGESAMTINVENTAR UND UMWELTRELEVANTE GEHALTE VON KLEINGARTENBÖDEN DER STADT WITTEN/RUHR

Th. Held, Bochum

1. Problemstellung

Die bei der Erstellung von Schwermetallkatastern u.ä. Untersuchungen im Ruhrgebiet und anderen Ballungsräumen gewonnenen Daten belegen eine hohe Belastung der Kleingärten mit Schwermetallen und anderen Schadstoffen. Häufig wurden Kleingärten auf bereits vorbelasteten Flächen angelegt. Innerhalb urbanindustrieller Ökosysteme müssen Kleingärten als ökologische Brennpunkte gelten. Ursprünglich in Stadtrandlage angelegt, bilden sie heute einen grünen Gürtel um moderne Stadtzentren und fungieren als Puffer zwischen Verkehr, Gewerbe, Industrie und Wohn- bzw. Naherholungsflächen. Die Nähe zu menschlichen Siedlungen hat „mittlerweile fast weltweit die siedlungsnahen Gartenböden im Vergleich zu den ländlichen Flächen ... wesentlich stärker mit Schwermetallen belastet" (SAUERBECK 1986, S. 61). Aufgrund der Persistenz und der bislang mangelhaften Sanierungsmöglichkeiten müssen Schwermetallkontaminationen z.Zt. als irreversibel betrachtet werden.

Diese zunehmende Belastung ist kritisch, weil die Nutzungsform Kleingarten erhebliche ökologisch und gesellschaftlich relevante Qualitäten besitzt: Innerhalb der Siedlungsökosysteme bilden sie eine Reserve funktionell weitgehend intakter Böden mit positiven Wirkungen auf Lufthygiene, Temperaturregulation und Wasserhaushalt. Bei schonender Gartennutzung können sie Biotop und Rückzugsraum für zahlreiche Pflanzen und Kleintiere sein und bieten die Gelegenheit zur Schaffung von Grüngürteln und Biotopverbundsystemen. Als innerstädtische Grünflächen besitzen sie Freizeit- und Erholungswert, bieten Stadtbewohnern Gelegenheit zur Naturwahrnehmung und haben damit sowohl ästhetischen als auch pädagogischen Wert.

Da die Schwermetall-Gesamtgehalte nur über eine geringe ökologische Aussagekraft verfügen, gewinnt neben der Erkundung des horizontbezogenen Schwermetallgesamtinventars von Kleingärten zunehmend die Ermittlung umweltrelevanter Schwermetallanteile an Bedeutung. Hinzu kommt die Untersuchung der saisonalen Variabilität bioverfügbarer Schwermetallgehalte sowie die Ermittlung des Transferverhaltens von Nutzpflanzen. Diese Fragestellungen eignen sich zur Aufklärung ökologischer und toxikologischer Gefährdungspotentiale besser als die Analyse von Gesamtgehalten.

2. Untersuchungsgebiet und Methoden

2.1 Untersuchungsgebiet

Als Untersuchungsraum wurde die Stadt Witten ausgewählt. Die naturräumliche Lage Wittens wird bestimmt durch den Übergang von den schwach bis nicht quartär überdeckten oberkarbonischen Ton- und Sandsteinen im Süden zu den über Oberkreidesedimenten liegenden mächtigeren Deckschichten des Quartärs im Norden. Wichtig ist die weitgehende landschaftliche Zugehörigkeit zu den dem Mittelgebirgsrand nördlich vorgelagerten Lößlehmgebieten, den Börden. Löß in unterschiedlichen Mächtigkeiten dominiert die Bodengenese; Braun- und Parabraunerden und ihre Vergesellschaftungen sind die vorherrschenden Bodentypen. Ihre Substrateigenschaften machen sie neben den Schwarzerden zu den leistungsfähigsten Böden Deutschlands.

Witten ist eine der industriellen Keimzellen des Ruhrgebietes. Der Ausbiß des produktiven Oberkarbons im Stadtgebiet begünstigte die Entwicklung des Bergbaus und seiner Folgeindustrien. Hier erfolgte der Übergang vom Stollen- zum Tiefbau. Neben der heute noch im Witten tätigen Stahlindustrie dominieren infolge des Strukturwandels mittlere Betriebe der Maschienenbau- und Chemiebranche sowie Dienstleistungsunternehmen. Kleingärten beanspruchen nach einer Erhebung der Stadt Witten (Stand 28.11.1991) eine Fläche von 61,15 ha. Im einzelnen existieren neben sechs durch Kleingärtnervereine betriebenen Dauerkleingartenanlagen 593 städtische Grabelandflächen mit 171.603 m^2, 136 Grabelandflächen mit 28.975 m^2 im Besitz der Bundesbahn und weitere 17,75 ha als Kleingarten oder Grabeland genutzte Privatflächen.

Für die Untersuchungen wurden nach den Kriterien Lage im Stadtgebiet bzw. Luv- und Leelage zu Emittenden, Nutzungsdauer, Bewirtschaftungsintensität und Bodentyp fünf möglichst repräsentative Kleingarten- bzw. Grabelandanlagen ausgewählt. Berücksichtigt wurden bei der Auswahl sowohl auf autochthonem Substrat entwickelte Böden als auch Gärten auf allochthonem Substrat. Bei einem Kleingarten ergab sich zusätzlich die Möglichkeit, eine Altanlage mit einer im Aufbau befindlichen Erweiterung zu vergleichen. Zu Vergleichszwekken wurden ein Hausgarten und drei Forststandorte beprobt.

2.2 Profilgruben und Labormethoden

Die Methodik der Geländearbeiten basiert auf der Bodenkundlichen Kartieranleitung (= KA 3) (1982). Darüber hinaus wurden zur Vorbereitung und Durchführung der Feldarbeiten die Anleitung zur Kartierung von Stadtböden (BLUME et al. 1989), das Mindestuntersuchungsprogramm Kulturboden (LÖLF NRW 1988) sowie der Mindestdatensatz Bodenuntersuchungen (BODENSCHUTZZENTRUM NRW 1991) benutzt. Ferner wurde die Richtlinie zur Probenahme von Böden, die auf Spuren organischer und anorganischer Fremdstoffe von Umweltinteresse untersucht werden sollen (EBING & HOFFMANN 1975), berücksichtigt.

Die Ansprache der Bodenform erfolgte durch Bohrstockerkundungen mit dem Pürckhauer-Bohrstock und durch die Anlage von Profilgruben gem. der KA 3 (1982), wobei in Kleingärten besondere Rücksicht auf die Forderung der zerstörungsfreien Kartierung und Probenahme genommen wurde. Aufgrund der räumlichen Situation konnten in zwei Kleingärten die Profile nicht in Beeten, sondern lediglich auf dicht benachbarten Rasenflächen angelegt werden, wodurch sich die Vergleichsmöglichkeit der Eigenschaften von Rasen und Gartenboden ergab. Zur Ermittlung flächenrepräsentativer Aussagen über die saisonale Variabilität der Parameter wurden im Verlauf des Jahres 1992 jeweils am Monatsende mit dem Pürckhauer-Bohrer mit jeweils etwa 30 Einstichen pro Garten Material aus den in den Substrateigenschaften einheitlichen RAp-Horizonten entnommen. Im Gelände wurden folgende Bodenmerkmale bestimmt: Horizontenabfolge und -mächtigkeit, Bodenfarbe, Bodenart, Bodengefüge, Verfestigungsgrad, Effektive Lagerungsdichte, Makroporenanteil und Porengröße, Test der Aggregatstabilität nach BLUME et al. (1989), Carbonatgehalt, Staunässestufe, pH-Wert, Organische Substanz nach BLUME & HELSPER (1987), Durchwurzelungsintensität, Erosionsgefährdung, Wurmgänge, Geruch und anthropogene Beimengungen nach BLUME et al. (1989).

Der Laboranalytik liegen das VDLUFA-Methodenbuch, Bd.I (1991), die Deutschen Einheitsverfahren zur Wasser-, Abwasser- und Schlammuntersuchung (1993) und die jeweiligen DIN-Vorschriften für physikalische und chemische Laboruntersuchungen (DIN 19 683 & 19 684) zugrunde. Die Analytik erfolgte mittels der darin beschriebenen Methoden im Labor des Geographischen Instituts der Ruhr-Universität Bochum. Ermittelt wurden für die Schwermetallmobilität wesentliche physiko-chemische Bodenkennwerte, die Nährelementversorgung und die Gesamtgehalte (Königswasser-Aufschluß) folgender Schwermetalle: Fe, Mn, Cd, Zn, Cu, Pb, Ni und Cr. Ferner wurden von folgenden Elementen umweltrelevante Anteile ermittelt: Cd, Zn, Pb und Cu (EDTA-Extraktion) sowie mobile und leicht nachlieferbare ($\cong$ bioverfügbare) Cd-, Zn-,Pb- und Cu-Gehalte mittels $CaCl_2$-Extraktion.

Um möglichst umfassende Informationen über den Zustand der untersuchten Flächen zu erhalten, wurden über die genannten Analysen hinaus bioindikative Methoden angewandt. Die Ermittlung von Schwermetallgehalten in Gartenpflanzen gibt Aufschlüsse über den Transfer Boden-Pflanze und ergänzt die Analyse bioverfügbarer Schwermetallgehalte im Boden. Ausgewählt wurden Tomaten und Möhren als Modelle für Exkluder- bzw. Akkumulatorpflanzen. Darüber hinaus diente die Ermittlung der Basalatmung, der Dehydrogenaseaktivität und der Ureasezahl zur Beschreibung der Aktivität des Edaphons. Bodenmikroorganismen stellen durch ihre Tätigkeit das Kupplungselement zwischen biotischen und abiotischen Stoffkreisläufen im Boden dar. Ihre Aktivität ist mithin ein Summenparameter und Indikator für den Zustand des Bodens als Lebenraum und seine Beeinflussung durch Schadstoffe.

3. Ergebnisse und Diskussion

Die Auswertung der im Gelände und Labor ermittelten Profildaten führt zur Ansprache folgender Bodenformen in den Kleingärten:
1. Braunerde-Hortisol aus Lößlehm, vergesellschaftet mit Ranker-Hortisolen aus Lößlehm
2. schwach pseudovergleyter Depo-Hortisol auf allochthonem Lößlehm
3. Braunerde-Hortisol aus Lößlehm, vergesellschaftet mit Parabraunerde-Hortisolen aus Lößlehm
4. Depo-Pseudogley-Hortisol aus allochthonem Lößlehm
5. Allochthoner Brauner Auenboden-Hortisol.

Charakteristisch für die Bodenentwicklung im Siedlungsbereich ist der hohe Anteil von Böden aus allochthonem Substrat. Diese Böden sind ferner durch einen kleinräumige Substratwechsel und große Anteile von Kulturschutt im Bodenskelett gekennzeichnet. Das Vorherrschen von allochthonem und autochthonem Lößlehm als Substrat der Bodengenese sorgt wiederum für recht einheitliche bodenphysikalische Merkmale. Das Körnungsmaximum befindet sich regelmäßig in der Grobschlufffraktion, der Tongehalt schwankt zwischen 12 und 15 %. Störungen treten bei den Depo-Hortisolen auf, wo der Anteil der Sandfraktion durch Beimengungen von Aschen, Schlacken u.ä. Materialien erhöht ist. Weitere Kennzeichen der Böden sind mittlere Lagerungsdichte, gute Durchwurzelbarkeit und ein sehr hohes Wasserspeichervermögen des Wurzelraumes. Die natürlichen Voraussetzungen unterstützten die Entwicklung leistungsfähiger Böden, die gute Standorte für die Pflanzenproduktion sind und hohe Speicherkapazitäten für Wasser sowie Nähr- und Schadstoffe besitzen. Durch die physiko-chemischen Kennwerte werden anthropogen beeinflußte RAp-Horizonte einheitlicher Mächtigkeit (Spatentiefe) gekennzeichnet. Diese Horizonte sind als eigene anthropo- bzw. technogene Subsysteme zu bezeichnen, deren natürliche Eigenschaften durch Bewirtschaftungseinflüsse weitgehend verändert worden sind.

Wesentliche Steuerfaktoren für die Schwermetallmobilität werden im Oberboden durch die Bewirtschaftung verbessert. Besonders wichtig ist die Stabilisation des pH-Wertes im neutralen bis schwach sauren Bereich, während die Unterböden pH-Werte < 6 aufweisen. Unter Wald werden bereits pH-Werte um 3,5 gemessen. Der Humusgehalt des Mineralbodens schwankt in Kleingärten zwischen 5 und 8 %, jedoch indizieren die mittleren bis weiten C/N-Verhältnisse eine geringe Humusqualität und einen intensiven Stoffumsatz in den bewirtschafteten Böden. Der Vergleich der Beete mit Rasenflächen zeigt, daß nicht direkt durch Bewirtschaftungsmaßnahmen beeinflußte Böden niedrigere pH-Werte, aber höhere Humusgehalte haben.

Die Schwermetallbelastung der Unterböden unter gärtnerischer bzw. forstlicher Nutzung befindet sich auf einem sehr geringen Niveau, wie in Tabelle 1 gezeigt wird.

Tab. 1: Vergleich durchschnittlich zu erwartender Schwermetallgehalte [mg/kg] in Unterböden aus Löß mit tatsächlich gefundenen Gehalten Wittener Garten- und Waldunterböden

	Cd	Zn	Pb	Cu	Ni	Cr
Bv-Horizonte nach HINDEL & FLEIGE 1988	< 0,3	50±9	28±3	14±2	31±4	–
Häufige Gehalte im EN-Kreis nach CRÖSSMANN 1989	0,3	30	50	20	60	50
Braunerde-Hortisol	0,1	48	12	26	15	23
schwach pseudovergleyter Depo-Hortisol	0,2	43	16	14	24	35
Braunerde-Hortisol	0,2	37	13	12	21	30
Depo-Pseudogley-Hortisol	0,3	102	26	32	56	36
Allochthoner Brauner Auenboden-Hortisol	0,5	132	23	20	36	32
Hausgarten	0,18	108	51	18	–	–
Waldböden	0,11–0,2	44–86	15–21	6–16	–	–

Die ermittelten Gehalte werden als ortsübliche Grundbelastung betrachtet. Erhöhte Schwermetallkonzentrationen treten in der Ruraue auf. Diese Belastung ist auf die schwermetallführende Ruhr und das von ihr sedimentierte Substrat zurückführbar. Im Falle des Depo-Pseudogley-Hortisols ist der fossilierte Ah-Horizont u.a. durch höhere Gehalte der Elemente Zn, Pb und Cu zu identifizieren. Auch der im Siedlungskernbereich liegende Hausgarten verfügt im Unterboden über ein z.T. erhöhtes Schwermetallinventar. Ursachen sind die langanhaltende Gartennutzung und Kriegsfolgen bzw. deren Beseitigung. Die Unterböden der Wälder sind durch besonders niedrige Cd-Gehalte gekennzeichnet.

Verglichen mit den Gehalten der Unterböden sind die RAp-Horizonte durch erhöhte Gehalte spezifischer Elemente ausgezeichnet. Tabelle 2 zeigt das Maß der Anreicherung.

Tab. 2: Anreicherungsfaktoren der Schwermetalle in Ah- bzw. RAp-Horizonten im Vergleich zu Unterböden

	Braunerde-Hortisol	schwach pseudovergleyter Depo-Hortisol	Braunerde-Hortisol	Depo-Pseudogley-Hortisol	Allochthoner Brauner Auenboden-Hortisol	Hausgarten	Waldboden 1	Waldboden 2	Waldboden 3
Cd	11	4	6,5	2,3	7,2	6,22	0,82	1,5	1
Zn	3,4	2,44	3,57	1,14	5,45	7,25	1,27	1,5	0,91
Pb	6,0	4,44	5,92	3,15	8,17	14,83	6,53	7,75	6,05
Cu	2,6	1,79	1,67	0,88	9,25	5,11	2,33	1,64	1,25
Ni	1,5	0,88	0,86	0,45	2,05	–	–	–	–
Cr	1,4	1,11	0,77	1,06	3,22	–	–	–	–

Akkumuliert werden besonders die Elemente Cd, Zn, Pb und in geringerem Maß Cu. Die für die Stahlerzeugung wichtigen Elemente Ni und Cr sind demgegenüber von geringer Bedeutung. Die leicht mobilisierbaren Elemente Cd und Zn werden in den stark versauerten Waldböden nicht mehr akkumuliert. In diesen Böden werden nur wenig mobile Elemente wie Pb und in geringerem Umfang auch Cu noch im Oberboden festgelegt. Substratanschüttungen führen z.T. zur relativen Abreicherung einiger Elemente, d.h. eine sorgfältige Auswahl aufzutragender Substrate bewirkt, wenigstens im Bezug auf Schwermetalle, eine Bodenmelioration.

Tab. 3: Cd-Belastung der Gartenoberböden, Anteil der bioverfügbaren Fraktion und Ausschöpfung häufig benutzter Grenz-/Richtwerte

Garten	Auf-schluß	mg/kg	% MinBo [1]	% KSVO [2]	% A-Wert Holland Liste	% B-Wert Holland Liste	% Multifunktionalität [3]	% Toleranzwert[3]	% Richtwert Cd(CaCl$_2$) [4]
Braunerde-Hortisol	A	1,00	50	66	125 L	20	100 K	50	–
	B	0,037	–	–	–	–	–	–	18,5
schwach pseudovergleyter Depo-Hortisol	A	0,65	65	65	81	13	65	33	–
	B	0,015	–	–	–	–	–	–	7,5
Braunerde-Hortisol	A	0,71	36	47	89	14	71	36	–
	B	0,077	–	–	–	–	–	–	38,5
Depo-Pseudogley-Hortisol	A	0,86	43	57	108	17	86	43	–
	B	0,036	–	–	–	–	–	–	18
Brauner Auenboden-Hortisol	A	2,75	138	183	344	55	275	138	–
	B	0,262	–	–	–	–	–	–	131
Hausgarten	A	3,91	196	261	489	78	391	196	–
	B	0,43	–	–	–	–	–	–	215

A: Königswasser; B: CaCl$_2$
1) Mindestuntersuchungsprogramm Kulturboden der LÖLF, NRW, 1988; 2) Klärschlammverordnung 1992
3) nach EIKMANN & KLOKE 1993
4) nach DELSCHEN & WERNER 1989

Tabelle 3 setzt das toxikologisch besonders bedenkliche Cd in Beziehung zu einigen häufig herangezogenen Grenz- bzw. Richtwerten. Als stark belastet treten der Auenstandort und der innerstädtische Hausgarten hervor. In diesen

Gärten wird gleichfalls der Richtwert für bioverfügbares Cd weit überschritten. Deutlich wird, daß bei weitgehend unterschwelliger Grenzwertausschöpfung das Resultat stark vom jeweils gewählten Wert abhängt. Die Formulierung eines einheitlichen, speziell auf den Boden bezogenen Grenzwertes ist überfällig. Berücksichtigt werden muß ferner die Höhe des Fehlers durch Probennahme, -aufbereitung und -analyse. Nach KLOKE (1982) kann dieser Summenfehler bis zu ± 30 % betragen.

Größere Aussagekraft als Gesamtgehalte besitzen bioverfügbare Fraktionen. Im Falle der sorptionsstarken, gering belasteten Kleingartenböden liegen die in den Regelungen genannten Zahlen zu niedrig, die Böden sind gemessen an ihren bioverfügbaren Gehalten belastbarer: Bei gering belasteten Kleingärten tritt eine verglichen mit den Gesamtgehalten geringere Ausschöpfung des gewählten $CaCl_2$-Richtwertes ein. In dem hoch belasteten Auenboden und dem Hausgarten steigt die Ausschöpfung dieses Richtwertes jedoch an und wird überschritten. Hier korrespondiert die Belastung mit bioverfügbarem Cd bereits mit der auf den Gesamtgehalt bezogenen prozentualen Ausschöpfung; d.h., daß nach Erreichen einer bodenspezifischen Sorptionsgrenze durch die Gesamtgehalte mit einem schnellen Anstieg der bioverfügbaren Gehalte zu rechnen ist. Ferner sind bei der Beurteilung der Risikopotentials der Gartenböden saisonal bedingte Schwankungen dieses Anteils zu berücksichtigen. Die Ermittlung der Jahresgänge zeigt allerdings, daß in gering belasteten Gärten keine an die Witterung oder andere externe Faktoren gekoppelten Belastungsspitzen auftreten. Eine Ausnahme ist der hoch belastete Auenboden (s. Abb. 1). Hier folgt auf einen Spitzenwert im Juni ein Einbruch im Hochsommer. Die Jahresgänge der Cd-Gehalte in den anderen Anlagen zeigen Schwankungen, ohne deutliche saisonale Einflüsse aufzuweisen. Die Schwankungen können mit einem Anstieg des Zufallsfehlers in der Analytik zusammenhängen, da die ermittelten Gehalte nahe an der Bestimmungsgrenze des Nachweisverfahrens liegen. Waldböden stellen trotz wesentlich geringerer Gesamtbelastungen ein mit Kleingärten vergleichbares Risikopotential dar, da ihre bioverfügbaren Schwermetallgehalte einen großen Teil des Gesamtinventars bilden.

Verantwortlich für die Anreicherung der Schwermetalle sind atmogene Einträge, die für eine ubiquitäre Schwermetallbelastung sorgen, und individuelle Bewirtschaftungsmaßnahmen. Letztere verändern sich nicht nur von Parzelle zu Parzelle und von Beet zu Beet, sondern verändern sich u.U. auch von Jahr zu Jahr mit der Art der angebauten Frucht. Was Schwermetallbelastungen angeht ist Witten im Vergleich mit anderen Ruhrgebietsstädten als lufthygienischer Gunstraum anzusehen. Auf der Basis der ermittelten Ist-Belastung und der für das Stadtgebiet gemessenen Immissionswerte kann der Zeitraum bis zur Auffüllung der Grenzwerte für Gesamtgehalte berechnet werden. Tabelle 4 zeigt die Fristen, in denen durch fortgesetzte gleichbleibende atmogene Immissionen die Richtwerte des Mindestuntersuchungsprogramms Kulturboden erreicht werden. Nicht berücksichtigt werden bewirtschaftungsbedingte Einträge, die nur einzelfallbezogen zu quantifizieren sind. Der Umfang dieser Belastungsquellen kann in erster Näherung nach HOVMAND (zit. in SAUERBECK 1985) etwa mit dem

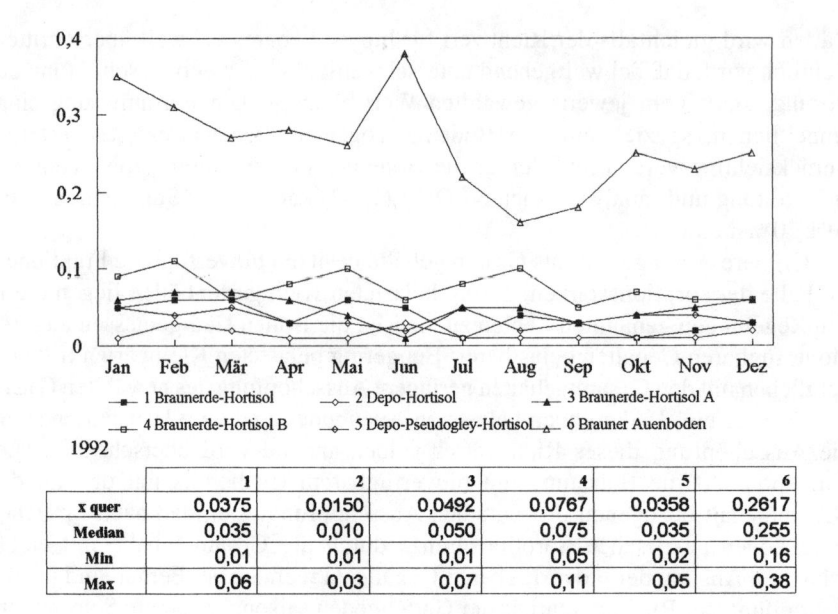

	1	2	3	4	5	6
x quer	0,0375	0,0150	0,0492	0,0767	0,0358	0,2617
Median	0,035	0,010	0,050	0,075	0,035	0,255
Min	0,01	0,01	0,01	0,05	0,02	0,16
Max	0,06	0,03	0,07	0,11	0,05	0,38

Abb. 1: Cd: CaC12-lösliche Fraktion [mg/kg]

Faktor 1,5 des Luftpfades kalkuliert werden. Ferner ist zu berücksichtigen, daß die Einträge und Entzüge nicht über lange Zeit linear verlaufen. So greifen Maßnahmen zur Verbesserung der Luftqualität immer besser.

Tab. 4: Zeitraum (in Jahren) bis zum Auffüllen der Cd- und Pb-Richtwerte (LÖLF 1988) durch atmogene Immissionen

		Braunerde-Hortisol	schwach pseudo-vergleyter Depo-Hortisol	Braunerde-Hortisol	Depo-Pseudogley-Hortisol	Allochthoner Brauner Auenboden-Hortisol	Haus-garten
Cd	2 mg/kg	684	771	946	732	0	0
Pb	300 mg/kg	2384	1516	2025	1670	1490	0

Kleingartenböden der Stadt Witten/Ruhr 81

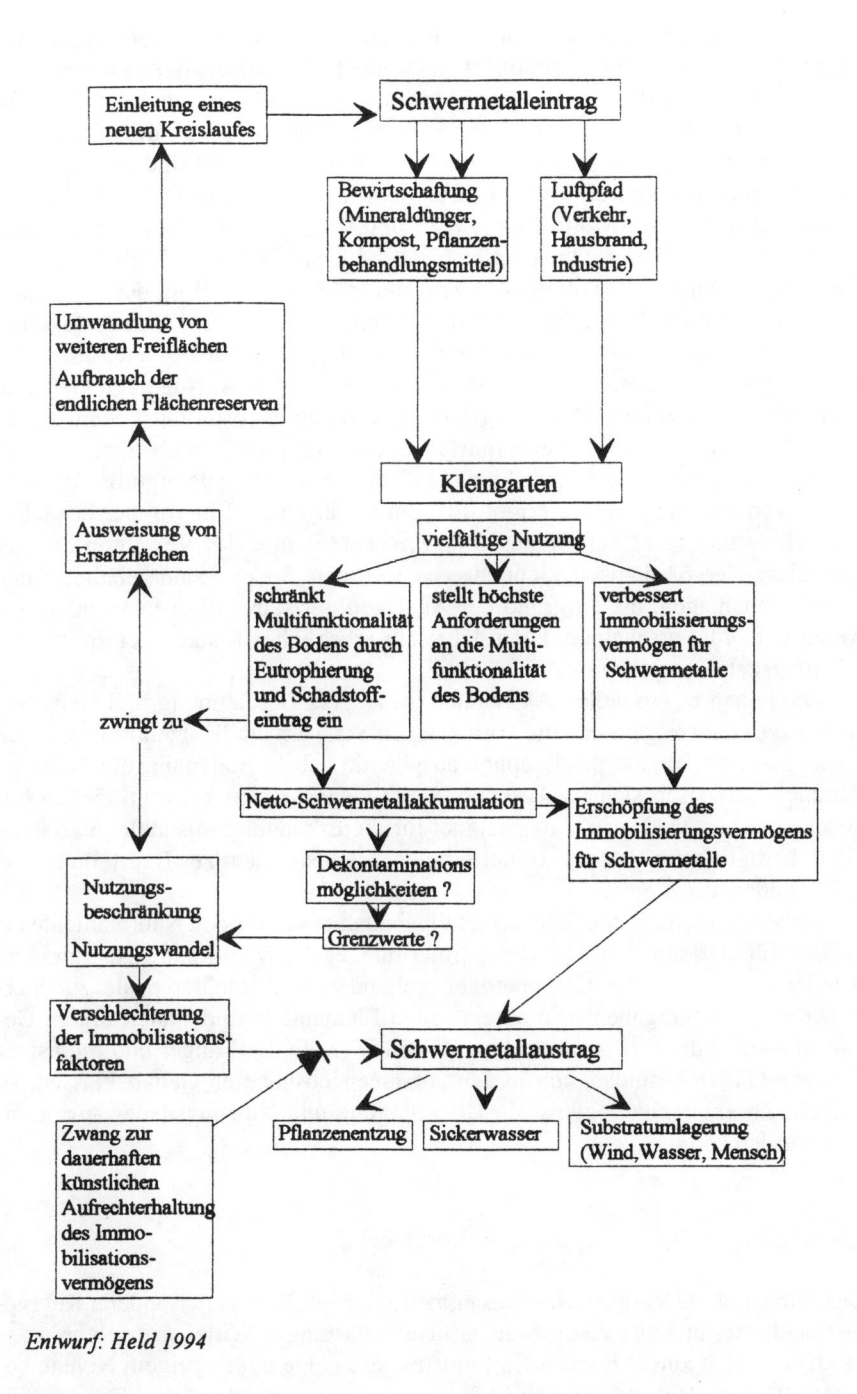

Entwurf: Held 1994

Abb. 2: Kreislauf zwischen Nutzung, Belastung und Sanierung in Kleingärten

Die Untersuchungen von unter im Freiland gezogenen Früchten zeigen, daß neben Standortbedingungen besonders individuelle Bewirtschaftungsmaßnahmen die unter kontrollierten Bedingungen gewonnenen Ergebnisse modifizieren können. Die errechneten Transferfaktoren ergeben nicht die erwartete deutliche Trennung zwischen Akkumulator- und Exkluderpflanzen und sind niedriger, als nach Literaturangaben zu erwarten ist. Sie schwanken beim Element Cd zwischen 0,29 und 0,45 (Möhre) bzw. 0,25 und 0,43 (Tomate), bezogen auf den Gesamtgehalt des Bodens. Im Vergleich geben LÜBBEN & SAUERBECK (1991) einen Faktor von 0,5–1,0 für den Cd-Transfer in Möhren an. Wird der bioverfügbare Cd-Gehalt als Bezugsbasis herangezogen, so steigen die Transferfaktoren auf 4 bis 7,5 (Möhre) bzw. 2,7 bis 9 (Tomate). Trotz errechneter niedriger Transferfaktoren kommt es bei vergleichsweise hohen bioverfügbaren Gehalten auch zu hohen absoluten Pflanzengehalten, wodurch die Nahrungsketten stärker gefährdet werden als bei hohen Transferfaktoren mit niedrigen absoluten Gehalten. Hier zeigt sich eine Schwäche dieses Verfahrens. Die alleinige Berücksichtigung von Transferfaktoren ergibt u.U. ein verfälschtes Bild von der tatsächlichen Belastung einzelner Gemüsepflanzen. Ferner fußt das Verfahren auf der Grundlage der ökologisch nicht aussagekräftigen Bodengesamtgehalte. Auch von Gartenanlagen, die aufgrund der Analyse ihrer standörtlichen Verhältnisse wenig gefährdet erscheinen, kann daher ein erhebliches Risikopotential für die Nahrungskette ausgehen.

Die hohen mikrobiellen Aktivitäten, besonders Basalatmung und Dehydrogenaseaktivität, zeigen, daß die vorhandenen Schwermetallkonzentrationen sich bisher nicht negativ auf das Edaphon ausgewirkt haben. Bodenmikrobiologische Parameter erweisen sich in Gartenböden im Gegensatz zu konventionellen bodenchemischen Meßwerten als geeignet für die Erkundung saisonaler Variabilitäten. Lediglich die Ureaseaktivität scheidet als Instrument zur Beurteilung von Kulturböden aus.

Neben den ermittelten Schwermetallgehalten erweisen sich Nährelemente als kritisch für Gartenböden. Da Kleingärtner im Gegensatz zu Landwirten nicht an betriebswirtschaftliche Kalkulationen gebunden sind, tendieren sie zu überreichlichen Düngergaben. Die untersuchten Elemente befinden sich in den Gehaltsklassen C bis E (Phosphor) bzw. C und D (Kalium). Länger und intensiver genutzte Gärten befinden sich in den entsprechend höheren Gehaltsklassen, so daß ein Zusammenhang zwischen Überdüngung und Nutzungsdauer angenommen werden kann.

4. Resümee

Der durchgeführte Vergleich der Gesamtbelastung mit Kleingärten anderer Ruhrgebietsstädte ergibt, daß sich die Schwermetallbelastung in Witten trotz einer in das 18. Jahrhundert zurückreichenden Industriegeschichte auf niedrigem Niveau befindet. Die in Unterböden ermittelten Gehalte entsprechen den für das bodenbildende Substrat zu erwartenden Werten bzw. unterschreiten diese z.T.

erheblich. In Waldböden bewirkt die Bodenversauerung bereits Verluste leicht mobilisierbarer Elemente. Die Oberböden sind durch eine elementspezifisch unterschiedlich stark ausgeprägte Akkumulation einiger Schwermetalle gekennzeichnet. Nutzungsbedingt entwickeln sich in Kleingärten humose Oberböden, die regelmäßig bearbeitet und durchmischt werden. So entstehen ungewöhnlich mächtige A-Horizonte, die mit ihren Eigenschaften und stofflichen Ausstattungen ein eigenständiges Subsystem bilden. Diese Subsysteme sind durch die Nutzung (Düngung, Bewässerung, Bearbeitung, Pflanzenanbau) weitgehend von natürlichen Abläufen abgekoppelt und in ihrem Bestand von fortgesetzten anthropogenen Eingriffen abhängig. Künstlich erhöhte und stabilisierte pH-Werte, Akkumulation von Humus aufgrund der vergrößerten Horizontmächtigkeit und regelmäßige Durchmischung verstärken das Immobilisationsvermögen dieser Böden für Schwermetalle. Die aktuell ermittelten Gesamt-Schwermetallinventare und deren bioverfügbare Anteile sowie der Zustand mobilitätsbestimmender Parameter schließen akute Risiken z.Zt. aus.

Gleichwohl wird der Eintrag von Schwermetallen fortgesetzt. Verantwortlich sind hauptsächlich anthropogene Quellen (Hausbrand, Verkehr, Industrie), da das bodenbildende Substrat als Schwermetallquelle unerheblich ist. Lufthygienische Untersuchungen zeigen, daß die Siedlungskerne nach wie vor am stärksten durch Luftimmissionen belastet sind. Ist der Umfang des ubiquitären atmogenen Eintrags recht zuverlässig kalkulierbar, so sind Art und Umfang weiterer Quellen nur bedingt zu ermitteln. Hierzu gehören Tätigkeiten wie Düngung mit Mineraldüngern und Kompost, das Einarbeiten von schwermetallführenden basischen Aschen und Schlacken als Bodenverbesserungsmittel, der Auftrag von Bodenaushub oder Kontaminationen durch Rostschutzanstriche und Teerfarben.

Es sind Verfahren zu entwickeln, die helfen, den Zeitpunkt zu bestimmen, zu dem die Schadstoffbelastung, insbesondere die bioverfügbaren Anteile, ein akutes Gefahrenpotential darstellen. Diese Schwelle ist ausdrücklich nicht nur auf die menschliche Gesundheit zu beziehen, sondern muß früher ansetzen. Schon die Minderung der Leistungsfähigkeit von Bodenmikroorganismen trägt dazu bei, Stoffkreisläufe zu entkoppeln bzw. Stoffströme umzulenken und so Ökosysteme zu destabilisieren. Der Verlust der bodenökologischen Funktionen in Kleingärten und ähnlichen urbanen Freiflächen ist siedlungsökologisch wenig wünschenswert, nicht zuletzt deshalb, weil die belastungsbedingt aus der Nutzung zu nehmenden Gärten auf neuen, wenig belasteten Flächen ersetzt werden müssen. Ein erster Ansatz ist die Zusammenstellung von Schwermetallpfaden und -wirkungen in Abbildung 2. Diese grobe Aufstellung ist im Idealfall zu einem Stoffflußmodell mit Ursache-Wirkungsbeziehungen für Schwermetalle in Kleingärten zu erweitern. Ziel muß sein, das geringe Schwermetallinventar der untersuchten Kleingärten so lange wie möglich aufrecht zu erhalten. Dies ist zu erreichen durch Reduktion der Schwermetallemissionen mittels Filtereinrichtungen *und* Vermeidung von schwermetallfreisetzenden Grundstoffen und Produktionsweisen in Industrie, Gewerbe und im Gartenbau.

5. Literaturauswahl

BIRKE, C. & W. WERNER (1991): Eignung chemischer Bodenextraktionsverfahren zur Prognose der Schwermetallgehalte in Pflanzen. FORSCHUNGSZENTRUM JÜLICH GmbH (Hg.) (1991): Auswirkungen von Siedlungsabfällen auf Böden, Bodenorganismen und Pflanze. Zusammengestellt von D. Sauerbeck und S. Lübben. Berichte aus der Ökologischen Forschung, Bd. 6/1991:224–288, Jülich.

BLUME, H.-P. & M. HELSPER (1987): Schätzung des Humusgehaltes nach der Munsell-Farbhelligkeit. Z. Pflanzenernähr. Bodenk., Bd.150:354–356.

BODENSCHUTZZENTRUM DES LANDES NORDRHEIN-WESTFALEN (1991): Mindestdatensatz Bodenuntersuchungen. Oberhausen.

BRÜMMER, G.W., J GERTH & U. HERMS (1986): Heavy Metal Spezies, Mobility and Availability in Soils. Z. Pflanzenernähr. Bodenk., 149:382–398.

BURGHARDT, W., M. BAHMANI-YEKTA & Th. SCHNEIDER (1990): Merkmale, Nähr- und Schadstoffgehalte von Kleingartenböden im nördlichen Ruhrgebiet. Mitteilgn. Dtsch. Bodenkundl. Gesellsch., 61:69–72.

ENNEPE-RUHR-KREIS (Hg.) (1989): Schwermetalle in Böden des Ennepe-Ruhr-Kreises. Bearbeitet von G. CRÖSSMANN. o. Ortsangabe.

DELSCHEN, T & W. WERNER (1989): Zur Aussagekraft der Schwermetallgrenzwerte in klärschlammgedüngten Böden. 2. Mitteilung: Beitrag zur Ableitung „tolerierbarer", 0,1 M $CaCl_2$-löslicher Cadmium- und Zinkgehalte. Landwirtschaftl. Forschung 42, 1:40–49.

EBING, W. & G. HOFFMANN (1975): Richtlinie zur Probenahme von Böden, die auf Spuren organischer oder anorganischer Fremdstoffe von Umweltschutzinteresse untersucht werden sollen. Zeitsch. Anal. Chem. 275:11–13.

FRÜHAUF, M. & K. DIABY (1994): Schwermetallbelastung von Kleingartenböden der Stadt Halle. In diesem Band.

HERMS, U. (1989): Löslichkeit von Schwermetallen in Böden unter variierenden Milieubedingungen. Behrens, D. & J. Wiesner (Hg.): Beurteilung von Schwermetallkontaminationen im Boden. 2. Aufl., Frankfurt/M., S. 189–197.

HEYMANN, H. & H. WIECHMANN (1991): Untersuchungen zur Cadmiumbelastung in Hamburger Kleingärten. Mitteilgn. Dtsch. Bodenkundl. Gesellsch., 66,II:329–332.

HORNBURG, V. & G.W. BRÜMMER (1991): Schwermetall-Verfügbarkeit und -Transfer in Abhängigkeit von pH und Stoffbestand der Böden. Mitteilgn. Dtsch. Bodenkundl. Gesellsch., 66, II:661–664.

KLOKE, A. (1982): Erläuterungen zur Klärschlammverordnung. Landwirtschaftl. Forschung, Sonderheft 39:302–308.

KÖNIG, W. & W. SCHNEIDER (1985): Ausmaß und Ursache der Blei- und Cadmiumbelastung von Gemüse in verschiedenen Gartenanlagen des Stadtgebietes Duisburg. Gemeinsame Untersuchung des Chemischen und Lebensmittel-Untersuchungsamtes der Stadt Duisburg und der Landesanstalt für Ökologie, Landschaftsentwicklung und Forstplanung NW. Düsseldorf und Duisburg

KÖNIG, W., J. LEISNER & J. SCHWERMANN (1986): Schwermetallbelastung in Boden, Gemüse und Staubniederschlag in verschiedenen Kleingartenanlagen des Stadtgebietes Essen. Gemeinsame Untersuchung der Abteilung Bodennutzungsschutz der Landesanstalt für Ökologie, Landschaftsentwicklung und Forstplanung NRW und des Chemischen Untersuchungsamtes der Stadt Essen. Düsseldorf und Essen.

LANDESANSTALT FÜR ÖKOLOGIE, LANDSCHAFTSENTWICKLUNG UND FORSTPLANUNG (1988): Mindestuntersuchungsprogramm Kulturboden zur Gefährdungsabschätzung von Altablagerungen und Altstandorten im Hinblick auf eine landwirtschaftliche oder gärtnerische Nutzung. Recklinghausen.

LÜBBEN, S. & D. SAUERBECK (1991): Transferfaktoren und Transferkoeffizienten für den Schwermetallübergang Boden-Pflanze. FORSCHUNGSZENTRUM JÜLICH GmbH (Hg.)

(1991): Auswirkungen von Siedlungsabfällen auf Böden, Bodenorganismen und Pflanze. Zusammengestellt von D. Sauerbeck und S. Lübben. Berichte aus der Ökologischen Forschung, Bd. 6/1991:180-223, Jülich.

NEITE, H. (1989): Zum Einfluß von pH und organischem Kohlenstoffgehalt auf die Löslichkeit von Eisen, Blei, Mangan und Zink in Waldböden. Zeitschrift für Pflanzenernährung und Bodenkunde, Bd.152:441–445.

OHYA, H., S. FUJIWARA, Y. KOMAI & M. YAMAGUCHI (1988): Microbial biomass and activity in urban soils contaminated with Zn and Pb. Biology and Fertility of Soils, 6:9–13.

SAUERBECK, D. (1986): Schdstoffeinträge in den Boden durch Industrie, Besiedlung, Verkehr und Landbewirtschaftung. VDLUFA-Kongreßbd. 1985: 59–72.

SCHULLER, E. (1991): Schwermetalle, mikrobielle Biomassen und Enzymaktivitäten in Oberböden und Altlasten. Schriftenreihe Landesamt für Wasser und Abfall Nordrhein-Westfalen, Bd. 47, Düsseldorf.

WERITZ, N. & D. SCHRÖDER (1990): Mikrobielle Aktivitäten in Stadtböden und ihre Bewertung unter besonderer Berücksichtigung von Schwermetallbelastungen. Mitteilungen der Deutschen Bodenkundlichen Gesellschaft, Bd.59/II:1015–1020.

ZEIEN, H. & G.W. BRÜMMER (1991): Chemische Extraktionen zur Bestimmung der Bindungsformen von Schwermetallen in Böden. FORSCHUNGSZENTRUM JÜLICH GmbH (Hg.) (1991): Auswirkungen von Siedlungsabfällen auf Böden, Bodenorganismen und Pflanze. Zusammengestellt von D. Sauerbeck und S. Lübben. Berichte aus der Ökologischen Forschung, Bd. 6/1991:62–91, Jülich.

INDUSTRIETYPISCHE FLORA UND VEGETATION IM RUHRGEBIET
– NATURSCHUTZ AUF INDUSTRIEFLÄCHEN –

Jörg Dettmar, Hamburg

1. Einleitung

Das Ruhrgebiet ist die größte urban-industrielle Ballungsregion Mitteleuropas. Man geht hier derzeit von ca. 10.000 Hektar genutzten Industrieflächen (KOSSMANN & DOHMS 1989) und rund 6.000 Hektar Industriebrachen aus. Ungefähr die Hälfte dieser Brachen entfällt auf Bergehalden, der Rest verteilt sich vor allem auf rund 200 ehemalige größere Produktions- und Förderstätten der Schwerindustrie. Der größte Teil der genutzten und brachliegenden Flächen entfällt auf die drei Industriezweige Eisen- und Stahlindustrie, Bergbau und Chemische Industrie. Zu ihnen gehören derzeit noch 66 % aller genutzten Industrieflächen im Ruhrgebiet.

Im Rahmen eines Forschungsvorhabens an der Universität Hannover (siehe DETTMAR et al 1991, DETTMAR 1992) hat der Autor von 1988–1991 15 Einzelflächen der drei Industriezweige (ca. 1.600 Hektar) näher untersucht. Dies sind ca. 10 % der Industrieflächen im Ruhrgebiet. Ziel war mittels der floristischen und vegetationskundlichen Analyse, Aussagen zur Bedeutung des Flächennutzungstyps Industrie für den Naturschutz in der Stadt treffen zu können. Im Laufe der Untersuchung zeigte sich, daß eine einfache Unterscheidung zwischen genutzt und brachgefallen oft nicht möglich war. Auf den großen Werksflächen der Schwerindustrie im Ruhrgebiet (oft über 100 ha) gibt es immer erhebliche Anteile extensiv oder überhaupt nicht genutzter Bereiche. Insofern macht es mehr Sinn den Nutzungsgrad einer Fläche zu bestimmen (siehe DETTMAR 1992).

Industrieflächen, speziell die der Schwerindustrie zählen zu den am stärksten vom Menschen überformten Standorten im besiedelten Bereich. Einige Standortbedingungen sind besonders charakteristisch für die Industrieflächen im Revier. Hierzu zählen massive flächenhafte Bodenaufschüttungen mit großen Anteilen an technogenen Substraten (z.B. Schlacken). Unterschiedlichste Substratmischungen, Verdichtungen, Nutzungsintensitäten führen zu einer Vielzahl von tw. mosaikartig wechselnden Standortbedingungen. Eine relativ hohe Versiegelungsrate der Böden führt zu starken Aufheizungen und überdurchschnittlich hohen Temperaturen im Vergleich mit anderen Stadtzonen, was durch die Freisetzung von Abwärme noch verstärkt wird (siehe GEHRKE 1982). Weiterhin sind unterschiedlichste Emissionsbelastungen und tw. stark kontaminierte Böden (Altlasten) charakteristisch.

2. Ergebnisse der floristischen Untersuchung

Ergebnisse der Untersuchung wurden zwischenzeitlich mehrfach veröffentlicht (siehe u.a. DETTMAR 1989a,b; 1991,1992a,b,c,d; 1993), so daß hier nur die wichtigsten Punkte wiederholt werden. Insgesamt wurden auf den Untersuchungsflächen in zwei Vegetationsperioden (1988/89) 699 wildwachsende Farn- und Blütenpflanzensippen festgestellt. Nach verschiedenen notwendigen Abgleichungen mit der Florenliste von Nordrhein-Westfalen (WOLFF-STRAUB et al. 1988), z.B. hinsichtlich unterschiedlicher Differenzierungsgrade bei Artaggregaten, verbleiben 579 Sippen, das sind rund 31 % der Gesamtflora von NRW. Die Artenzahlen auf den einzelnen Werken schwanken beträchtlich, sie sind einerseits abhängig von der Flächengröße, andererseits lassen sich deutliche Beziehungen zur Nutzungsintensität und zum Versiegelungsgrad nachweisen (siehe DETTMAR 1992). Je intensiver eine Industriefläche genutzt wird, je höher die Versiegelung ist, desto geringer ist die zu erwartende Gesamtartenzahl bei der Flora. Teilt man den Gesamtartenbestand nach der Einwanderungszeit bzw. dem Einbürgerungsgrad ein, zeigen sich auch auf den Industrieflächen die für Großstädte typisch hohen Anteile an Hemerochoren um 50 % (siehe u.a. KOWARIK 1988).

Dem Vorkommen bzw. dem Anteil seltener und gefährdeter Arten wird bei der Beurteilung der Naturschutzbedeutung von Flächen ein besonderes Gewicht zugemessen. Insgesamt 72 Sippen können nach Vergleichen mit den vorliegenden floristischen Daten für das Ruhrgebiet als selten eingestuft werden, darunter sind u.a. 33 Arten, die auf der Roten Liste der Farn- und Blütenpflanzen von NRW (WOLFF-STRAUB et al. 1988) stehen. Im Vergleich mit anderen urbanen Flächennutzungstypen ist der Anteil seltener Arten bei den Industrieflächen hoch. Das bestätigt z.B die Untersuchung von REIDL (1989) aus Essen, wo in den durch Industrie- und Gewerbeflächen geprägten Stadtzonen im Vergleich die höchsten Anteile seltener bzw. gefährdeter Pflanzenarten im Stadtgebiet gefunden wurden. Der Vergleich der auf den einzelnen Werksflächen aufgenommenen Florenlisten zeigt, daß es Sippen gibt, die ausschließlich oder mit deutlichem Schwerpunkt entweder auf den Flächen der Eisen- und Stahlindustrie oder auf den Flächen der Chemischen Industrie und des Bergbaus vorkommen.

Als Hauptursache für diese *„industriezweigspezifischen Vorkommmen"* können die industriezweigspezifischen Unterschiede bei den jeweils auf den Werksflächen dominierenden Substraten angenommen werden. Auf den Flächen der Eisen- und Stahlindustrie herrschen die produktionsbedingt anfallenden Schlakken vor, die nahe den Produktionsanlagen abgelagert wurden. Man unterscheidet verschiedene Schlackearten, die Hauptgruppen sind Eisenhütten- und Stahlwerksschlacken (siehe KLASSEN 1987). Insgesamt haben sie meist eine kalksilikatische Zusammensetzung. Besonders bei den Stahlwerksschlacken gibt es größere Anteile an freiem Kalk. Aus den Schlacken entwickeln sich überwiegend skelettreiche, feinmaterialarme basenhaltige, stellenweise auch stark alkalische Böden. Auf den Flächen des Bergbaus und ebenso auf den ausgewählten Flächen der Chemischen Industrie ist das dominierende Substrat Bergematerial. Im Gegensatz zur Schlacke handelt es sich hierbei um ein natürliches mit der Kohle zutage gefördertes Gesteinsmaterial. Im Ruhrgebiet sind es vorwiegend Gesteine aus dem Karbon, vor allem Sand- Silt- und Tonsteine (siehe NEUMANN-MAHLKAU & WIGGERING 1986). Das aus großer Tiefe hervorgeholte Gestein weist zunächst kaum verfügbare Nährstoffe auf und so entwickeln sich nährstoffarme Böden, deren pH-Wert eher im sauren Bereich liegt.

Aus dem Vergleich der Ergebnisse des Forschungsvorhabens mit den bislang aus dem Ruhrgebiet vorliegenden floristischen Daten (u.a. DÜLL & KUTZELNIGG 1987, REIDL 1989, HAMANN 1988, SCHULTE 1985 sowie zahlreiche Angaben lokaler Floristen, Zusammenstellung bei DETTMAR et al. 1991, siehe auch HAEUPLER 1992) wird deutlich, daß bestimmte Arten offensichtlich deutliche Schwerpunkte in industriell geprägten Stadtzonen zeigen oder in ihrem Vorkommen sogar auf Industrieflächen begrenzt sind. Als *industriespezifisch* (nur auf Industrieflächen) waren nach dem Kenntnisstand 1991 jene Sippen anzusehen, die im Rahmen des Forschungsvorhabens erstmals für das Ruhrgebiet bzw. den entsprechenden Naturraum nachgewiesen wurden. Hier ist zu unterscheiden zwischen Sippen mit größeren Vorkommen (auf mehreren Werken in verschiedenen Städten des Ruhrgebietes mit größeren Populationen) und Einzelvorkommen (nur auf ein oder zwei Werken).

Industriespezifische Sippen im Ruhrgebiet mit größeren Vorkommen auf den Industrieflächen:
    Apera interrupta (Unterbrochener Windhalm)[1]
    Cerastium pumilum s.str. (Dunkelgrünes Zwerghornkraut)
    Oenothera chicaginensis (Chicago-Nachtkerze)
    Oenothera rubricaulis (Rotstengelige Nachtkerze)
    Tragopogon dubius (Großer Bocksbart)

Industriespezifisch mit Einzelvorkommen auf den Industrieflächen:
    Atriplex rosea (Rosenmelde)[2]
    Atriplex tatarica (Tataren-Melde)
    Bromus carinatus
    Gymnocarpium robertianum (Ruprechts-Farn)
    Hypericum hirsutum (Behaartes Johanniskraut)
    Linaria repens (Kriechendes Leinkraut)
    Poa x figertii
    Rubus contractipes
    Rubus lasiandrus (Wollmännige Brombeere)
    Rubus nemorosoides
    Rubus parahebecarpus
    Rubus raduloides.

---

1   Apera interrupta-Vorkommen auf Industrieflächen hat zwischenzeitlich auch HARD (1993) aus Osnabrück beschrieben. Außerdem scheint sich die Art außerhalb des Ruhrgebietes auch vereinzelt in Sand- und Kiesgruben auszubreiten (siehe Hinweis bei HARD 1993, mündliche Mitteilung von RAABE 1992).

2   Atriplex rosea wurde zwischenzeitlich auch von Bahnanlagen außerhalb von Industrieflächen gemeldet (siehe u.a. VOGEL & AUGART 1992). Die Art wandert offensichtlich aus dem Osten nun auch in das Ruhrgebiet ein, insofern ist die Einstufung „industriespezifisch" zu korrigieren.

Vielleicht kann man inzwischen zu dieser Gruppe auch noch Agrostis scabra zählen (siehe VOGEL & AUGART 1992).

Als *industrietypisch* sind jene Sippen anzusehen, die nach der Auswertung der vorliegenden floristischen Untersuchungen im Ruhrgebiet vereinzelt auch in anderen Flächennutzungen auftreten, aber nur auf Industrieflächen größere Vorkommen haben:

Cerastium glutinosum
Chenopodium botrys (Klebriger Gänsefuß)
Corrigiola litoralis (Hirschsprung)[3]
Hordeum jubatum (Mähnengerste)
Inula graveolens (Klebriger Alant)[4]
Illecebrum verticillatum (Knorpelmiere)[5]
Lycium chinense (Chinesischer Bocksdorn)
Oenothera parviflora s.str (Kleinblütige Nachtkerze)
Puccinellia distans (Salzschwaden)[6]
Rubus calvus
Rubus nemorosus
Salsola kali subsp. ruthenica (Ruthenisches-Salzkraut)

Darüberhinaus war es interessant festzustellen, ob sich auch überregional für Deutschland, Sippen mit einer Bindung an industrielle Flächennutzungen feststellen lassen. Es muß natürlich berücksichtigt werden, daß sich die klimatischen Verhältnisse erheblich unterscheiden und insofern für jede großklimatische Region eigene spezifische Sippen zu erwarten sind. Gibt es Arten, die überregional eine gewisse Bindung an industriell genutzte Flächen zeigen, ist dies nur dadurch zu erklären, daß die spezifischen Standortfaktoren auf Industrieflächen stärker wirken als großklimatische Unterschiede. Derartige Faktoren könnten z.B. eine spezielle klimatische Situation (Wärmeinsel), spezifische Substratablagerungen oder Schadstoffbelastungen sein.

Da die unmittelbaren Produktionsflächen bisher wenig untersucht wurden, erscheint es sinnvoll, den Vergleich auf „industriell geprägte Stadtzonen" auszuweiten. Aus Deutschland lassen sich hierfür folgende Untersuchungen heranziehen: Köln (KUNICK 1983), Münster, Essen, Düsseldorf (WITTIG et al. 1985), Berlin (KUNICK 1982), Berlin (REBELE 1988), Lübeck (DETTMAR 1985), Halle (KLOTZ 1984), Leipzig (GUTTE 1971) sowie Ergänzungen aus „ostdeutscher Sicht" von GUTTE (schriftliche Mitteilung 1991). Auf der Basis dieser immer noch nicht ausreichenden Datengrundlage ergeben sich sieben Arten, die überregional einen gewissen Schwerpunkt in industriell geprägten Stadtzonen zeigen. Es handelt sich überwiegend um einjährige Arten der kurzlebigen Ruderalvegetation:

---

3 Zu Vorkommen von Corrigiola litoralis im Ruhrgebiet siehe auch neuere Angaben bei VOGEL & AUGART (1992)
4 Neuere Angaben zum Vorkommen von Inula graveolens bzw. Dittrichia graveolens im Ruhrgebiet siehe bei HAEUPLER (1992). Diese Art wurde von HARD (1993) auch in Osnabrück auf einer Industriefläche gefunden.
5 Zu Vorkommen von Illecebrum verticillatum im Ruhrgebiet siehe auch neuere Angaben bei VOGEL & AUGART (1992)
6 Siehe auch DETTMAR (1993)

Amaranthus albus (Weißer Amarant)
Atriplex rosea (Rosenmelde)
Chenopodium botrys (Klebriger Gänsefuß)
Diplotaxis tenuifolia (Schmalblättriger Doppelsame)
Plantago indica (Sandwegerich)
Salsola kali subsp. ruthenica (Ruthenisches-Salzkraut)
Tragopogon dubius (Großer Bocksbart)

Die Untersuchungsergebnisse von HARD (1993) aus Osnabrück sowie neuere Arbeiten aus dem Ruhrgebiet (siehe Zusammenstellung bei HAEUPLER 1992) und insbesondere die Angaben von VOGEL & AUGART 1992 deuten an, daß sich für folgende Arten ebenfalls Tendenzen in der oben genannten Richtung ergeben:

Agrostis scabra
Chenopodium pumilio
Euphorbia supina
Inula graveolens

Der Begriff „industriell geprägte Stadtzone" wurde bewußt gewählt, weil man hierzu auch Bahnanlagen und Häfen zählen kann. Der Vergleich mit den Angaben von BRANDES 1983/1989 zeigt, daß der größere Teil der Arten auch für diese Anlagen charakteristisch ist. Zwischen der Florenausstattung von Bahnhöfen, Häfen und Industrieflächen gibt es größere Ähnlichkeiten (siehe u.a. REIDL 1989, REBELE 1988, PREISINGER 1984, BRANDES 1983/1989, WITTIG et al. 1985). Diese sind verursacht durch eine ähnliche Flächenstruktur, der Verwendung der gleichen Substrate zur Flächengründung, dem Einsatz von Herbiziden und der Tatsache, daß die meisten größeren Industrieflächen/-gebiete auch hohe Anteile an Gleisanlagen aufweisen.

3. Ergebnisse der vegetationskundlichen Untersuchung

Insgesamt wurden auf den 15 Probeflächen 197 verschiedene Vegetationseinheiten (34 Assoziationen, 21 Gesellschaften unbestimmten Ranges und 142 Bestände) festgestellt. Darunter sind u.a. 37 Erstbeschreibungen für das Ruhrgebiet sowie 21 Neubeschreibungen von Einheiten. Auch bei der Vegetation konnten *„industriezweigspezifische Vorkommen",* die sich wiederum vor allem auf die angesprochenen Unterschiede bei den vorherrschenden Substraten zurückführen lassen, nachgewiesen werden. An vegetationskundlichen Arbeiten, die die unterschiedliche Ausstattung der städtischen Flächennutzungen untersuchen, lag aus dem Ruhrgebiet zum Zeitpunkt der Bearbeitung nur die Untersuchung von REIDL (1989) über den Essener Norden vor. Weiterhin gibt es eine Anzahl kleinerer Untersuchungen über Einzelflächen (Zusammenstellung siehe DETTMAR et al. 1991) sowie verschiedene Arbeiten über bestimmte Pflanzengesellschaften (siehe Übersicht bei HAEUPLER 1992).

Auf der Basis dieser noch lückenhaften Kenntnisse ergeben sich einige Vegetationseinheiten, die im Ruhrgebiet vor allem auf Industrieflächen vorkommen. Neun Einheiten haben im Ruhrgebiet ausschließlich *auf Industrieflächen größere Vorkommen* und kommen *nur sehr selten an anderen Stellen* vor, dazu zählen u.a.:

- Chaenarrhino-Chenopodietum botryos
- Salsola kali subsp. ruthenica-Bestände
- Reseda luteola-Carduus acanthoides-Gesellschaft

Weitere dreizehn Einheiten haben im Ruhrgebiet *größere Vorkommen mit Schwerpunkt auf Industrieflächen oder in industriell geprägten Stadtzonen*, u.a.:.

- Sisymbrietum loeselii
- Lactuco-Sisymbrietum altissimi
- Conyzo-Lactucetum
- Buddleja davidii-Betula pendula-Gesellschaft

Wie hier für das Ruhrgebiet geschehen, lassen sich vermutlich auch für andere Regionen Einheiten mit deutlichen Schwerpunkten in industriell geprägten Stadtzonen feststellen. GUTTE (schrifliche Mitteilung 1991) gibt z.B. für den ostdeutschen Raum folgende Einheiten als besonders typisch auf industriell geprägten Flächen an, Calamagrostis epigejos-Gesellschaften, Solidago canadensis-Bestände (Artemisio-Tanacetetum), Sisymbrietum loeselii, Kochietum densiflorae. Weitere Ergebnisse in dieser Richtung nennen aus Leipzig (GUTTE 1983) und Halle (KLOTZ 1984).

4. Bedeutung für den Naturschutz

Die floristische und vegetationskundliche Analyse brachliegender und genutzter Produktionsflächen der drei flächenintensivsten Industriezweige an der Ruhr (Eisen- und Stahlindustrie, Chemische Industrie und Bergbau) dokumentieren ein großes Potential dieser Flächennutzung für den Arten- und Biotopschutz. Neben der im Vergleich zu anderen urbanen Flächennutzungstypen außerordentlich hohen Vielfalt an Arten und Vegetationseinheiten mit zahlreichen seltenen und gefährdeten Elementen, wurden auch zweigspezifische und typische Vorkommen belegt. Vor allem das festgestellte ausschließliche oder schwerpunktmäßige Auftreten von Arten und Vegetationseinheiten auf Industrieflächen ist ein gravierender Beleg für die Arten- und Biotopschutzbedeutung der Flächennutzung.

Als Ursachen für diese hohe Wertigkeit können im wesentlichen folgende Punkte angeführt werden. Kein anderer Flächennuztungstyp weist so hohe Anteile brachliegender oder nur extensiv genutzter Flächen auf. Dies gilt generell für ältere Industrie- und Gewerbegebiete und im besonderen Maße für entsprechende Flächen in den traditionellen Regionen der Schwerindustrie wie z.B. dem Ruhrgebiet. Eine weitere Ursache liegt in der großen Standortheterogenität dieser Gebiete. Kennzeichnend sind stark variierende Bodenverhältnisse (Substrate, Verdichtung, Versiegelung), spezifische klimatische Situationen (Aufheizung, Emissionen) und ein Nutzungsmosaik mit unterschiedlichsten Einwirkungsintensitäten. All dies bewirkt eine vergleichsweise große Vielfalt an Arten und ermöglicht es auch Spezialisten, z.B. ansonsten sehr seltenen Arten, hier Lebensräume zu finden, die sie z.T. in anderen Flächennutzungen verloren haben. Auf seit Jahrzehnten nicht genutzten Werksteilen oder völlig stillgelegten Flächen können sich Lebensräume entwickeln, die es aufgrund des Nutzungsdruckes auf anderen urbanen Flächentypen nicht gibt.

Ein umfassender Naturschutzansatz macht es notwendig, daß bei der Bewertung der Naturschutzbedeutung von Industrie- und Gewerbeflächen alle Naturgüter berücksichtigt werden (siehe DETTMAR et al 1991). Einem hohen Arten- und Biotopschutzwert stehen bei diesem Nutzungstyp oft sehr negative Auswirkungen, z.B. auf den Boden (Altlasten) oder das Klima (Schadstoffemissionen), gegenüber. Im Rahmen der Naturschutzbewertung erscheint es sinnvoll, den Schutz von Boden, Wasser und Klima in Hinblick auf ihre unmittelbare Auswirkung auf die Gesundheit der Menschen höher einzustufen als den Arten- und Biotopschutz. Es erscheint gerade bei diesen Flächen wichtig zu berücksichtigen, daß Naturschutz mehr ist als der Schutz von Pflanzen- und Tieren und ihrer Lebensräume.

Naturschutzüberlegungen für Industrieflächen oder -brachen müssen im Gesamtzusammenhang des Naturschutzes in der Stadt gesehen werden. Leitlinien hierzu wurden bereits mehrfach formuliert (siehe u.a. SUKOPP & SUKOPP 1987). Der Naturschutz auf industriell geprägten Flächen darf sich entsprechend nicht auf Industriebrachen beschränken. Besonders die an floristischen Seltenheiten reichen Pionierstadien der ruderalen Vegetation sind Ergebnis und Ausdruck der kontinuierlichen industriellen Nutzung. Sinnvoll und über den Maßstab eines botanischen Gartens hinaus, kann sich dies nur auf weiterhin genutzten Werksflächen erhalten. Schutzkonzepte bedeuten hier „integrierten Naturschutz" auf Werksflächen anzustreben, d.h. spontane Vegetationsentwicklung soweit wie möglich zuzulassen und nicht „wegzupflegen" oder zu „gestalten" (siehe DETTMAR 1992d).

Die Neunutzung von Industriebrachen für industrielle oder gewerbliche Zwecke ist sicher sinnvoller und in den meisten Fällen „ökologisch" verträglicher als der Verbrauch von bislang unbebauten Flächen. Allerdings sollte der Wert von aufgewachsenen Vegetationsstrukturen erkannt werden, und soweit Sanierungskonzepte dem nicht entgegenstehen, gilt es, das vorhandene „Grün", wo immer es möglich ist für die Neugestaltung zu benutzen (siehe DETTMAR 1992d). Dort wo Industriebrachen in „offizielle Grünflächen", also z.B. Parkanlagen umgewandelt werden, sollte das vorhandene Naturpotential auch zentrales Element der Gestaltung bleiben. Dies ist eine planerische Herausforderung an die Gartenkunst, die im Umgang mit der typischen Stadtnatur, diese erstmals ästhetisch reflektieren würde (siehe ausführliche Diskussion hierzu bei KOWARIK 1993). Die bislang konsequentesten Ansätze hierzu werden im Ruhrgebiet zur Zeit im Landschaftspark Duisburg Nord entwickelt und umgesetzt (siehe LATZ & PARTNER 1991). Eine Ausnahme muß dagegen in Städten die Ausweisung von Industriebrachen als Naturschutzgebiet bleiben (Beispiele aus dem Ruhrgebiet: ehemaliger Zechenholzplatz Bönen siehe KÜHNAPFEL 1992, Floatglasgelände Gelsenkirchen siehe GEISLER et al. 1989). Die mit dieser Maßnahme verbundene Ausgrenzung der Stadtbewohner steht der wichtigsten Zielsetzung des Stadtnaturschutzes – die Förderung des Kontaktes zur Natur in der Stadt – entgegen und läßt sich nur in begründeten Ausnahmefällen rechtfertigen. Ansonsten ist es wichtig, sofern Gefährdungen durch Altlasten dem nicht entgegenstehen, angesichts der drastischen Freiflächenknappheit in bundesdeutschen Städten und vor allem bei dem extremen Mangel an Naturerlebnisräumen, die Palette der „öffentlichen Grünflächen" insbesondere für Kinder und Jugendliche um eine wirklich nutzbare Variante zu erweitern (siehe u.a. FREY 1993).

5. Literaturhinweise

BRANDES, D. (1983): Flora und Vegetation der Bahnhöfe Mitteleuropas. Phytocoenologia 11(1), 31–115.

BRANDES, D. (1989): Flora und Vegetation niedersächsischer Binnenhäfen. Braunschw. naturkdl. Schr. 3(2), 305–334.

DETTMAR, J. (1985): Vegetation unterschiedlich belasteter Industrieflächen an der Untertrave bei Lübeck und deren Wert für den Arten- und Biotopschutz. Dipl. Arbeit Institut für Landschaftspflege und Naturschutz Univ. Hannover. (n.p.) 194 S.

DETTMAR; J. (1989): Bemerkenswerte Pflanzenvorkommen auf Industrieflächen im Ruhrgebiet und einige kritische Anmerkungen zur Bewertung der Neophyten in der Roten Liste der Gefäßpflanzen NRW. Floristische Rundbriefe 22(2), 104–122

DETTMAR, J. (1989): Die Apera interrupta-Arenaria serpyllifolia Gesellschaft im Ruhrgebiet. Natur und Heimat 49(2), 33–42.

DETTMAR, J. (1991): Industriebrachen – Vergiftete Wüsten oder lebendige Oasen ? Ein Führer zur Pflanzenwelt von Industriebrachen im Ruhrgebiet. Hrsg. v.d. Internationalen Bauausstellung Emscher Park mbH. Gelsenkirchen. 55 S.

DETTMAR, J. (1992a): Industrietypische Flora und Vegetation im Ruhrgebiet. Dissertationes Botanicae 191. 397 S.

DETTMAR, J. (1992b): Vegetation auf Industrieflächen. Die Bedeutung von Industrieflächen für den Naturschutz aus floristischer und vegetationskundlicher Sicht. LÖLF-Mitteilungen 2/92, 20–26

DETTMAR, J. (1992c): Industrietypische Flora im Ruhrgebiet. Verhandlungen der Gesellschaft für Ökologie. Bd. 21, 49–52.

DETTMAR, J. (1992d): Grüngestaltung und „ökologische Aufwertung" in Industrie- und Gewerbegebieten – welche Effekte lassen sich tatsächlich erzielen ? Exwost-Experimenteller Wohnungs- und Städtebau 7, 24–32.

DETTMAR, J. (1993): Puccinellia distans-Gesellschaften auf Industrieflächen im Ruhrgebiet – Vergesellschaftung von Puccinellia distans in Europa. Tuexenia 13, 445–465.

DETTMAR, J., KIEMSTEDT, H., & H. SUKOPP (1991): Die Bedeutung von Industrieflächen für den Naturschutz im besiedelten Bereich untersucht anhand der spontanen Vegetation von Industrieflächen im Ruhrgebiet. Forschungsbericht Forschungsvorhaben der Universität Hannover, gefördert durch das BMFT 0339193A. (n.p.). Hannover.

DOHMS, N. & H.J. KOSSMANN (1989): Gewerbeflächen des Verarbeitenden Gewerbes im Ruhrgebiet. KVR Abt. Wirtschaft., EDV, Statistik. 21 S.

DÜLL, R. & H. KUTZELNIGG (1987): Punktkartenflora von Duisurg und Umgebung. 2. Auflage IDH-Verlag. 378 S.

FREY, J. (1993): Naturerlebnisräume in der Stadt – Ausgleichsflächen für Menschen und ihre Umwelt. Verhandlungen der Gesellschaft für Ökologie, Band 22, 203–209.

GEISLER, E., FRANKEN, L. & M. SCHAUER (1989): Floatglasgelände Gelsenkirchen. In: Naturschutzprogramm Ruhrgebiet. Hrsg. vom MURL, NRW und KVR, Essen, 92–93.

GEHRKE, A. (1982): Klimaanalyse Stadt Duisburg. KVR Planungshefte.Essen. 56 S.

GUTTE, P. (1971): Die Wiederbegrünung städtischen Ödlandes dargestellt am Beispiel Leipzigs. Hercynia N.F. 8, 58–81. Leipzig.

GUTTE, P. (1983): Ökologische Stadtgliederung anhand anthropogen bedingter Vegetatioseinheiten insbesondere der Ruderalpflanzengesellschaften (dargestellt am Beispiel Leipzigs). Tagungsbericht 2. Leipziger Symposium urbane Ökologie, 40–43.

HAEUPLER, H. (Hrsg.)(1992): Exkursionsführer. 42. Jahrestagung und Exkursionen Flor. Soz. AG. – 24.–28.7.1992 in Bochum. 120 S.

HAMANN, M. (1988): Vegetation, Flora und Fauna – insbesondere Avifauna – Gelsenkirchener Industriebrachen und ihre Bedeutung für den Arten- und Biotopschutz. Dipl. Arbeit Univ. Bochum (n.p.) 236 S.

HARD, G. (1993): Neophyten und neophytenreiche Pflanzengesellschaften auf einem Werksgelände (VSG, ehem. Klöckner) in Osnabrück. Natur und Heimat 53(1), 1–16.

KLASSEN, TH. (1987): Ergebnisse zur Verwertung von Mineralischen Abfallstoffen zur Bodenverbesserung und Bodenherstellung im Landschaftsbau. Teil 1: Entstehung von Schlacken und ihre chemischen und physikalischen Eigenschaften. Zeitschrift für Vegetationstechnik 10(2), 39–47.

KLOTZ, ST. (1984): Phytoökologische Beiträge zur Charakterisierung und Gliederung urbaner Ökosysteme, dargestellt am Beispiel der Städte Halle und Halle-Neustadt. Diss. Univ. Halle. 283 S.

KOWARIK, I. (1988): Zum menschlichen Einfluß auf Flora und Vegetation. Landschaftsentwicklung und Umweltforschung 56. 280 S.

KOWARIK, I. (1989): Berücksichtigung anthropogener Standort- und Florenveränderungen bei der Aufstellung Roter Listen. Mit einer Bearbeitung der Liste der wildwachsenden Farn- und Blütenpflanzen von Berlin (West). Im Auftrag der Senatverwaltung für Stadtentwicklung und Umweltschutz. (als Manuskript vervielfältigt).

KOWARIK, I. (1993): Stadtbrachen als Niemandsländer, Naturschutzgebiete oder Gartenkunstwerke der Zukunft ? Geobot. Kolloqu. 9

KÜHNAPFEL, K.B. (1992): NSG Holzplatz in Bönen (Kreis Unna). Exkursionsführer 42. Jahrestagung Flor. Soz. AG in Bochum 24.–28.7.1992 S. 67–69.

KUNICK, W. (1982): Zonierung des Stadtgebietes von Berlin-West – Ergebnisse floristischer Untersuchungen. Landschaftsentwicklung und Umweltforschung 14. 164 S.

KUNICK, W. (1983): Biotopkartierung – Landschaftsökologische Grundlagen. Teil 3. Im Auftrag der Stadt Köln (n.p.). 304 S.

NEUMANN-MAHLKAU, P. & H. WIGGERING (1986): Bergeverwitterung – Voraussetzung der Bodenbildung auf Bergehalden des Ruhrgebietes. Haldenökologische Untersuchungsreihe Heft 1. KVR. 87 S.

PREISINGER, H. (1984): Analyse und Kartierung der terrestrischen Vegetation höherer Pflanzen im Gebiet der Hamburger Industrie- und Hafenanlagen zur Erfassung ökologischer Grunddaten. Arbeitsergebnisse 1982–1984. Forschungsvorhaben des Forschungsbereiches Umweltschutz und Umweltgestaltung der Univ. Hamburg. (n.p.). 69 S. + Anhang.

REBELE, F. (1986): Die Ruderalvegetation der Industriebetriebe von Berlin (West) und deren Immissionsbelastung. Landschaftsentwicklung und Umweltforschung 43. 223 S.

REBELE, F. (1988): Ergebnisse floristischer Untersuchungen in den Industriegebieten von Berlin (West). Landschaft und Stadt 20(2), 49–66.

REBELE, F. & P. WERNER (1984): Untersuchungen zur ökologischen Bedeutung industrieller Brach- und Restflächen in Berlin (West). Berlin Forschung. Förderprogramm der FU Berlin. 3. Ausschreibung. 169 S.

REIDL, K. (1989): Floristische und vegetationskundliche Untersuchungen als Grundlagen für den Arten- und Biotopschutz in der Stadt – Dargestellt am Beispiel Essen – Diss. Univ. GHS Essen. 811 S.

REISS-SCHMIDT, S. (1988): Entsiegelungsmaßnahmen auf gewerblichen Flächen. Informationen z. Raumentwicklung. 8/88, 557–572.

SCHULTE, W. (1985): Florenanalyse und Raumbewertung im Bochumer Stadtbereich. Diss. Ruhr Univ. Bochum Materialien z. Raumordnung. Geograph. Inst. Univ. Bochum. Forschungsabt. f. Raumord. 30. 394 S.

VOGEL, A. & P.M. AUGART (1992): Zur Flora und Vegetation des Bundesbahn-Ausbesserungswerkes Witten in Westfalen. Floristische Rundbriefe 26(2), 91–106.

WITTIG, R., DIESING, D. & M. GÖDDE (1985): Urbanophob – urbanoneutral – urbanophil. Das Verhalten der Arten gegenüber dem Lebensraum Stadt. Flora 177, 265–282.
WOLFF-STRAUB, R., BANK-SIGNON, I., FOERSTER, E., KUTZELNIGG, H., LIENENBECKER, H., PATZKE, E., RAABE, U., RUNGE, F. & W. SCHUMACHER 1988: Florenliste von NRW. 2.Auflage. Schriftenreihe der LÖLF NRW Band 7 Recklinghausen. 124 S.

DER STADTÖKOLOGISCHE FACHBEITRAG
GEOÖKOLOGIE UND KOMMUNALE UMWELTPLANUNG

Peter Reinirkens & Christof Vartmann, Bochum

1. Einführung

Jede Veränderung in einer Siedlung zieht Konsequenzen in ihrem ökologischen Gefüge nach sich. Werden Umnutzungen, Verdichtungen von Bausubstanz oder Ausweitungen der Siedlungsfläche vorgenommen, entstehen Auswirkungen auf benachbarte Flächen und deren Bewohner, die oft erst nach Vollendung der Maßnahmen deutlich werden. Sie können dann meistens nicht mehr rückgängig gemacht werden. Kurzfristig ermöglichen es manchmal zusätzliche, weitergehende Eingriffe in den Landschaftshaushalt, Gefährdungen von Menschen und Gütern abzuwenden. Liegen aber beispielsweise erst Häufungen von entsprechenden Krankheitsbildern in der Bevölkerung vor, helfen auch kurzfristige Maßnahmen nicht mehr.

Hier bietet sich ein Ansatz für eine stadtökologisch orientierte Umweltplanung, die durch sorgfältige, objektbezogene Detailuntersuchungen die wesentlichen Beziehungen im ökologischen Gefüge der Siedlungen aufdeckt und auf Auswirkungen von Fachplanungen hinweist. So ist es möglich, räumliche Lösungen aufzuzeigen, die keine oder nur minimale negative Auswirkungen auf den Landschaftshaushalt haben, d.h. sowohl umwelt- als auch sozialverträglich sind. Stadtökologische Orientierung bedeutet die Einhaltung des Leitzieles der Stadtökologie: Gesundheitsschutz durch Umwelt- und Naturschutz auch in Siedlungen. Dieses Ziel kann nur erreicht werden, wenn ausreichend naturwissenschaftlich fundierte Erkenntnisse über die Siedlungsökosysteme und die jeweiligen Planungsräume vorliegen. Sie lassen sich nur durch zusätzliche geoökologische Detailuntersuchungen gewinnen. Die bisher übliche Aggregierung von Ergebnissen, die auf der Auswertung einiger Unterlagen von ganz unterschiedlicher (räumlicher) Informationsdichte und Datenqualität (Kartenwerke, Luftbilder etc.) beruht, reicht hierfür nicht mehr aus. Der stadtökologische Fachbeitrag versteht sich somit als ein neuer geoökologischer Ansatz, um objektbezogen die notwendigen ökologischen Detailinformationen zu erheben, auszuwerten und für kommunale Fachplanungen aufzubereiten.

2. Zielsetzung

Für die erforderliche Harmonisierung der Informationsdichte ist eine sorgfältige Zielorientierung und -formulierung erforderlich. Der stadtökologische Fachbeitrag verfolgt dabei drei Hauptzielsetzungen.
1. Für die vorgesehenen Umnutzungen sind im Untersuchungsraum ökologisch vertretbare Flächen zu ermitteln und abzugrenzen.

2. Wenn in den Untersuchungsräumen ökologisch vertretbare Flächen ausgewiesen werden können, dann sind aus den Untersuchungsergebnissen nach Möglichkeit direkt Aussagen über sinnvolle, d.h. den Zustand des Ökosystems stabilisierende oder verbessernde, Ausgleichsmaßnahmen abzuleiten.
3. Die ökologischen Detailkriterien sind so zu erheben und aufzubereiten, daß sie als weitergehende Einzelinformation in den Fachplanungen verwendet werden können.

Tab.1: Stadtökologische Zielvorstellungen bei der Gewerbeflächenausweisung in Witten

---

Erkennen der landschaftshaushaltlichen Zusammenhänge
a)   regional: bedeutend für die Rahmenplanung
b)   lokal: bedeutend für die Fachplanungen

Ausweisung von Flächen, die einer Umnutzung unterzogen werden können, ohne daß:
a)   gesundheitliche Beeinträchtigungen der in der Umgebung lebenden oder dort anzusiedelnden Bevölkerung zu erwarten sind;
b)   gravierende Beeinträchtigungen des Landschaftshaushaltes entstehen;
c)   die Belange des Biotopschutzes und der Biotopvernetzung, als weiterem Aspekt des Umwelt- und Naturschutzes in Siedlungen, vernachlässigt werden.

Zusammenstellung der aufbereiteten ökologischen Detailinformationen, die bei der Aufstellung des Bebauungsplanes berücksichtigt werden müssen, um gesundheitliche Auswirkungen oder den Eingriff in den Landschaftshaushalt weiter zu minimieren. Sie haben Einfluß auf:
a)   die Anordnung, Ausrichtung und Höhe der Gebäude;
b)   den Versiegelungsgrad;
c)   die Art der Oberflächengestaltung und -entwässerung;
d)   die Erschließungsmöglichkeiten;
e)   branchentypische Restriktionen;
f)   die Gestaltung des Übergangsbereiches zur Außenlinie;
g)   die Eingrünungen und Bepflanzungen.

Ausweisung von Flächen, die geeignet sind für Ausgleichs- und Ersatzmaßnahmen, ohne daß:
a)   gravierende Beeinträchtigungen des Landschaftshaushaltes entstehen;
b)   gesundheitliche Beeinträchtigungen der in der Umgebung lebenden Bevölkerung zu erwarten sind;
c)   die Belange des Biotopschutzes und der Biotopvernetzung, als weiterem Aspekt des Umwelt- und Naturschutzes in Siedlungen, vernachlässigt werden.

Dabei müssen neben dem Biotop- und Artenschutz auf der einen Seite der umfassende Umweltschutz und auf der anderen Seite der Gesundheitsschutz und die Lebensqualität der in den oder benachbart zu den Untersuchungsräumen lebenden Menschen Berücksichtigung finden. Es können dann stadtökologisch ausgestaltete Bebauungspläne entstehen, die die naturhaushaltlichen Beziehungen beachten. So werden Eingriffe – auch auf den umgenutzten Flächen – abgemildert und unter Umständen sogar Verbesserungen in der Lebensqualität erreicht.

Zielvorstellungen, wie sie beispielsweise in einem konkreten Fall im Rahmen der Gewerbeflächenausweisung in Witten formuliert wurden, sind in der Tabelle 1 zusammen gestellt. Es wird deutlich, daß alle Kompartimente des Ökosystems in unterschiedlichem Ausmaß berührt sind. Entsprechend sind die im Gelände zu erhebenden Prozeß- und Haushaltsgrößen auszuwählen. Ausgehend von den vorhandenen, flächendeckend vorliegenden Überblicksuntersuchungen ist die Stadtökologie heute methodisch in der Lage, selbst über kürzere Meßreihen, ausgewählte Kartierungen, Beprobungen und statistische Erhebungen objektbezogen die notwendigen Planungsgrundlagen kleinräumig in einer vergleichbaren Qualität zu erheben. Die entsprechenden Haushalts- und Strukturgrößen des Ökosystems lassen sich dann so aggregieren, daß der derzeitige Zustand des zu beplanenden Gebietes erfaßt wird und die vorgesehenen Planungsvarianten in ihren Auswirkungen auf den Landschaftshaushalt beschrieben werden können.

3. Methodisches Vorgehen

Um die genannten Zielsetzungen in der gewünschten Differenzierung zu erreichen, ist es erforderlich, zunächst die verschiedenen Ökosystemtypen aufzunehmen, um dann die Detailaufnahmen kompartimentweise durchführen zu können. Dabei geht es nicht um eine starre Aufnahme aller Geofaktoren, sondern um die räumliche Erfassung der Steuergrößen, die von den beabsichtigten Maßnahmen primär betroffen sein werden. Hierfür sind ganz unterschiedliche Informationen zu erheben und miteinander zu verknüpfen. In der Tabelle 2 sind die stets zu untersuchenden Prozeß- und Haushaltsgrößen zusammengestellt. Der Tabelle können ebenso ihre Zuordnung im Ökosystem und ihre ökosystemaren, d.h. naturhaushaltlichen, Beziehungen untereinander entnommen werden. Die dazu verwendeten Methoden umfassen neben historischen Recherchen in verschiedenen Unterlagen (Karten, Luftbilder, Pläne etc.) und Befragungen vor allem sowohl naturwissenschaftliche Kartierungen und Messungen als auch physikochemische Laboruntersuchungen von Boden- und Gewässerproben.

Ausgangspunkt ist eine detaillierte Flächennutzungs- und Vegetationsstrukturtypenkartierung, die sowohl die bebaute Umwelt als auch das ökologische Gefüge im Untersuchungsraum wiedergibt. Verwendung findet ein speziell entwickelter Kartierschlüssel, der sowohl die Flächennutzungen hinsichtlich ihrer Biotopqualität typisiert als auch Angaben zur Vegetationsstruktur einschließlich der häufigsten Pflanzenarten enthält. Bei den land- und forstwirtschaftlich genutzten Flächen werden die Feldfrüchte in der Fruchtfolge und die Bestandsentwicklungsphasen mit erhoben. Der fertigen Detailkarte sind dann die Biotoptypen genauso zu entnehmen, wie die verschiedenen, stoffhaushaltlich unterschiedlich gesteuerten Ökosystemtypen in ihrer räumlichen Erstreckung. Über diesen ersten Arbeitsschritt erfolgt die räumliche Synthese der natürlich, quasinatürlich und anthropogen bestimmten Haushalts- und Strukturgrößen.

Tab. 2: Zusammenstellung der Prozeß- und Haushaltsgrößen und ihre Erfassung in den Ökosystemen der Untersuchungsräume

Kompartiment	ökosystemare Beziehung	Prozeß- oder Haushaltsgröße
Relief	Energiehaushalt Stoffhaushalt	Kartierung von: Reliefelementen, Hangneigung, Exposition.
Boden	Stoffhaushalt	Kartierung von: Bodenzustand, – Natürlichkeit, – Schichtungen, – Gründigkeit, – Bodenart ... (Merkmale).
	(Boden-)Wasserhaushalt	Staunässe, Grundwasserstand, Interflow. Bestimmungen von: Bodenbelastungen und ggf. weiteren physikalischen Zustandsgrößen.
Gewässer	Stoffhaushalt Wasserhaushalt	Messung der: Wasserqualität, Wasserquantität.
	Fließsystem	Karten-Recherche
Mikro-/Mesoklima	Lufthaushalt Energiehaushalt Immissionsschutz	Temporäre Messung der Kaltluftproduktion, -mächtigkeit und -abfluß.
Mensch	Bebaute Umwelt	Kartierung der: Flächennutzung
Flora/Fauna	Nahrungsketten Stoffhaushalt	Kartierung/Abschätzung Lebensräume, Biotopschutz, Biotopvernetzung.
Makroklima	Stoffhaushalt/ Immissionsschutz/ Wärmebelastung	Abschätzung der: Luftbelastung Temporäre Messung der – Windrichtung, – Windgeschwindigkeit, – Lufttemperatur, – Luftfeuchte.

Dieser Schritt ist grundlegend für die weitere geoökologische (siedlungsökologische) Aufnahme, denn der zur Verfügung stehende Methodenfundus zur Erfassung der einzelnen Kompartimente ist bisher ausschließlich auf natürliche oder naturnahe Ökosysteme ausgerichtet (z. B.: LESER & KLINK 1988). Diese Bedingungen sind in Mitteleuropa kaum noch, im dichtbesiedelten Ruhrgebiet überhaupt nicht mehr vorhanden. Selbst im ländlichen, südlichen Niedersachsen stellt HÜTTER (1991) den anthropogenen Einfluß als ausschlaggebend für die Steuerung und Stabilität der Ökosystemtypen bei seiner umfassenden Kartierung heraus. Werden die anthropogenen Einflüsse mit erfaßt, dann können in spezifischen Abwandlungen auch die vorhandenen Methoden verwendet werden, da die landschaftshaushaltlichen Prozesse vergleichbar vorhanden sind (REINIRKENS 1991). Allerdings sind sie für jedes Gebiet und jede Fragestellung neu gewichtet zusammenzustellen und anzuwenden.

Die Erfassung des Reliefs erfolgt unter Benutzung der Kartieranleitungen zur Aufnahme von Geomorphologischen Karten (LESER & STÄBLEIN 1975, FRÄNZLE et al. 1979). Von Bedeutung sind ausschließlich die geomorphographischen Verhältnisse. Sie bilden gleichzeitig die Grundlage für standorttypische Auswertungen oder beispielsweise die Erstellung von Besonnungskarten nach MORGEN (1957).

Die Bodenaufnahmen stehen zwischen einer amtlichen Bodenaufnahme und einer Stadtbodenkartierung. Einerseits liefern die amtlichen Karten im Maßstab 1:25.000 oder 1:50.000 keine hinreichend genauen Informationen, andererseits ist die DGKB im Maßstab 1:5.000 zwar auswertbar, aber für die spezifischen siedlungsökologischen Fragestellungen nur bedingt einsetzbar, so daß Überprüfungen und Nachkartierungen erforderlich sind. Die Methodik der Stadtbodenkartierung steckt nach einer Erprobungsphase noch in der Weiterentwicklung, so daß aus der vorhandenen Kartieranleitung (AG BODENKUNDE 1982) und den Empfehlungen des Arbeitskreises Stadtböden (BLUME et al. 1989) jeweils auf die Anforderungen der Fachplanungen abgestimmte Kartierkonzepte erstellt werden müssen. In den Vordergrund treten dabei räumliche Aussagen zur Entwicklungstiefe (Gründigkeit) der Böden, zu ihren physikalischen Eigenschaften (Dichte, Wasseraufnahme- und Wasserspeichervermögen), zu ihren bodenchemischen Eigenschaften (Nährstoffstatus, Versauerungsgrad, Bodenbelastung) und Angaben zum Bodenwasserhaushalt (Staunässe- und Grundwassereinfluß). Hinzu kommen Bodenartenschichtungen und die Angabe der wesentlichen, rezent ablaufenden pedologischen Prozesse. Die Aufnahmen erfolgen mit dem Bohrstock und der Peilstange bis in 2 m Tiefe. Die Feldmethoden und die laborbodenkundlichen Analysen entsprechen weitgehend denen, die bei der Untersuchung der Siedlungsböden Bochums benutzt wurden (REINIRKENS 1991). Es entsteht eine Karte zum Boden und Bodenschutz in der alle Informationen flächendeckend zugeordnet werden können.

Die meteorologischen Detailuntersuchungen ermöglichen Aussagen sowohl zum Makroklima als auch zum Meso-/Mikroklima. Zur Abschätzung der Luftbelastungen sind Messungen der Windrichtung und -geschwindigkeit sowie zur Lufttemperatur und -feuchte auszuwerten. Ist keine geeignete Klimastation in der

Nähe, sollten diese Parameter wenigstens drei Monate lang entsprechend den Meßvorschriften des Wetterdienstes selbst gemessen werden. Eine Einordnung des Untersuchungsraumes in die regionalen klimatologischen Auswertungen des Deutschen Wetterdienstes ist dann besser gegeben. Zugleich kann die temporäre Meßstation als Bezugsstation verwendet werden, bei den Messungen zur Kaltluftproduktion, deren Abfluß und Mächtigkeit. Diese Messungen können mit Minimumthermometern in temporären Meßnetzen bei stabilen Hochdrucklagen erfolgen. Eine Meßdauer von wenigstens drei Tagen bzw. Nächten ist empfehlenswert (GEIGER 1961, KING 1973). Eine Überwachung der Wetterlage ist mit Satellitenbildern problemlos möglich. Alle Ergebnisse werden dokumentiert und in einer Karte zum Klima- und Immissionsschutz dargestellt. Enthalten sind die Isothermen der Abkühlungsraten sowie eine Bewertung zur Bedeutung der Flächen hinsichtlich der Produktion und des Abflusses von Kaltluft sowie eine Einstufung von Teilflächen hinsichtlich ihrer Bedeutung für den Immissionsschutz.

Sind Oberflächengewässer vorhanden, geben Messungen der Wasserqualität in den Fließgewässern und den stehenden Gewässern Aufschluß über die stoffhaushaltlichen Beziehungen im Landschaftshaushalt. Hier genügen je nach Jahreszeit Einzelmessungen, um die Sauerstoffversorgung, die Temperaturen, pH-Werte und ausgewählte Inhaltsstoffe zu erfassen. Bei größeren Fließgewässern ist die Wasserführung über die Pegelmessungen direkt erfaßbar. Bei kleineren Gewässern ist eine Kartierung des Abflußverhaltens im Jahresgang unerläßlich. Unter Umständen müssen ehemalige Verläufe durch Recherchen in historischen Karten rekonstruiert werden. Diese Informationen können in der Flächennutzungskarte oder der Bodenkarte mit Verwendung finden.

Daran schließen sich die Detailuntersuchungen zum Biotopinventar an, wenn zuvor besonders schützenswerte Biotope ermittelt werden konnten. Oft sind die vorliegenden Untersuchungen - auch von Naturschutzverbänden - bezüglich der Flora und Fauna und deren Auswertungen so detailliert, daß sie weitgehend direkt übernommen werden können und nur ergänzende Kartierungen im Rahmen der Vegetationsstrukturtypenkartierung erforderlich sind. Die räumliche Umsetzung der Ergebnisse erfolgt in einer Karte zum Biotopschutz und zur Biotopvernetzung. In ihr sind nach Freiraum und Siedlungsfläche getrennt die Flächen gekennzeichnet, die als Vorranggebiete für die regionale oder lokale Biotopvernetzung von großer Bedeutung sind. Hinzu kommen Kennzeichnungen der schützenswerten Biotope bzw. weitere Festsetzungen gemäß der §§ 20, 21 und 23 LG NW.

4. Ergebnisse und ihre Darstellung

Die so ermittelten Ergebnisse lassen sich räumlich umsetzen und nach einheitlichen Kriterien vergleichbar bewerten. So sind die erforderlichen Entscheidungen möglich, ob Umnutzungen überhaupt ökologisch vertretbar sind und falls das der Fall ist, welche Flächenabgrenzung ökologisch vertretbar ist. Die zahlreichen

Meß- und Untersuchungsdaten bilden die Grundlage für die Aufstellung eines ökologisch orientierten Bebauungsplans. Das skizzierte Verfahren konnte bei der Gewerbeflächen- und Wohnbauplanung in Witten angewendet werden. Alle Ergebnisse sind für die Fachplanung ausgewertet und in Form von Karten im Maßstab 1:2.500 und Tabellen sowie Diagrammen aufbereitet worden (REINIRKENS & VARTMANN 1993).

Die umfangreichen Bewertungen sind zusätzlich in zwei Tabellen zusammengefaßt. Sie geben die zu erwartenden Veränderungen im Landschaftshaushalt und in der Lebensqualität im Innenbereich nach erfolgter Umnutzung wieder. Enthalten sind auch Aussagen über Folgewirkungen, wenn die ökologisch vertretbare Abgrenzung überschritten wird. Für den Innenbereich wurde ein vierstufiges Bewertungsschema verwendet. Die Folgen einer möglichen Überschreitung sind auf den Zustand der jeweiligen Ökosysteme bezogen und klassifiziert worden. Für die Kompartimente Mikro-/Mesoklima, Boden, Gewässer, Flora/Fauna und Mensch enthält die zweite Tabelle zusammenfassende Bewertungen. Sie wurden einmal für die ökologische Bedeutung des neuen Außenbereiches vorgenommen, wenn die als ökologisch vertretbar angegebene Fläche tatsächlich umgenutzt wird. Zum anderen enthält sie Angaben über die Auswirkungen auf das ökologische Gefüge, wenn die angegebenen Flächenabgrenzungen überschritten werden.

Um die Auswirkungen auf den Naturhaushalt und die Lebensqualität nach erfolgter Umnutzung auf den jeweiligen Flächen weiter zu vermindern, konnten für jeden Untersuchungsraum tabellarisch aufgelistete Empfehlungen bezüglich der in Tabelle 1 genannten Zielvorstellungen ausgesprochen werden, die später bei der Aufstellung und Ausgestaltung von Bebauungsplänen Berücksichtigung finden sollen.

Literatur

AG BODENKUNDE (1982): Bodenkundliche Kartieranleitung. 3. Aufl.: 331 S.; Hannover.

BLUME, H.-P. et al (1989): Empfehlungen des Arbeitskreises Stadtböden der Deutschen Bodenkundlichen Gesellschaft für die bodenkundliche Kartieranleitung urban, gewerblich und industriell überformter Flächen (Stadtböden). UBA-Texte, 18/89: 162 S.; Berlin.

FRÄNZLE, O. et al. (1979): Legendenentwurf für die geomorphologische Karte 1:100.000 GMK 100. Heidelberger Geographische Arbeiten, Heft 65: 18 S.; Heidelberg.

GEIGER, R. (1961): Das Klima der bodennahen Luftschicht. Ein Lehrbuch der Mikroklimatologie. 4. Aufl.: 646 S.; Braunschweig.

HÜTTER, M. (1991): Der ökosystemare Stoffhaushalt unter dem Einfluß des Menschen - dargestellt am Beispiel der geoökologischen Kartierung des Blattes BAD IBURG 1:25.000. Dissertation, Ruhr-Universität Bochum, Fakultät für Geowissenschaften: 176 S.; Bochum.

KING, E. (1973): Untersuchungen über kleinräumige Änderungen des Kaltluftflusses und der Frostgefährdung durch Straßenbauten. Berichte des Deutschen Wetterdienstes, Band 17, Nummer 130: 24 S.; Offenbach.

LESER, H. & H.-J. KLINK (HRSG.) (1988): Handbuch und Kartieranleitung Geoökologische Karte 1:25.000 (KA GÖK 25). Forschungen zur Deutschen Landeskunde, Band 228: 349 S.; Trier.

LESER, H. & G. STÄBLEIN (1975): Geomorphologische Kartierung. Richtlinien zur Herstellung geomorphologischer Karten 1:25.000. Berliner Geographische Abhandlungen, Sonderheft: 39 S.; Berlin.

MORGEN, A. (1957): Die Besonnung und ihre Verminderung durch Horizontbegrenzung.- Veröffentlichungen des meteorologischen und hydrologischen Dienstes der Deutschen Demokratischen Republik, Nr. 12: S. 3–16; Berlin.

REINIRKENS, P. (1991): Siedlungsböden im Ruhrgebiet - Bedeutung und Klassifikation im urban-industriellen Ökosystem Bochums. Bochumer Geographische Arbeiten, 53: 137 S.; Paderborn.

REINIRKENS, P. & C. VARTMANN (1993): Entwicklung ökologischer Detailkriterien als Entscheidungsgrundlage für die kommunale Umweltplanung. Gewerbeflächen und Wohnbauplanung in Witten. Textband 187 S., Materialband: 179 S., Kartenband: 52 S., Kurzfassung der Ergebnisse: 50 S.; Bochum.

FACHSITZUNG 2:
ÖKOLOGIE UND UMWELTPOLITIK

ZUR UMSETZUNG NATURWISSENSCHAFTLICH-ÖKOLOGISCHER ERKENNTNISSE IN UMWELTPOLITISCHE ZIELE

Klaus Michael Meyer-Abich, Essen

Wenn der gleichgewichtige Fortgang der Wirtschaftsprozesse dadurch gefährdet wird, daß sich Mängel oder Knappheiten anzeigen, so gibt es ein Signal an die Verursacher und Betroffenen, das ihnen die erforderliche Information gibt und gleichzeitig die Bedingungen ihres Handelns entsprechend korrigiert. Dieses Signal ist ein steigender Preis. Daß es oft zu spät kommt und nicht stark genug ist, wissen besonders diejenigen, die durch Preissignale auch der Umweltzerstörung Einhalt gebieten zu können hoffen oder gehofft haben. Dieser Mangel ändert aber nichts an der grundsätzlichen Qualität des Preissignals, nicht nur die Information zu geben, sondern damit auch das Handeln direkt zu beeinflussen. Steigende Preise haben immer einen Einfluß auf das Kaufverhalten. Gerade daran aber mangelt es den ökologischen Informationen, es sei denn, sie enthielten eine unmittelbare Bedrohung wie z.B. ein radioaktiver Regen. Das Artensterben nehmen wir zur Kenntnis, ohne unser Verhalten im mindesten zu ändern, sei es als Konsument, als Produzent oder als der Sorge für das Gemeinwohl verpflichteter Politiker.

Den Wirksamkeitsvergleich der ökologischen mit den ökonomischen Signalen entnehme ich einem Aufsatz von Hans-Jochen Luhmann, der im „Jahrbuch Ökologie 1992" unter dem Titel „Warum hat nicht der Sachverständigenrat für Umweltfragen, sondern der SPIEGEL das Waldsterben entdeckt?", erschienen ist (1991, S. 297).

Luhmann schildert,
– wie die Überfrachtung der Böden schon vor Jahrzehnten registriert wurde;
– wie einige, aber erstaunlich wenige Forstleute in den 70er Jahren bemerkten, daß es ihren Wäldern nicht gut ging. Insbesondere Karl Scheffold, der Forstdirektor von Alpirsbach, schrieb in seinem Forstschutzbericht von 1975, daß ihm seit 1970 zunehmend eine „Tannenkrankheit" aufgefallen sei, durch die „die Bestände sich teilweise auflösten". Trotz der drastischen Formulierung wurde Scheffold von seinen Kollegen und Vorgesetzten nicht ernst genommen;
– wie die skandinavischen Beschwerden über den Verderb der Seen durch den sauren Regen bei uns auf der Grundlage eines Kabinettsbeschlusses planmäßig ignoriert wurden, um Schadenersatzforderungen abzuweisen;
– wie schließlich der Göttinger Ökologe Bernhard Ulrich das Waldökosystem richtig abgrenzte, indem er nicht nur die Artenzusammensetzung, sondern auch den Bodenzustand berücksichtigte;
– wie es dann aber der zuständigen Bundesforschungsanstalt gelang, den politischen Raum gegen Ulrichs Ergebnisse abzuschirmen;

- wie schließlich das Bundesministerium für Ernährung, Landwirtschaft und Forsten Mitte 1981 im Rahmen der anstehenden immissionsschutzrechtlichen Novellierungen ein Expertenteam zur Beurteilung der Immissionsbelastung der Wälder einsetzte,
- bis schließlich im November 1981 die Wochenzeitschrift „Der Spiegel" durch die Artikelserie „Das stille Sterben – Säureregen zerstört den deutschen Wald" das Waldsterben als ein politisches, d.h. ein unter Gesichtspunkten der öffentlichen Verantwortung wahrzunehmendes Thema „entdeckte" (Luhmann aaO).

Hier von Entdeckung zu sprechen, ist für das bisherige Wissenschaftsverständnis insoweit provozierend, als man die Entdeckung des Waldsterbens normalerweise den Fachleuten wie Scheffold und Ulrich zugeschrieben hätte. Mein Thema ist aber: was gehört dazu, damit wissenschaftliche Tatsachen auch als politische Tatsachen wahrgenommen werden? Als politische Tatsache ist das Waldsterben tatsächlich erst durch die „Spiegel"-Serie konstituiert worden.

Bei aller Achtung vor den Medien, wenn sie das an die Öffentlichkeit bringen, was nicht von alleine an die Öffentlichkeit kommt: Hätte eine so weitreichende Tatsache wie das Waldsterben nicht sozusagen routinemäßig wahrgenommen und bekanntgemacht werden müssen? Dies ist richtig und ist sogar politisch schon einmal grundsätzlich bejaht worden, als nämlich die Bundesregierung 1970 – also gleich zu Beginn der deutschen Umweltpolitik – eine Kommission einsetzte, die einen Vorschlag zur Organisation der wissenschaftlichen Beratung der Bundesregierung in Umweltfragen erarbeiten sollte. Den Vorsitz hatte der Philosoph Georg Picht, die übrigen Mitglieder waren der Jurist Martin Kriele, der Biologe Carsten Bresch und der Physiker Wolf Häfele (Sekretär der Kommission war ich). 1971 legte die Picht-Kommission ein Gutachten vor, in dem ein Frühwarnsystem zur Wahrnehmung ökologischer Probleme entworfen war. Ich habe keinen Zweifel, daß die „Arbeitsgruppe zur realistischen Gesamteinschätzung des Umweltschutzes" (deren – von Bresch vorgeschlagener – Name nicht zuletzt dem schönen Akronym ARGUS geschuldet ist) in der damals vorgesehenen Konstitution das Waldsterben spätestens nach den Hinweisen von Scheffold entdeckt hätte. Die Bundesregierung ist allerdings dem Vorschlag der Kommission, auf den ich hier nicht im einzelnen eingehe, nicht gefolgt (das Gutachten ist im Materialienband zum Umweltprogramm der Bundesregierung 1971 dokumentiert).

Der Grund für den Mißerfolg des Vorschlags war meines Erachtens nicht der böse Wille, in Umweltfragen lieber nicht realistisch und schon gar nicht im Sinn einer Gesamteinschätzung beraten zu werden, obwohl auch dies nicht ganz von der Hand zu weisen ist. Was passierte, war eher sozusagen das Übliche statt des von der Kommission vorgeschlagenen Unüblichen, nämlich der interdisziplinären Wahrnehmung von Querschnittsproblemen. Ich folge hier der Beschreibung eines auf der Regierungsseite Beteiligten: „Wegen der ... Ressortbezüge und des sektoral ausgerichteten Umweltprogrammes wurden diese Vorschläge [der Picht-Kommission] nicht aufgegriffen. ... Die wissenschaftliche Beratung [der Bundesregierung in Umweltfragen] wurde daher nach in der Exekutive bekannten und erprobten Schemata organisiert: Für die Gesamtberatung wurde der „Rat von Sachverständigen für Umweltfragen" ... eingerichtet. Dies war sozusagen die administrative Lösung, die in diesem Falle mit der parteipolitischen in Einklang stand. Es bestand ein ungeschriebener Proporz. Die Parteien konnten „ihre" Sachverständigen in ausgewogenem Verhältnis in den Sachverständigenrat entsenden. Daneben wurde auch dem Ressortinteresse Rechnung getragen" (Bauer 1990, 269).

In ihrer Organisation nach Ressorts, von denen jedes umweltpolitisch relevante Entscheidungen fällt, ohne dafür selbst verantwortlich zu sein, war die Bundesregierung für die Wahrnehmung der Querschnittsaufgabe Umweltschutz unzureichend organisiert: die Kompetenzen waren (und sind) falsch eingeteilt. Auch die Einrichtung eines Umweltministeriums hat dieses Problem nicht grundsätzlich gelöst. Wirksamer wäre meines Erachtens eine Einrichtung mit Kompetenzen, wie sie die Bundesbank hat. Die Wissenschaft steht in dieser Hinsicht aber noch schlechter da. Hier sind die Probleme ebenfalls nicht so eingeteilt wie die Wissenschaften. Der Übergang von den – ja noch leidlich interdisziplinären – Fakultäten zu den heutigen Fachbereichen (wo z.B. zwölf Chemiker einen dreizehnten berufen) hat dies Problem noch verschärft. Dieser falschen Organisation entsprach die des 1971 gebildeten „Rats von Sachverständigen für Umweltfragen". Er besteht aus „12 Mitglieder(n), die die Hauptgebiete des Umweltschutzes repräsentieren sollen" und ist ein Gremium von Fachvertretern, das sich den Inhalt seiner Gutachten bisher im wesentlichen von den zu Beratenden, nämlich der Bundesregierung, erarbeiten lassen mußte, statt in eine eigene, interdisziplinär produktive Arbeit einzutreten.

Hinsichtlich des Waldsterbens hat der Sachverständigenrat rundum versagt. Das Problem wurde nicht nur nicht an die Öffentlichkeit gebracht, sondern nicht einmal richtig wahrgenommen. Es liegt also nicht nur an der Politik, wenn das Waldsterben als ein Gegenstand öffentlicher Verantwortung erst durch ein Nachrichtenmagazin entdeckt wurde, sondern auch an der Wissenschaft. Der für die Umweltpolitik charakteristische Dreisatz:
1. So geht es nicht weiter;
2. was statt dessen geschehen müßte, ist im wesentlichen bekannt;
3. trotzdem geschieht es nicht,

sollte unter Wissenschaftlern also wohl erst einmal daraufhin bedacht werden, wieweit wir selber für die Misere mitverantwortlich sind.

Die Mitverantwortung der Wissenschaft zeigt sich, was das Waldsterben angeht, derzeit schon daran, daß die Waldschadensforschung im wesentlichen aufgegeben worden ist, nachdem die monokausalen Ansätze zu nichts geführt haben. Statt neue Wege des ganzheitlicheren Denkens zu gehen, wendet man sich weiterhin den auf den üblichen Wegen lösbaren Aufgaben zu, verliert dabei aber die Sache, um die es geht, aus den Augen.

Der Grundsatz, daß in den heutigen Hochschulen die Probleme nicht so eingeteilt sind wie die Wissenschaften, ist wohl unbestreitbar. Wie in allen sozialen Organisationen, gibt es auch in diesem Fall Gewinner und Verlierer. Gewinner sind diejenigen, deren Arbeitsgebiete der Sache nach nicht fachbereichsübergreifend sind, die also in ihrer Arbeit nicht leiden und überdies in ihrem Fachegoismus nicht mehr dadurch behindert werden, daß – wie in einer klassischen Fakultät – die Kollegen anderer Fächer über Berufungen mitentscheiden. Verlierer sind die Fächer, denen dieser Vorteil nicht recht nützt, weil die Fachbereichsorganisation für ihr Aufgabenfeld nicht sachgemäß, der Fachbereich also kein Sachbereich ist. Beispiele sind unter anderen Ihr Fach, die Geographie, und meines, die Philosophie. Philosophie nur als Geisteswissenschaft zu betreiben ist ebenso unsachgemäß, wie Geographie nur als Naturwissenschaft. Schon in der Formulierung des Themas, zu dem ich hier eingeladen bin: „Zur Umsetzung naturwissenschaftlich-ökologischer Erkenntnisse in umweltpolitische Ziele" klingt diese Spannung an. Die nächstliegende These ist ja: Für bloß naturwissenschaftlich-ökologische Erkenntnisse stellt sich die Frage der Umsetzung in umweltpolitische Ziele noch gar nicht, denn damit wäre man ja in der Geographie wissenschaftlich auf halbem Weg, nämlich im bloß naturwissenschaftlichen Teil stehen geblieben.

Zur Umsetzung in Politik gehört also jedenfalls, daß in der Wahrnehmung einer Sachfrage alles bloß Fachliche überwunden ist. Geographen brauchte man dazu eigentlich nicht besonders aufzurufen, ausgenommen durch die Ermunterung: Seid wirkliche Geographen, nämlich im Sinn der Geschichte des Arbeitsgebiets. Naturwissenschaftliche und Sozialgeographie hingen immer schon zusammen; der Geographie ist es nicht gut bekommen, sich auf die Dichotomie von Natur und Gesellschaft einzulassen. Wieweit hierzu Vorstellungen aus der real existierenden Geschichte des Fachs aufzuarbeiten sind, muß den Geographen selbst überlassen sein. In der Umweltkrise, in der die Probleme gerade in den blinden Fleck zwischen Natur- und Sozialwissenschaften fallen, haben Arbeitsgebiete wie die Geographie, denen diese Dichotomie wesensgemäß zuwiderläuft, jedenfalls die besondere Chance, gleichermaßen wieder zu sich selbst und zur Sache zu kommen. Daß man in Umweltaktivitäten auffällig viele Geographen als interdisziplinäre Vermittler findet, ist also nicht überraschend.

Übrigens haben auch die medizinische und die juristische Fakultät sich ihre Problemorientierung bewahrt. Am Ende medizinischer oder juristischer Überlegungen stehen immer Konsequenzen für das Handeln. Da braucht nicht erst nach der praktischen Umsetzung gefragt zu werden, sondern alle wissenschaftlichen Überlegungen sind von vornherein so angelegt, daß am Ende herauskommt: Nehmen Sie dreimal täglich xx, oder: Zahlen Sie, was die Gegenseite verlangt.

Wollte sich die Geographie an den Arbeitsgebieten orientieren, die sich ihre Problemorientierung – im Gegensatz zur Fachorientierung, die keine Sachorientierung ist – bewahrt haben, so ist die Regel zu berücksichtigen: Wer auf das Handeln Einfluß nehmen möchte, muß sich so ausdrücken, daß die Aussage auf das Handeln bezogen ist. In vielen Fällen ist diese Verbindung einfach zu leisten. Wenn z.B. jemand „Feuer!" ruft, braucht in der Regel nicht dazu gesagt zu werden, daß man sich in Sicherheit bringen sollte. Wenn Wissenschaftler aber feststellen, daß Lebensverhältnisse zerstört werden und daraufhin als verantwortlich Erkennende mit Recht meinen, etwas zur Veränderung dieses Zerstörungshandelns beitragen zu sollen, ist die Übersetzung nicht so einfach. Die Ausgangsfrage sollte als wohl nicht auf Umsetzung in die Politik, sondern in der Politik bezogen sein.

Naturwissenschaftliche Erkenntnisse handlungsförmig auszudrücken heißt also, die naturwissenschaftlichen Tatsachen in sozialwissenschaftliche Tatsachen zu übersetzen, denn diese haben es mit Handlungsverhältnissen zu tun. Ich gebe ein einfaches Beispiel: Die absehbaren Klimaänderungen waren seit Arrhenius zunächst ein Thema der Klimatologen, d.h. die fraglichen Aussagen handelten letztlich von Veränderungen im räumlichen und zeitlichen Regime von Temperatur, Druck und Feuchte. Daraus folgt politisch noch gar nichts, solange die klimatologischen Aussagen nicht in Lebensverhältnisse übersetzt werden. Der erste Schritt dazu wäre, daß man sich die ökologischen Konsequenzen für die Lebensräume von Pflanzen und Tieren überlegt. Um bis zum menschlichen Handeln zu kommen, muß man aber noch weitergehen und die Klimaänderungen auch als Änderungen der Lebensverhältnisse von Menschen beschreiben, z.B. in der Wirtschaft und in den internationalen Beziehungen. Natürlich können einzelne Fragen wie
- die regionale Verteilung von Klimaänderungen,
- die veränderten Bedingungen für Tourismus, Bauwirtschaft etc. oder
- die durch Klimaänderungen entstehenden oder entschärften Konfliktpotentiale (wer sind Gewinner, wer Verlierer?)

nicht von der Geographie als einer neuen Superwissenschaft beantwortet werden. Gefordert ist hier der Beitrag zur Wiederverbindung der vielen Fächer, deren jeweiliges Partikularwissen gebraucht wird, die in ihrer Vereinzelung aber nicht von alleine in die problemorientiert sachgemäße Verbindung treten.

Es versteht sich, daß weder Geographen noch andere Wissenschaftler am Ende sozusagen die richtige politische Entscheidung ableiten können. Aber auch Wissenschaftler müssen vom menschlichen Handeln ausgehen, wenn sie aus Gründen der gesellschaftlichen Verantwortung der Wissenschaft auf das Handeln Einfluß nehmen zu sollen meinen, nicht von den ökologischen Tatsachen. Sie müssen die Handlungsalternativen herausarbeiten und auf die Werte beziehen, an denen sich dieses oder jenes Handeln orientiert. Welche Werte dann entscheidend sein werden, ist eine Frage des gesellschaftlichen Diskurses. Ihn darf die Öffentlichkeit nicht den Experten zuschieben; sie haben aber die Aufgabe, sich daran zu beteiligen.

Literatur:

Bauer, Knut: Ökologische Politik. In: Helmar Krupp (Hrsg.): Technikpolitik angesichts der Umweltkatastrophe. Heidelberg (Physica-Verlag) 1990, S. 261–272.

Bundesminister des Innern (Hrsg): Umweltplanung. Materialien zum Umweltprogramm der Bundesregierung 1971. Deutscher Bundestag – 6. Wahlperiode. zu Drucksache VI/2710 (Gutachten der Picht-Kommission S. 565–591).

Luhmann, Hans-Jochen: Warum hat nicht der Sachverständigenrat für Umweltfragen, sondern der SPIEGEL das Waldsterben entdeckt?, in: Jahrbuch Ökologie 1992. Hrsg. von Udo E. Simonis u.a. München (Beck) 1991, S. 292–307.

Meyer-Abich, Klaus M.: Wissenschaft für die Zukunft. - Holistisches Denken in ökologischer und gesellschaftlicher Verantwortung. München (Beck) 1988.

ÖKOLOGIE UND UMWELTPOLITIK

Peter Knauer, Berlin

Das Verhältnis der Umweltpolitik zum Ökologie-Begriff sowie seinen Inhalten ist spannungsreich und lange von Mißverständnissen, Überzeichnungen und Verwerfungen gekennzeichnet. In letzter Zeit mehren sich jedoch, nach vielen erfolglosen Ansätzen einer „Ökologisierung", die Anzeichen für ein stärkeres Hinwenden zu ökologischen Ansätzen und Methoden. Im Folgenden sollen einige Fazetten und Stationen dieses Verhältnisses nachgezeichnet und charakterisiert werden.

1. Sektorale Ausrichtung der Umweltpolitik

Die Umweltpolitik ist von Anfang an (ab 1970; 1. Umweltprogramm der Bundesregierung) sektoral, d.h. auf die einzelnen Medien bzw. Bereiche (Luft, Wasser, Abfall, Lärm etc.) bezogen gewesen und sie ist dies bis heute im wesentlichen geblieben. Vom Grundansatz her betrachtet sie eben nicht den Menschen und seine Umwelt als miteinander vernetztes „oikos" (=Haus bzw. Umgebung), wie es unter ökologischen Vorzeichen geboten wäre, sondern sie greift sich, analytisch vorgehend, jeweils einzelne Beziehungskomplexe zwischen dem Menschen und seiner Umwelt (Abfallwirtschaft/Teile des Entsorgungsystems/Folgen der Entsorgung/Wirkung eines Stoffes) heraus und setzt mit Beobachtung, Erklärung und Maßnahmen dann dort spezifiziert an. Dies wird besonders deutlich, wenn man sich die unterschiedliche Reichweite der einzelnen Umweltsektoren innerhalb der Kette „Emission-Ausbreitung-Immission-Depostion-Wirkung-Maßnahme" ansieht, wie sie in der folgenden Abbildung dargestellt ist:

Abb. 1: Die unterschiedliche Reichweite der Sektoren der Umweltpolitik

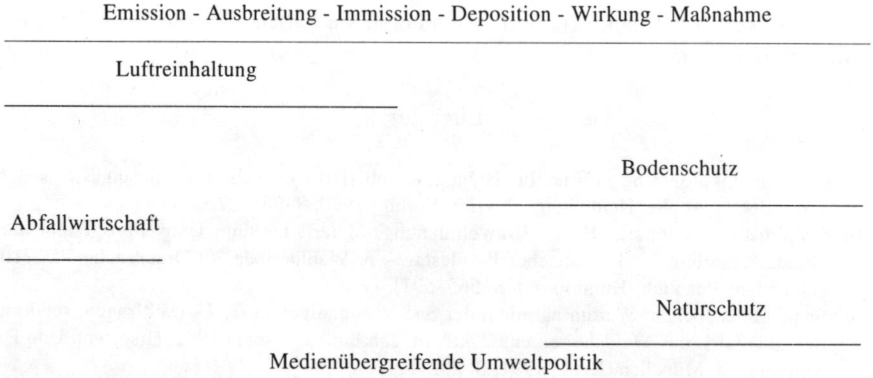

Emission - Ausbreitung - Immission - Deposition - Wirkung - Maßnahme

Luftreinhaltung

Bodenschutz

Abfallwirtschaft

Naturschutz

Medienübergreifende Umweltpolitik

Ein ganzheitlicher oder ökologischer Umweltschutz, wie wir ihn nicht haben, müßte seinen Betrachtungs- und Erklärungshorizont idealiter in allen Bereichen über die gesamte Kette von der Emission z.B. des Stoffes bis zur Wirkung bzw. sogar bis zur Maßnahme erstrecken. Dies ist jedoch nicht der Fall. So betrachtet die Luftreinhaltung traditionell im wesentlichen die Emission und versucht ihre Minderung an der Quelle. Sie beschäftigt sich über Ausbreitungsrechnungen und Ausbreitungsmodelle auch mit der Verteilung der Schadstoffe und schließlich „interessiert" sich die Luftreinhaltung auch noch für die Immission ; sie unterhält z.B. Immissionsmeßnetze.

Die Deposition, also der letztendliche Verbleib von Schadstoffen, fällt insgesamt nicht mehr in „ihr Ressort", schon garnicht im Grunde die Wirkung. Da die Luftreinhaltung in den vergangegen zwei Jahrzehnten eine sehr starke Stellung innerhalb der Umweltpolitik hatte und dementsprechend viel Mittel und Ressourcen für sich beanspruchen konnte, ist, mindestens teilweise, in dem begrenzten Blickwinkel ihrer Betrachtungsweise ein Defizit zu sehen, das auch dazu beitrug, daß großflächige Ökosystemschäden, ja -zusammenbrüche (z.B. die Waldschäden) lange nicht erkannt bzw. übersehen und ihnen nicht gegengesteuert wurde. Der Hintergrund für die überwiegende Emissionsorientierung liegt natürlich in der vorrangig technischen Prägung der Umweltpolitik insgesamt, die auf der Basis einer hochentwickelten Industrie die Umweltproblematik letztlich als Herausforderung verstand, die vor allem mit technischen und ingenieurwissenschaftlichen Mitteln bewältigt werden sollte und auch kann.

Die Luftreinhaltung hat als vorrangig auf die Emission und ihre Minderung bezogener Teilbereich eine gute Chance, in die Stoffströme und die Produkt- sowie Produktionsgestaltung einzugreifen, wenn sie diese Eingriffe auch ohne die Rückkopplung mit der Deposition und der Wirkung von Stoffen macht; sie nimmt überwiegend keine wirkungsbegründete Priorisierung der vorrangig anzugehenden Schadstoffpotentaile vor, sondern mindert oder bekämpft im Sinne einer Katastrophenabwehr stets die Stoffe, die mengenmäßig am ehesten in ihr Blickfeld geraten (z. B. SO_2) oder bei denen sie Rückmeldungen über das Erreichen kritischer Wirkungsschwellen bekommt (z.B. Waldschäden oder Ozon). Daß sie dabei zu stellenweise guten Erfolgen kommt (siehe Großfeuerungsanlagenverordnung 1983 und ihre Konsequenzen), ist ebenso klar, wie daß sie erhebliche Defizite hat (Waldschäden).

Ähnlich sektoral beschränkt ist auch die Abfallwirtschaft. Auch sie beschränkt sich auf die Emission und noch allenfalls auf die Ausbreitung, wenn auch sehr begrenzt. Sie setzt mit ihren Überlegungen und Instrumenten ein, wenn die Emissionen bei ihr als zu vermeidende Beseitigungsfolgen angelangt sind. Dies weist auf eine zusätzliche, entscheidende Phasenverschiebung hin, die die Abfallwirtschaft von der Luftreinhaltung unterscheidet und zugleich im Kampf gegen Schadstoffströme und Landschaftsbelastungen ziemlich chancenlos macht.

Dabei ist wichtig zu sehen, daß die wesentlichen Gründe für die sektorale und begrenzte Ausrichtung der einzelnen Umweltsektoren in der Geschichte der Umweltpolitik selbst liegen. Sie hat sich immer vorrangig den drängendsten Problemen zugewandt, zunächst also der Sanierung der Abfallbeseitigung (Abfallbeseitigungsgesetz 1972 als erstes Umweltgesetz überhaupt, Bundesimmissionsschutzgesetz als zweites Gesetz) und bis heute wenig Neigung entwickelt, unterdessen entwickelte Methoden und Ansätze einer ökologischen, medienübergreifenden Umweltpolitik, durch deren Anwendung eine prioritäre Abwägung vorrangiger Handlungsfelder möglich wäre, ernsthaft in Betracht zu ziehen.

2. Der biologische Ökologie-Begriff/Ökologie-Begriff des Naturschutzes

In der Öffentlichkeit, auch in der Fachöffentlichkeit und der Umweltpolitik ist es weitverbreitet,die Inhalte und Grundätze eines meist nicht näher definierten Ökologie-Begriffs als etwas gleichsam Höheres, Besseres zu bezeichnen und als bewahrende Umweltpolitik der dazu als Gegensatz verstandenen, überwiegend technisch verstandenen Umweltpoltik entgegenzustellen. Der amtliche und der ehrenamtliche Naturschutz ziehen aus diesem Gegensatz vorrangig ihre Legitimation und ihr „Ethos". Mit diesem Gegensatz hat sich die Naturschutzpolitik zu gutenTeilen in eine theoretische, programmatische, instrumentelle und institutionelle Selbstisolierung getrieben, die teilweise für Mißerfolge des Naturschutzes verantwortlich zu machen ist. Dieser Gegensatz, der seitens des Naturschutzes oft zugleich mit dem Anspruch verknüpft wird, alle anderen Umweltpolitikbereiche müßten sich dem Naturschutz unterordnen, ist im Sinne erfolgreicher Umwelt- und Naturschutzpolitik falsch. Dies wird schon daran deutlich, daß das Naturschutzgesetz wesentliche Bereiche der Umweltpolitik nicht nennt und auch nicht regelt (Boden, Schadstoffe, menschliche Gesundheit etc.). Zweitens schließlich ist der bewahrend-nichttechnische Naturschutzansatz insbesondere deshalb relativ machtlos geblieben, weil er sich, anders als der Umweltschutz, relativ wenig in die Fachplanungen und ressourcenbeanspruchenden Bereiche (Wirtschaft, Infrastruktur etc.) „einmischt".

3. Ökologie- statt Umweltpolitik

Ende der 70er, Anfang der 80er Jahre ist, ausgehend von der umweltpolitischen Programmatik der grünen und alternativen Parteien, der Ökologie-Begriff in einer weiteren Fazette aufgetreten. Damals wurde es üblich, bis dahin mit dem Zusatz „Umwelt-" versehene Worte und Inhalte mit dem Zusatz „ökologisch" zu versehen. „Reichte es" bis dahin, umweltbezogene Aktivitäten und Maßnahmen als „umweltpolitisch" zu bezeichnen, so „mußte es" nun die Vokabel „ökologiepolitisch" sein. Dieses, wie gesagt, von den Grünen ausgehende Phänomen wurde von anderen politischen Kräften und auch der Fachöffentlichkeit begierig aufgegriffen und hat die Umweltpolitik teilweise durch eine dadurch verursachte überzogene Erwartungshaltung („Ökologiepolitik muß etwas Besseres sein als Umweltpolitik") gefährdet bzw. in Mißkredit gebracht. Als ein Beispiel sei hier auf Schlagworte wie „Ökologischer Stadtumbau" u. ä. hingewiesen.

4. Politischer Ökologie-Begriff

Aus der Umweltpolitik heraus ist vor etwa 15 Jahren, in der gleichen Phase, als die grünen und alternativen Parteien zunehmend den Umwelt- durch den Ökologiepolitikbegriff ersetzten, versucht worden, eine neue Umweltpolitik als Anspruch und Programm zu entwickeln. („Aktionsprogramm Ökologie" des Bundesministers des Innern 1979). Dieses Aktionsprogramm, dessen Umsetzung durch den Wechsel der Koalition in Bonn nicht mehr erfolgen konnte, hatte u.a. folgende Zielsetzungen: Verstärkte Einflußnahme auf Fachplanungen und Nutzungsansprüche, Ergänzung des Menschen als vorrangiges Schutzobjekt durch einen weitgehenden Ökosystemschutz, Aufbau einer langfristig angelegten ökosystemaren Umweltbeobachtung u. a.. Das Aktionsprogramm war trotz fehlender Umsetzung insgesamt gleichwohl Ausgangspunkt für Forschungs- und Arbeitsschwerpunkte wie: Angewandte Ökosystemforschung, Medienübergreifende Umweltinformationssysteme, Umweltqualitätsziele, Integrierte Umweltbeobachtung u.a. Vor allem aber sind durch die konsequente Weiterverfolgung seiner Ansätze methodische Grundlagen erarbeitet worden für eine medienübergreifende, raumbezogene und ökologisch orientierte Umweltpolitik, die in der Anwendung Ansätze wie Planungs- und Programmumweltverträglichkeitsprüfungen, Regionale Umweltbilanzen, Ökobilanzen, ökologisch orientierte Raumordnung, Umweltinformationssysteme u.a. erst ermöglichte bzw. unterstützte.

5. Die „Umwelt und..."-Ansätze/Integrierter Umweltschutz

In der umweltpolitischen Programmatik und Organsation treten, durch den derzeitigen Bundesumweltminister gewollt und unterstützt, in letzter Zeit in großem Umfang Ansätze und Bemühungen hervor, die darauf angelegt sind, den Umweltbezug in stärkerem Maße als bisher in die Fachplanungen und Nutzungsansprüche hineinzutragen. Umweltschutz soll dadurch ein integriertes Element von Infrasturukturplanungen, der Produkt- und Produktionsgestaltung, des Tourismus etc. werden. Dabei geht es um neue Ansätze wie produktionsintegrierten Umweltschutz, entsorgungsgerechte Gestaltung von Produkten, Aufstellung von Stoff- und Energiebilanzen für Produkte, Produktionen, Branchen etc., Risikoprüfungen und Umweltaudits, Stoffflußanalysen z.B. in der Chlorchemie u.a. Auch dies kann man als ökologischen Ansatz in der Umweltpolitik verstehen. Im Bereich der Umweltverwaltung schlägt sich das teilweise nieder in der Ausbildung neuer Organsationseinheiten und Umorganisationen. Hier ist als ein Symptom dieses Umdenkens auch auf die Aktivitäten zur Schaffung eines Umweltgesetzbuches (Harmonisierung des Umweltrechts) hinzuweisen, mit dem 26 bisher sektorale Umweltgesetze zusammengeführt werden sollen.

Die untenstehende Abbildung 2 versucht die Entwicklung der sektoralen Umweltteilpolitiken und ihre Ergänzung durch integrierte Ansätze zwischen 1970 und heute zu verdeutlichen.

Integrierte Ansätze

UVP

EG-Rl. 85 UVP-G 90

Medienübergreif. Umweltpolitik
Integrierte Umweltbeobachtung
Ökosystemforschung

Umwelt-audit
Ökobilanzen

Naturschutz

BNatSchG

?

| Abfallgesetz 72 | BImSchG 74 | ChemG 76 | AbwaG 80 | etc. |

Sektorale Bereiche

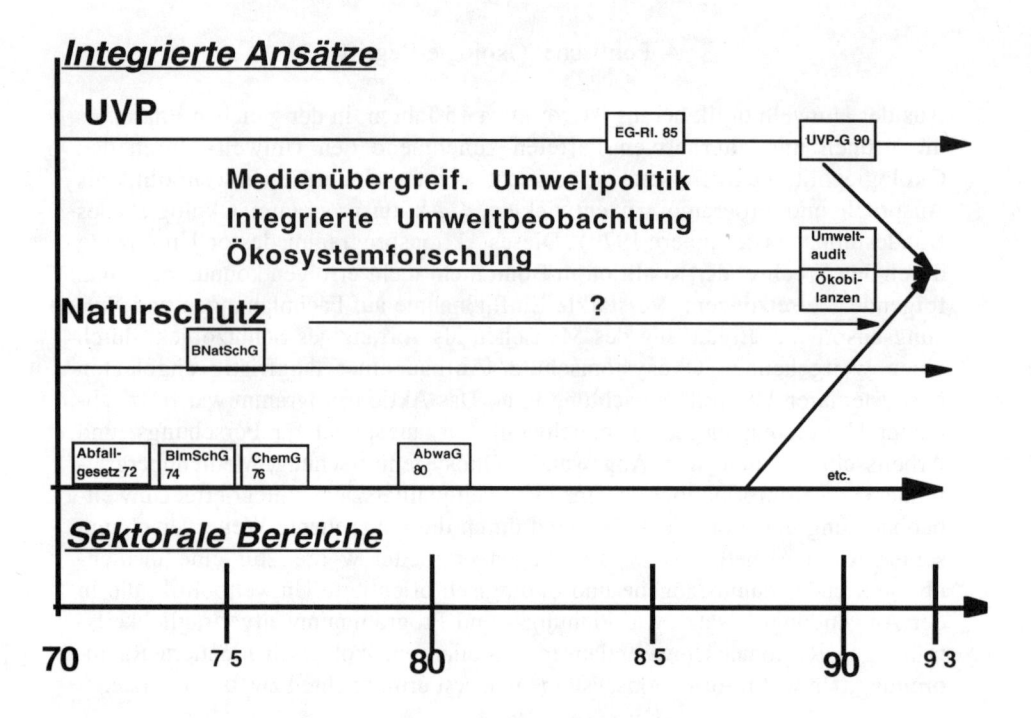

70 75 80 85 90 93

Abb. 2: Entwicklung der sektoralen Umweltgesetze und der integrierten Ansätze

Der direkt über der Zeitachse liegende dicke Balken repräsentiert die sektoralen Bereiche der Umweltpolitik wie Luftreinhaltung, Abfallwirtschaft etc., die sich, z.T. sehr erfolgreich, über mehr als 20 Jahre entwickelt haben. Die darüber liegenden dünneren Balken geben die Entwicklungslinien integrierter Ansätze wieder, die mit mindestens medienübergreifendem oder sogar ökosystemarem Anspruch auftreten.

Derartige methodische Verbesserungen zusammen mit einer verbesserten ökologischen oder integrierten Umweltbeobachtung (Umweltbundesamt 1993) in allen Teilräumen, vor allem aber die hohen Anforderungen und dann bald auch vorliegenden Erfahrungen mit der UVP haben einen neuen „Stand der Technik" für integrierte Ansätze geschaffen, auf dessen Hintergrund dann auch produkt- und produktionsorientierte Methoden wie Ökobilanzen oder Umweltaudits in letzter Zeit verstärkt betrieben und weiterentwickelt werden.

Somit ergibt sich der Stand, daß über fast zwei Jahrzehnte währende Bemühungen um „ökologische" Umweltpolitik so viel an Wissen und Kenntnissen erarbeitet haben, daß heute deutlich erkennbar ein Wandel der Grundausrichtung der Umweltpolitik erkennbar wird.

Literatur

- Bundesminister des Innern (Hrsg.), Abschlußbericht der Projektgruppe „Aktionsprogramm Ökologie", Argumente und Forderungen für eine ökologisch ausgerichtete Umweltvorsorgepolitik, Bonn 1983 (Umweltbrief Nr. 29 vom 28.10.1983
- Bundesminister für Umwelt, Naturschutz und Reaktorsicherheit, Leitlinien Umweltvorsorge, Bonn 1986 (Umweltbrief Nr. 33 vom 17.12.1986)
- Bundesminister für Umwelt, Naturschutz und Reaktorsicherheit, Landschaftsplanung, Inhalte und Verfahrensweisen, Bonn 1992
- Wolfgang Erz, Ökologie oder Naturschutz?, Überlegungen zur terminologischen Trennung und Zusammenführung, in: Berichte der ANL 10/Juli 1986, S. 11ff.
- Knauer, P., Umweltschutz – integriert oder medial?, in: Standort 2/1982, S. 9ff.
- Knauer, P.; Umweltbeobachtungs- und Umweltinformationssysteme, in: ARL (Hrsg.), Integration der Landschaftsplanung in die Regionalplanung, Hannover 1988 (Forschungs- und Sitzungsberichte Bd. 180), S. 179ff.
- Der Rat von Sachverständigen für Umweltfrage, Umweltgutachten 1974, 1978 und 1987, Stuttgart und Mainz
- Salzwedel, J., 10 Jahre Bundesnaturschutzgesetz: Rückblick und Ausblick, in: Jahrbuch für Naturschutz und Landschaftspflege 39/1987, Bonn 1987, S. 10
- Umweltbundesamt, Konzeption für die Umweltbeobachtung, Berlin 1993 (Unveröffentlichtes Manuskript)

LANDSCHAFTSÖKOLOGISCHE GRUNDLAGEN DER UMWELTPOLITIK – DARGESTELLT AN BEISPIELEN AUS DEM FREISTAAT SACHSEN

Karl Mannsfeld, Dresden

1. Einleitung

Soll Umweltpolitik neben anderen Prämissen auch auf naturwissenschaftlicher Grundlage, speziell durch Beiträge der Landschaftsökologie, betrieben werden, könnten politische Entscheidungen noch wirkungsvoller den notwendigen Beitrag zur Erhaltung und Gestaltung unserer natürlichen und gebauten Umwelt leisten. Ob dieser hohe Anspruch auch erfüllbar ist, muß an den jeweils realen Gegebenheiten gemessen werden.

Nach der wiedergewonnenen staatlichen Einheit kann es in den östlichen Bundesländern nur darum gehen, die sich daraus ergebenden Chancen und Möglichkeiten konsequent zu nutzen. Doch gerade diese Möglichkeit der Neuordnung für das Fundament der Politik im Sinne einer umweltverträglichen Gesamtentwicklung muß gleich ihre erste Bewährungsprobe bestehen, weil Fehlentscheidungen und Fehlentwicklungen zu vermeiden sind, wie sie aber mit solchen Umbruchsituationen immer einhergehen. Insofern besteht eine echte Herausforderung darin, die vorhandenen Daten und Informationen zu den landschaftlichen Ökosystemen in allen Bearbeitungsintensitäten in sinnvoller Weise in die Entscheidungsfindung einzubeziehen, als es auch erforderlich ist, neue und gezielt ausgewählte Kartierungen oder Bewertungen mit landschaftsökologischem Inhalt in Gang zu bringen.

An Hand von ausgewählten Beispielen aus Sachsen soll diese Position beschrieben, und insbesondere sollen Stärken und Schwächen des bisher Erreichten bis zum Jahre 1993 dargelegt werden. Der kurze Überblick über verschiedene Intensitätsstufen landschaftsökologischen Grundlagenmaterials ist aber gleich einleitend um die Anmerkung zu ergänzen, daß die vorhandenen Informationen letztlich in (Landschafts-)Informationssysteme zu überführen sind, um Datenzugriff und ständige Raumbeobachtung zu sichern.

2. Zustandsbeschreibung

Ausgehend von einer Landesverfassung, in welcher eine von geographischem Gedankengut beeinflußte Staatszielbestimmung zum Umweltschutz verankert ist, sind als unerläßliche Rahmenbedingungen für die Wirksamkeit landschaftsökologischer Grundlagen in der kurzen Zeit von zwei Jahren neue Landesgesetze zum Umwelt- und Naturschutz (Abfallwirtschaft/Bodenschutz, Naturschutz, Landesplanung, Wasser) entstanden. Diese gesetzliche Basis ist um so wichtiger, als der Druck auf die natürlichen Lebensgrundlagen im weitesten

Sinne, z. B. die Funktions- und Leistungsfähigkeit von Naturraumpotentialen und Landschaftsfunktionen, landschaftliche Schönheiten oder Biotope ganz beträchtlich ist.

Gefahren für Natur und Landschaft drohen sowohl durch wachsenden Flächenanspruch für den Bau von Wohnungen, für Industrie- und Gewerbegebiete (baurechtlich genehmigte Vorhaben insgesamt im Herbst 1993 auf ca. 9000 ha, geplante ca. für weitere 12 000 ha), durch großflächigen Gesteinsabbau (über 450 Erlaubnis- und Bewilligungsanträge für rd. 12 000 (!) Hektar), durch den Neubau von Bundesautobahnen und -fernstraßen, durch Neuaufschlüsse von Braunkohlentagebauen, Talsperrenbau sowie den sich durch besondere Eigendynamik auszeichnenden Vorgang der Flächenstillegung in der Landwirtschaft und zahlreiche andere Eingriffstatbestände.

Daher ist es angebracht aufzuzeigen:
1. auf welche landschaftsökologischen Grundlagen kann in Sachsen in welcher Qualität zurückgegriffen werden,
2. welche Materialien sind in der gegenwärtigen Phase neu zu erarbeiten und zu nutzen,
3. wie ist die Anwendung der vorhandenen Daten überhaupt einzuschätzen?

2.1 Materialübersicht

Die vorhandenen Unterlagen lassen sich in drei Gruppen einteilen:

Gruppe A: Komplexkartierungen zur Naturräumlichen Ordnung auf der Grundlage komplexer Standortanalysen
(Maßstab < 1 : 25 000) mit umfangreicher Datendokumentation (vorliegend für ca. 5 % der Landesfläche)
Forstliche Standortkartierung (Maßstab 1 : 10 000) (vorliegend für ca. 27 % der Landesfläche)

Diese Unterlagen sind in die Ergebnisse für die Gruppe B eingeflossen.

Gruppe B: Komplexkartierungen zur Naturräumlichen Gliederung (Vernetzung großmaßstäbig kartierter Kerne mit flächenhafter Kompilation von Komponentenkartierungen im Maßstab < 1 : 200 000) in der Dimensionsstufe Mikrogeochore mit unterschiedlichem Grad der Datendokumentation auf größeren Anteilen der Landesfläche
– mit umfangreichem Datenteil
beispielsweise für das Musterblatt Dresden, die Oberlausitz oder die Sächsische Schweiz mit über 4 000 km^2 oder ca. 22 % der Landesfläche
– mit uneinheitlichem Datenteil
beispielsweise für Einzelkartierungen, besonders im Erzgebirge oder für zahlreiche Bände der Buchreihe „Werte deutscher Heimat" auf ca. 35 % der Landesfläche
– ohne Datenteil
beispielsweise Gebiete im Regierungsbezirk Leipzig und in Nordostsachsen auf ca. 20 % der Landesfläche

Gruppe C: Komponentenkartierungen (Maßstab 1 : 400 000) für landnutzende Wirtschaftszweige teilweise flächendeckend vorliegend, z. B. für die landwirtschaftliche Nutzfläche (thematische Landesaufnahme im Gebiet Ostdeutschlands, sog. Mittelmaßstäbige Landwirtschaftliche Standortkartierung) auf etwa 55 % der Landesfläche oder einzelne Geofaktoren, wie z. B. Hangneigung, auf etwa 15 % der Landesfläche.

Damit ist ein vergleichsweise günstiger Ausgangsstand gegeben, weil ca. 75 % des Freistaates Sachsen durch landschaftsökologisches Ausgangsmaterial belegt sind.

In anderem Zusammenhang haben BASTIAN u. a. (1992) die verfügbaren Unterlagen unbewertet zusammengestellt. (vgl. Tab. 1)

Tab. 1

Datenträger zur Landschaftsrahmenplanung in den neuen Bundesländern
(nach BASTIAN u. a., 1992)

Geologischer Bau/	Geologische Karten	1:25 000
Wasserhaushalt	Lithofazieskarte Quartär	1:50 000
	Hydrogeologische Karte	1:50 000
	Kontaminationsanalyse Geologie	1:50 000
Relief	Hangneigungskarten (nur für die landwirtschaftliche Nutzfläche)	1:10 000
Klima	Klimakarten	1:300 000
	Niederschlagskarten (für den Südteil der ehemaligen DDR)	1:300 000, 1:400 000
Boden	Übersichts- und Arbeitskarten der Mittelmaßstäbigen landwirtschaftlichen Standortkartierung (MMK)	1:100 000, 1:25 000
	Standortskarten und Erläuterungsbände der ehemaligen Forstwirtschaftsbetriebe	1:10 000
Landnutzung	topographische Karten	1:10 000 1:50 000
Naturraum	Karten der naturräumlichen Gliederung	1:200 000
	Karten der naturräumlichen Ordnung	1:10 000 1:50 000
	Standortskarten und Erläuterungsbände der ehemaligen Forstwirtschaftsbetriebe	1:10 000

2.2 Beispiele für Neukartierungen

Überblickt man die bisherigen Ergebnisse bei der Nutzung des vorgestellten Materials, so zeigt sich, daß Primärdaten dieser Art für zahlreiche aktuelle Entscheidungen noch nicht ausreichend oder auch nicht aussagefähig, vor allem aber nicht für die Anwendungsschwerpunkte der Umweltpolitik aufbereitet sind. Es muß demzufolge eine weitere Materialgruppe ausgewiesen werden, die auf differenzierte Anwendungsbereiche zugeschnitten ist. Hierbei ist zwischen bereits vorhandenen und gezielt zu erarbeitenden Unterlagen zu unterscheiden. Folgende Anwendungsschwerpunkte zeichnen sich ab:

Gruppe D: Bestimmung von Landschaftsfunktionen und Naturraumpotentialen vor allem für die Ebene Landschaftsplan und Landschaftsrahmenplan. Als Beispiele für diese Kategorie lassen sich großmaßstäbige Naturraumpotentialkartierungen (z. B. MANNSFELD, 1983) oder Kartierungen zum Natürlichkeitsgrad der Vegetation für die Sächsische Schweiz (vgl. BASTIAN u. a., 1992) und letztlich für die gesamte Landesfläche anführen.

Die eingangs genannten Chancen für eine umweltverträgliche Gesamtentwicklung gilt insbesondere für die Raumordnung. Diese wurde in Sachsen mit einem ökologischen Konzept der Raumplanung genutzt, wie es im Landesplanungsgesetz verankert ist und das die Beurteilung des Naturraumes als Grundlage der Raumplanung vorschreibt. Demnach sind im künftigen Landesentwicklungsplan und in den Regionalplänen Grundsätze und Ziele der Raumordnung und Landesplanung auf der Grundlage einer Bewertung des Zustandes von Natur und Landschaft für die räumliche Ordnung und Entwicklung in den Teilbereichen Ökologie, Wirtschaft, Siedlung und Infrastruktur aufzustellen.

Durch die gleichzeitig festgelegte Primärintegration der Landschaftsplanung werden nicht Fachpläne „nebeneinandergelegt" und nur bei Bedarf berücksichtigt, sondern es besteht die Pflicht zur Erfassung aller naturräumlich und raumordnerisch relevanten Faktoren, einschließlich der gegenseitigen Wechselwirkungen. Diesem Ziel dienen besonders solche zu benennende Kartierungsbeispiele, welche auf gesetzlich begründete Erfordernisse bezogen sind.

– Mittel- bis kleinmaßstäbige Übersichten, die als landschaftsökologische Interpretationsbeispiele aus den Gruppen B (Naturräumliche Gliederung) und C (Komponentenkartierungen) des Grundlagenmaterials z. B. für den Landesentwicklungsplan, Fachteil zum Bodenschutz, oder das Landschaftsprogramm abgeleitet werden können.

Spezialkartierungen im Maßstab 1 : 200 000 zum biotischen

Ertragspotential des Landes Sachsen (SANDNER/MANNS-FELD, 1992) oder zu den physiko-chemischen Filtereigenschaften des Bodens (RÖDER, 1991) sind besonders eindrucksvolle Beispiele dafür. Vor allem aber stellen sie nachhaltig die Anwendbarkeit der Bewertungsmethoden in der Landschaftsökologie (MARKS et al., 1989) unter Beweis.

- Kleinmaßstäbige Übersichtskarten mit zumeist landschaftsökologischen Stellvertretergrößen, um hinsichtlich inhomogener Ausgangsbedingungen des zu verwendenden Materials die Beachtung der landschaftsökologischen Informationspflicht überhaupt zu garantieren.
Derartige Informationsbeispiele existieren im Freistaat Sachsen insbesondere für die Gebiete der Euroregionen (Elbe/Labe, Egrensis, Erzgebirge, Neiße). Insbesondere Studien für die Euroregion Egrensis (Vogtland – Nordbayern – Westböhmen) besitzen hierfür Pilotcharakter (vgl. I. ROCH, 1993).
- Großmaßstäbige Kartierungen für Biotope (Biotopkartierung) und Inventarisierung landeskundlich wertvoller Flächen, insbesondere für die Ebene der Bauleitplanung/Flächennutzungsplanung.
Für die gesamte Landesfläche ist unter Anleitung durch die Naturschutzbehörden die Biotopkartierung im Jahre 1990 in Angriff genommen worden. Mit Stand Sommer 1993 war sie für ca. 25 % des Landesgebietes bereits abgeschlossen. Die räumlichen Schwerpunkte dafür liegen im Erzgbirge und in der Oberlausitz.

An der Erarbeitung der beispielhaft genannten Unterlagen waren sowohl Fachbehörden des Landes als auch universitäre und außeruniversitäre Forschungskapazitäten beteiligt und sollten bei der Vervollständigung gezielt beteiligt werden.

2.3 Datennutzung

Abschließend ist noch einzuschätzen, wie es mit der Anwendung vorhandener Daten überhaupt bestellt ist. Tatsache ist aber zunächst, daß eine Vielzahl von Unterlagen nur dem erfahrenen Physiogeographen bekannt sind, sie aber wegen ihrer Spezialisiertheit und auch Verstreutheit für Landesbehörden und sonstige Nutzer kaum direkt zugriffsbereit sind. Diesbezüglich sind verschiedene Aktivitäten ausgelöst, um die Zugriffsfähigkeit zu erhöhen.

- Die Arbeitsgruppe „Naturhaushalt und Gebietscharakter" der Sächsischen Akademie der Wissenschaften zu Leipzig stellte alle ihr bekannten und im Lande verfügbaren Kartierungen in verschiedenen Maßstabsbereichen für das Umweltministerium zusammen, wobei immerhin Hinweise auf rd. 80 Kartierungen gegeben werden konnten.

- Weiterhin wurde gemeinsam vom Geographischen Institut der TU Dresden und der o. g. Akademiegruppe für das Landesamt für Umwelt und Geologie ein Vorschlag zu den Bezugseinheiten für das Landschaftsprogramm entworfen.
- Gegenwärtig sind Vorarbeiten im Gange, um durch die Arbeitsgruppe der Sächsischen Akademie im Auftrag des Ministeriums für Umwelt und Landesentwicklung als Grundlage der Landschaftsplanung die schon weit gediehene Naturraumkarte Sachsens innerhalb eines Stufenprogramms schrittweise durch Ergänzungen der bereits bearbeitet vorliegenden Gebietsteile, einschließlich der Datendokumentation, zu vervollkommnen. Die Laufendhaltung soll später durch das Landesamt für Umwelt und Geologie erfolgen.

Ansonsten ist aber durchaus einzuräumen, daß die Nutzung landschaftsökologischen Grundlagenmaterials, vor allem je weiter man sich von den obersten und den oberen Landesbehörden der Basis nähert (untere Naturschutz-, Wasser- oder Abfallbehörde), doch Grenzen hat, weil der Informationsfluß vielfach unterbrochen ist. Aber auch Doppelarbeit ist hier und da nicht auszuschließen, was insbesondere zahlreiche Projektierungsbüros betrifft, die gegenwärtig Flächennutzungs- und/oder Landschaftspläne für die Gemeinden entwerfen und häufig eigene, durchaus nicht den Möglichkeiten adäquate Aussagen zu landschaftsökologischen Gegebenheiten anbieten.

Zusammenfassend kann für die Situation in Sachsen resumiert werden:
Wenn als Leitlinien staatlicher Umweltpolitik solche Grundsätze wie
- die Vermeidung unnötiger Eingriffe in die Natur und Landschaft
- umweltschonende Landnutzung auf der gesamten Fläche
- sparsamer Umgang mit Naturressourcen u. ä.

durchgesetzt werden können und es zugleich gelingt, durch sinnvolle Verknüpfung der exemplarisch vorgeführten Unterlagen die Entscheidungen der Fachämter und damit auch der Verwaltungsbehörden zu qualifizieren, dann kann eine aktive Landschaftsentwicklung auch auf der Basis landschaftsökologischen Informationsmaterials erreicht werden.

Einleitend war an einigen Beispielen belegt worden, daß die Aufbauphase in den östlichen Bundesländern einen erheblichen Druck auf die natürlichen Lebensgrundlagen, Naturschönheiten und Reste historischer Kulturlandschaft mit sich bringt. Gerade deshalb ist das Vorhandensein, die Vervollkommnung und die gezielte Nutzung landschaftsökologischen Daten- und Informationsmaterials von besonderer Bedeutung für eine ganzheitliche und nach dem Grundsatz der Nachhaltigkeit betriebenen Landschaftsnutzung. Hier setzt dann wiederum das Politikfeld an, welches das notwendige Wissen um diese Ausgangssituation haben und darauf gestützt versuchen muß, seine Entscheidungen fachlich begründet zu treffen.

3. Ausblick

Weil es einen Politikansatz dieser Art in der Vergangenheit in Ostdeutschland nicht gab, erlangen gegenwärtig alle Bemühugen Priorität, die das benannte Ziel auch erreichbar machen wollen. Die Herausforderung für die Physische Geographie und ihren landschaftsökologischen Ansatz ist groß, vor allem, wenn man an eine rd. 25jährige Unterbrechung universitärer Geographieausbildung und die äußerst geringe außeruniversitäre Forschungskapazität denkt.

Als Angehöriger des in Dresden Ende 1992 wiedereröffneten Geographischen Institutes an der Universität und aus der Sicht eines zeitweiligen Umwelt- und Landespolitikers sollte ein übersichtsbild zum relativ reichen Fundus landschaftsökologischen Grundmaterials sowie seiner Berücksichtigung in der Umweltpolitik gezeichnet werden. Es sollte erkennbar geworden sein, daß die Datensituation in den ostdeutschen Bundesländern und speziell in Sachsen, einem oder eigentlich d e m Geburtsland moderner landschaftsökologischer Forschung in Deutschland, durchaus günstig ist, wie auch die gesetzlichen Rahmenbedingugen und der Verwaltungsaufbau ihre effektive Ausnutzung fördern. Diese Aussage täuscht jedoch keineswegs über das Ausmaß und die Kompliziertheit der Aufgabe hinweg, welche definiert ist in dem Ziel, daß Umweltpolitik tatsächlich auch von einer Basis landschaftsökologischer Kenntnisse getragen werden kann.

Literatur:

Bastian, O., Röder, M., Sandner, E. (1992): Ökologische Grundlagen für den Landschaftsrahmenplan Sächsische Schweiz (Analyse der Naturbedingungen in der Nationalparkregion). In: Naturschutz und Landschaftspflege (Zeitschrift für angewandte Ökologie) 24, S. 209–216.

Bastian, O. u.a. (1992): Der Landschaftsrahmenplan Sächsische Schweiz. In: Garten und Landschaft, H. 9, S. 44–46.

Mannsfeld, K. (1983): Landschaftsanalyse und Ableitung von Naturraumpotentialen. Abhandl. der Sächsischen Akademie der Wissenschaften zu Leipzig, math.-nat. Klasse Bd. 55, H. 3, Berlin.

Marks, R. u.a. (1989): Anleitung zur Bewertung des Leistungsvermögens des Landschaftshaushaltes. Forsch. zur deutschen Landeskunde. Bd. 229, Trier.

Roch, I. (1993): Konzeptionelle Ansätze einer umweltverträglichen regionalen Entwicklung des Sächsischen Vogtlandes in seinen grenzübergreifenden Beziehungen zu Nordost-Bayern und Nordwest-Böhmen. In: Raumforschung und Raumordnung H. 1, S. 47–51.

Sandner, E., Mannsfeld, K. (1992): Ein Weg zum ökologisch fundierten Landesentwicklungsplan. In: Naturschutz und Landschaftspflege (Zeitschrift für angewandte Ökologie) 24, S. 216–220.

ÖKOLOGISCHER HANDLUNGSBEDARF ZUR SICHERUNG DER MEHRFACHNUTZUNG IM RAUM LEIPZIG-HALLE

Rudolf Krönert, Leipzig

Jede Landschaftseinheit hat gleichzeitig eine Vielzahl von Funktionen zu erfüllen. Diese Funktionen lassen sich gruppieren nach:
1. Regulationsfunktionen
2. Standortfunktionen
3. Produktionsfunktionen
4. Informationsfunktionen
(de Groot 1992).

Weil Landschaftsnutzung lokal und regional einzelne Nutzungen bevorzugt, werden das Prinzip der Mehrfachnutzung und das Prinzip der Mehrfachfunktion der Landschaft ständig mißachtet. Dies hat in der Vergangenheit und in der Gegenwart insbesondere in Ballungsgebieten zu schweren Umweltschäden und Nutzungskonflikten geführt. Es wird heute zunehmend anerkannt, daß das globale Ökosystem endlich ist, die Teilsysteme Wirtschaft und Bevölkerung aber rasch weiter wachsen, wodurch das in Ökosystemen vorherrschende Kreislaufprinzip zunehmend verletzt und vom Durchflußprinzip des Wirtschaftssystems verdrängt wird (Goodland 1992, Ring 1993), weshalb es zur Ressourcenverknappung und zu globalen Umweltschäden kommt. Als Lösungsstrategien der Umweltprobleme werden gegenwärtig vor allem die Verminderung und Vermeidung des Ressourceneinsatzes und die Herstellung technisch gesteuerter Kreisläufe (Recycling) gesehen. Eine solche Strategie wird sich als folgenschwerer Irrtum erweisen, wenn sie nicht durch eine dritte Säule ergänzt wird. Da mit dem Wirtschafts- und Lebensprozeß immer Stoff und Energie an die Umwelt abgegeben werden, muß das natürliche System bzw. das landschaftliche System gezielt in die Lage versetzt werden, künstlich eingetragene Stoffe und Energie in ihre Kreisläufe einzubinden. Dies bedeutet nichts anderes, als daß der zunehmenden Landschafts-Deterioration eine Landschafts-Melioration im umfassenden Sinne entgegengesetzt werden muß, um die Regulationspotentiale der Landschaft zu verbessern und um die Regulationsfunktionen langfristig wiederherzustellen. Für die Geographie erwächst daraus die Verpflichtung, zusammen mit den anderen Geowissenschaften und den Biowissenschaften, Grundlagen für landschaftsbezogene Geo- und Biotechnologien zu entwickeln, auf deren Grundlage komplexe Landschaftsgestaltungen und -meliorationen erfolgen können.

Wenn der ökologische (besser umweltpolitische) Handlungsbedarf im Ballungsgebiet angesprochen wird, sollten also nicht nur der Sanierungsbedarf, der aus der gegenwärtigen Umweltsituation erwächst, sondern auch grundsätzliche Überlegungen zur Mehrfachfunktion/Mehrfachnutzung wie sie soeben nur angedeutet werden konnten, berücksichtigt werden.

Analysiert man den Grad der großräumigen Umweltbelastungen und den Natürlichkeitsgrad der Landschaften sowie die landschaftsspezifischen Funktionen in den neuen Bundesländern, dann läßt sich eine Rangfolge des umweltpolitischen Handlungsbedarfes ableiten. Er ist sehr hoch in den großstädtischen Ballungskernen und in den Gebieten des Braunkohlenbergbaus, in die Standorte der chemischen Großindustrie und Großkraftwerke eingebunden sind. Diesen bis 1989 sehr hoch belasteten Gebieten folgen die offenen Agrarlandschaften, in denen die Belastungen vor allem von der Landwirtschaft ausgehen. Am Ende stehen die Mittelgebirge und das waldreiche pleistozäne Tiefland südlich des Mecklenburger Landrückens. Im Ballungsgebiet Leipzig-Halle überlagern und verzahnen sich die Umweltbelastungen aus vielartigen Quellen der Kernstädte mit denen der Industrieknoten, den Grundwasserabsenkungen und Landschaftszerstörungen der Bergbaugebiete, den Ascheablagerungen aus der Braunkohlenverbrennung, mit geringer Diversität, Bodenverdichtungen, Bodenkontaminationen und Erosionsprozessen der intensiv genutzten Agrargebiete, die hier der Lößregion zugehören.

Luft- und Immissionsbelastungen, deren Folgen und Handlungsbedarf

Die SO_2- und Staubbelastungen durch Braunkohlenverbrennung haben durch Schließung von Heizkraftwerken, Schwelereien, Brikettfabriken usw. bereits deutlich abgenommen und bleiben unter den gesetzlichen Grenzwerten. So ist zum Beispiel die Staubemission von 340000 t/a im Jahre 1988 auf 157000 t/a im Jahre 1991 zurückgegangen. Von mehreren Arbeitsgruppen des Umweltforschungszentrums Leipzig-Halle wurden Untersuchungen zu den Folgewirkungen der früheren und gegenwärtigen Luftbelastung durchgeführt (ÖKOR 1993).

Von Schädlich u. a. wurden die Ah-Horizonte von 65 Standorten, die über 7000 km^2 verteilt liegen, auf Calzium, pH-Werte und Schwermetalle untersucht. Die Kalziumgehalte und pH-Werte sind im Lee der Emissionsquellen deutlich erhöht, wobei die absolute Höhe aber stark von der Bodenform abhängig ist. Die Schwermetallgehalte sind in Emissionsnähe am höchsten, erreichen aber in 90 % der Fälle nicht die Referenzwerte der Holländischen Liste für Bodenkontaminationen mit Schwermetallen. Die Schwermetallgehalte sind vor allem örtlich in Stadtböden und auf Auelehmen erhöht. Der Eintrag erfolgte hier aber nicht über die Luft. Ein Biomonitoring im gleichen Raum (Weißflog u. a.) belegte ebenfalls, daß die Schwermetallgehalte in und auf Kiefernnadeln in den Kernstädten des Ballungsgebietes am höchsten sind und daß diese mit der Entfernung von den Emissionsquellen deutlich abnehmen. Von Peklo u. a. wurden die Gehalte an Zn, Cu, Pb, Cd und F in Weidelgras in zwei Versuchsvarianten untersucht. Während in auf unbelastetem Einheitsboden gewachsenem Weidelgras keine regionale Differenzierung der Elementgehalte mehr nachgewiesen werden konnte, war diese in auf ortsspezifisch belasteten Böden gewachsenen Pflanzen noch nachweisbar. Die Gehalte lagen aber unterhalb von Schwellenwerten für Futterpflanzen, so daß im Hinblick auf die Nahrungskette keine Gefährdung zu erwarten ist. Aus diesen Untersuchungen kann die Schlußfolgerung gezogen werden, daß mit einer großflächigen Schwermetallbelastung nicht zu rechnen ist. Zu untersuchen bleibt weiterhin die Schwermetallbelastung in Aueböden und in Stadtböden sowie eventuell auftretende Komplexwirkungen mehrerer Schwermetalle. Die Bioindikation des Umweltzustandes der Dübener Heide im Lee von Bitterfeld-Wolfen (Klotz u. a.) läßt deutliche Unterschiede der Wirkungen von alkalischen Flugstäuben und SO_2 auf die Kiefernforste im Vergleich der 70iger Jahre mit denen der Jahre 1991/92 erkennen. Die Nadel- und Benadelungsanalyse zeigt in den ehemals am stärksten belasteten Gebieten eine verbesserte Schadlage, eine Abnahme der Nekrosen und eine Zunahme der Nadellebensdauer. Die heutigen Vorkommen von Krustenflechten (Lecanora conizaeoides) weisen 1991 eine bedeutend stärkere Deckung auf als dies 1977 der Fall war. Eine Zonierung ist in der Dübener Heide aber noch feststellbar. Das gilt auch für die Bodenvegetation. Die Kiefernforst-Biozönosen unterliegen weiterhin starken Veränderungen in ihrer Artenzusammensetzung und ihren Dominanzverhältnissen. Durch die immissionsbedingten Standortveränderungen haben Laubwald,- Wiesen- und Ruderalarten stärker an Bedeutung gewonnen. Der Trend zu Laubwaldarten wird weiter zunehmen. Es zeigt sich, daß Biozönosen relativ kurzfristig (in weniger als 10 Jahren) auf Umweltveränderungen reagieren. Das Biomonitoring sollte ein unverzichtbarer Bestandteil des Umweltmonitoring werden, weil in der Vegetation Komplexwirkungen besser wiedergegeben werden als dies durch Messungen von Einzelelementen etwa in der Luft oder im Boden möglich wäre.

Die durchaus optimistisch stimmenden Veränderungen in der Luftbelastung und ihrer Folgewirkungen geben jedoch noch nicht Anlaß zur allgemeinen Entwarnung. Die Analyse der Rauchgasemissionen eines braunkohlenbeheizten Einfamilienhauses belegen den hohen Anteil an organischen Schadstoffen, die in Ballungskernen zusätzlich zu den durch den KFZ-Verkehr in niedriger Quellhöhe emittierten Schadstoffen freigestzt werden (Engewald u. a.). Eine Hochrechnung ergibt, daß beispielsweise in der Heizperiode 1992/1993 allein in der Stadt Leipzig 65 t Benzol und substituierte Benzole und 25 t polyzyklische Aromaten durch den Hausbrand emittiert wurden. Die Ablösung des Braunkohlenbrikettes wird sich noch über einen längeren Zeitraum erstrecken, so daß dieser Schadquelle weiterhin Aufmerksamkeit geschenkt werden muß. Auf den drastisch zugenommenen Autoverkehr mit seinen Gefährdungen, z. B. dem Entstehen von Ozonsmog bei sommerlichen Hochdrucklagen kann hier nicht eingegangen werden.

Gewässerbelastung, deren Folgen und Handlungsbedarf

Die Belastung der Oberflächengewässer hat nach der Schließung von Großbetrieben der Kohlechemie stark abgenommen. Latente Gefährdungen gehen von den Flußsedimenten aus (ÖKOR 1993, Stottmeister u. a.). In Sedimentfallen von Weißer Elster und Pleiße lagern allein in der Region Leipzig 1-1,5 Mio m³ Sediment, davon allein im Elsterbecken in der Stadt Leipzig etwa 500 000 m³. Die Sedimente sind insbesondere stark schwermetallbelastet, bis zu 4000 ppm mit Zink, bis zu 300 ppm mit Nickel, bis zu 15 ppm mit Cadmium und bis zu 100 ppm mit Arsen. Die Cadmium- und Zinkgehalte überschreiten die Grenzwerte für Klärschlamm. Trotz hohen Anteils organischer Substanz im Trockensediment von 19–32 % im Elstersediment und 22–40 % im Pleißesediment ist die Konzentration toxischer organischer Stoffe unerwartet niedrig. Zu nennen sind hier polyzyklische aromatische Kohlenwasserstoffe mit Konzentrationen bis zu 70 ppm, darunter besonders Naphtalin und Naphtalinderivate. Toxizidätsmessungen mittels Leuchtbakterientest ergaben, daß die Sedimente toxisch sind. Die Porenwässer jedoch sind nahezu nicht toxisch. Die Pufferkapazität der Sedimente ist gering, so daß in Verbindung mit einem beachtlichen Schwefelgehalt bei Zutritt von Sauerstoff mit einem pH-Wert-Abfall bis auf mindestens 5 zu rechnen ist, weshalb eine Mobilisierung von Schwermetallen nicht ausgeschlossen ist. Wird aus hydrodynamischen Gründen eine Ausbaggerung der Sedimente erforderlich, müssen diese als Sondermüll entsorgt werden (ÖKOR 1993, Stottmeister u. a.). Diese Sedimentkontamination schließt die Verwendung von ungereinigtem Pleiße- und Elsterwasser für die Bewässerung der noch naturnahen aber trockenheitsgefährdeten Auwälder der Elster-Pleißenaue aus. Auch die Flutung von Tagebaurestlöchern mit ungereinigtem Flußwasser ist bedenklich. Der Grund liegt in der noch hohen Gewässerbelastung aber auch in der wahrscheinlichen Aufwirbelung und damit im Eintrag von kontaminierten Flußsedimenten bei Flutungen.

Während die Schwermetallbelastung auf den Agrarflächen infolge ehemaliger Luftbelastung und Immissionen von Stäuben offensichtlich nur eine untergeordnete Rolle spielt, ist in Teilräumen des Ballungsgebietes die Gefahr der Grund-wasserkontamination mit NO_3 offenkundig. Die Ursache ist eine langjährige Überdüngung mit durchschnittlichen Bilanzüberschüssen von mehr als 110 kg N pro ha landwirtschaftlicher Nutzfläche. Landkreise mit Großanlagen der Tierproduktion wiesen besonders hohe Bilanzüberschüsse auf. Die zwölfjährigen Mittelwerte des NO_3-Gehaltes im Sickerwasser der Lysimeterstation Brandis östlich von Leipzig übersteigen bei ortsüblicher Düngung den Grenzwert von 50 mg/l NO_3 auf den Sandlößstandorten um das zwei- bis dreifache, je nach Dichte des Unterbodens. Auf Lößparabraunerde wird der Grenzwert erreicht. (ÖKOR 1993, Knappe u. a.). Da in den nächsten Jahren die stadtnahen Wasserwerke von Bauflächen umschlossen werden und stillgelegt werden müssen, muß dem Schutz von in der Region verbliebenen Grundwasserressourcen vor Stickstoffkontamination entschieden mehr Aufmerksamkeit geschenkt werden als bisher. Eine Entschärfung der Situation ist dadurch eingetreten, daß infolge des Rückgangs der Rinderhaltung auf die Hälfte und der Schweinehaltung auf ein Drittel die Bilanzüberschüsse an Stickstoff innerhalb von drei Jahren deutlich zurückgegangen sind. Inwieweit die Überdüngung der Vergangenheit noch auf die Stickstoffbelastung des in Wasserwerken gewonnenen Rohwassers durchschlägt, wird die Zukunft zeigen.

Landschaftszerstörung durch Bergbau und Landschaftsverbrauch durch Suburbanisierung, Folgen und Handlungsbedarf

Erfolgten in den letzten Jahrzehnten tiefe Eingriffe in die Landschaftsstruktur und den Landschaftshaushalt durch den Braunkohlenbergbau, so ist es gegenwärtig die Suburbanisierung mit noch nicht voll absehbaren Folgewirkungen.

Im westelbischen Braunkohlenbergbaurevier sind in den vergangenen 100 Jahren etwa 560 km² meist landwirtschaftlicher Nutzflächen aber auch Wälder und Siedlungen devastiert worden. Von diesen Flächen sind noch ca. 300 km² zu rekultivieren. Trotz großer Erfahrungen bei der Rekultivierung wird das eine Aufgabe von Jahrzehnten sein. Dabei wird die Herstellung eines geordneten Gebietswasserhaushaltes sicher die schwierigste Aufgabe werden. Zahlreiche der verbliebenen Bergbauholformen werden sich mit Wasser füllen, was auf natürlichem Wege bis zu 200 Jahren beanspruchen würde (Geiseltal). Deshalb wird – auch zur Stabilisierung der rutschungsgefährdeten Tagebauhänge – die Flutung mit Flußwasser vorgesehen. Gegenüber dem Flächenverbrauch bei 115 Mio t Förderung 1988 nimmt sich der Flächenverbrauch bei nur noch 30 Mio t 1993 mit ca 3–4 km² nur noch bescheiden aus. Die Rohkohleförderung wird voraussichtlich weiter zurückgehen und damit der Flächenverbrauch weiter abnehmen.

Die Suburbanisation nimmt in der Region Leipzig-Halle nahezu gigantische Ausmaße an und widerspricht den Grundsätzen der Raumordnungspolitk, sparsam mit Freiflächen umzugehen und die zentralen Orte zu stabilisieren. Ende 1992 waren allein in der Stadtregion Leipzig 49 km² Fläche für künftige Bebauungen bestätigt. (Die administrative Stadtfläche Leipzigs zum Vergleich beträgt 145 km².) Allein entlang der A 14 zwischen Schkeuditzer Kreuz und Leipzig-Engelsdorf werden 15 km² beansprucht für die Flughafenerweiterung, den Bau eines Güterverkehrszentrums, den Neubau der Leipziger Messe, Handelseinrichtungen (Quelleversandhaus, Sachsenpark), Wohngebiete u. a. Die Gärtnereien der Stadtrandzone unterlagen dem Konkurrenzdruck, wurden weitgehend aufgegeben und in die Bauflächen einbezogen. Die zu erwartenden Veränderungen im urbanen Landschaftshaushalt, die sich durch die Flächenversiegelungen und durch den stark gestiegenen PKW-Verkehr ergeben und weiter zunehmen werden, sind noch nicht hinreichend unterucht. Auch die Landschaftszerschneidung durch neue Verkehrstrassen wird weiter zunehmen. Die Flächennutzungs- und Bauleitplanung hat sich schneller vollzogen als die Regionalplanung. Zu den wichtigsten Aufgaben der nächsten Jahre sollte die Abschätzung der neuen Umweltbelastungen durch Suburbanisation und eine angemessene Gegensteuerung sein, zu der auch die Freihaltung von Grünzonen gehören muß.

Wissenschaftliche Aufgaben zur Sicherung der Mehrfachnutzung

Die Sicherung der Mehrfachnutzung von Landschaftseinheiten hat mehrere Voraussetzungen:
1. Die Kenntnis der Naturraumstruktur und der Naturraumpotentiale

Tab. 1: Landnutzung, Niederschlag, Abfluß und Evapotranspiration in Landschaftseinheiten Nordwestsachsens

	Großraum Leipzig	Borna-Böhlener Bergbaulandschaft	Altenburger Lößhügellandschaft	Sandlößebenen d. Leipziger Landes
berücks. Fläche (km^2)	296	467	612	552
	Anteil an den Nutzungsarten in %			
landwirtsch. Nutzfläche	40	49	79	88
Stadt, versiegelt	32	8	4	1
Stadtrand, ländl. Siedlung	16	7	7	9
vegetationsfrei, unversiegelt	2	24	0	0
Wald	9	9	9	2
Wasser	1	3	1	0
Summe	100	100	100	100
N (mm)	550	550	550	550
E (mm)	329	382	429	432
A (mm)	221	168	121	118
E in % des N	60	70	78	79
A in % des N	40	30	22	21

2. Die Bestimmung der in Landschaftseinheiten zu erfüllenden Funktionen
3. Die polyfunktionale Bewertung der Eignung, Leistung und Belastbarkeit von Landschaftseinheiten.

Zur Naturraumstruktur und zur Bestimmung der Naturraumpotentiale hat die Physische Geographie bereits grundlegende Vorarbeiten geleistet (Haase u. a. 1991). Bei der Funktionsbestimmung von Landschaftseinheiten sind die Wirtschafts-, Sozial-, Raumordnungs- und Umweltpolitik, aber auch die Anthropogeographie gefordert. Einen ersten Zugang liefern Studien zur Landnutzung, zur Landnutzungsveränderung und -planung. Die polyfunktionale Bewertung hat zunächst zur Voraussetzung, zu hinterfragen, welche Regulationspotentiale und Regulationsfunktionen insbesondere durch definierte Produktions-, Standort- und Informationsfunktionen beansprucht werden bzw. zu erfüllen sind. Danach kann die Bewertung entweder auf der Grundlage des vorhandenen Wissens erfolgen oder aber auf der Grundlage deutlich zu verbessernder Kenntnisse des Landschaftshaushaltes und seiner Kompartimente. Wesentliche methodische Vorarbeiten mit Beispielen aus Nordwestsachsen zur polyfunktionalen Bewertung auf der Grundlage vorhandenen Wissens haben Niemann u. Koch (1989) geliefert. Als Beispiele seien der Ausweis der Leistung Fremdstoffabbau und der Leistung Erholungseignung sowie der Dispositionen für Wind- und Wassererosion genannt. Wie wichtig die Kenntnis des Landschaftshaushaltes ist, ging schon aus der Erwähnung von Stickstoffbilanzen hervor und soll abschließend an einem weiteren Beispiel gezeigt werden (ÖKOR, Krönert). Bei 550 mm mittlerem Jahresniederschlag unterscheiden sich Evapotranspiration und Abfluß im Lößhügelland um Altenburg, dem Braunkohlenbergbaugebiet südlich Leipzigs und in der Stadtregion Leipzigs sehr stark voneinander (vgl. Tab. 1). Wenn die Wasser- und Waldflächen in der Bergbauregion stark zunehmen, dann wird sich die Evapotranspiration stark erhöhen und der Abfluß abnehmen. Wir dürfen annehmen, daß sich nicht nur die Verfügbarkeit von Wasserressourcen nach Landschaftseinheiten stark differenziert, sondern auch die wassergebundenen Stoffflüsse. Studien zum Landschaftshaushalt von Landschaftseinheiten mittlerer und oberer Ordnung halten wir für eine dringende Forschungsaufgabe der Zukunft.

Literatur:

Goodland, R. (1992): Die These: Die Welt stößt an Grenzen. In: Goodland, R., Daly, H., El Serafi, v. Droste (Hrsg.): Nach dem Brundtlandbericht: Umweltverträgliche wirtschaftliche Entwicklung. Bonn, S. 15–28

de Groot, R. S. (1991): Functions of Nature. Evaluation of nature in environmental planning, management and decision making. Wolters-Noordhoff

Haase, G. u. a.(1991): Naturraumerkundung und Landnutzung. Geochorologische Verfahren zur Analyse, Kartierung und Bewertung von Naturräumen. Beiträge zur Geographie. 34. Berlin (Text und Beilagenband)

Haase, G., Krönert, R. Nagel, Ch. (Projektltr.) (1993): ÖKOR: Ökologische Konzepte für die Region Leipzig-Halle-Bitterfeld - Erhebung von Basisdaten. BMFT-Förderkennz. 0339419 F/I, mit Anlagen, Umweltforschungszentrum Leipzig-Halle, Leipzig

Neumeister, H. u. a. (1991): Immissionsbedingte Stoffeinträge aus der Luft als geomorphologischer Faktor. In: Geoökodynamik 12, H. 1/2, S. 1–40

Niemann, E., Koch, R. (1989): Erläuterungen zur Tabelle der „Funktionsleistungsgrade" von Landschaftseinheiten, Bezirk Leipzig. In: Wiss. Mit. IGG Leipzig 32, S. 85–108

Ring, I. (1993): Marktwirtschaftliche Umweltpolitik aus ökologischer Sicht. Diss. Bayreuth

REGIONALENTWICKLUNG VERSUS NATURSCHUTZ IN BRANDENBURG

Heiner Barsch und Gabriele Saupe, Potsdam

Raumentwicklung vollzieht sich im Widerstreit zwischen sozioökonomischen Interessenlagen einerseits und ökologischen Erfordernissen andrerseits. Im Land Brandenburg ist gegenwärtig zu beobachten, wie der Strukturwandel in Industrie, Landwirtschaft und dienstleistendem Sektor, verbunden mit regionaler Neuorientierung und Veränderungen in den Eigentumsverhältnissen, zu erheblichen Eingriffen in die Flächennutzung führt. Von über 30 000 Erwerbsvorgängen auf dem Grundstücksmarkt im Land Brandenburg vollzogen sich 25 % im engeren Verflechtungsraum von Berlin und Brandenburg. Allein die Kreise Oranienburg und Potsdam-Land verzeichneten 11% aller Erwerbsvorgänge. Fast zwei Drittel der angebotenen Grundstücke (64 %) stellen Rohbau- oder Bauerwartungsland dar, weit mehr als in den Altbundesländern (16%). Das macht den gegenwärtig vor allem im Berliner Umland stattfindenden und zu erwartenden Landschaftsverbrauch deutlich.

Dem spekulativen Druck auf die Umnutzung von Freiflächen versucht das Land Brandenburg mit einem raumordnerischen Strukturkonzept (ROSK 1992) entgegenzuwirken, das dem Leitbild der dezentralen Konzentration verpflichtet ist. In ausreichender Entfernung von Berlin sollen in einem Städtekranz regionale Entwicklungszentren gefördert werden, von denen ausgehend sich eine teilweise selbsttragende Gebietsstruktur entwickeln soll. Dem Erhalt schutzwürdiger Naturräume wird dabei besondere Priorität eingeräumt. Ein landesweiter Biotopverbund, dessen Kernstücke Großschutzgebiete darstellen, wird im integrierten Gesamtplan als prägender Bestandteil des Raumordnerischen Strukturkonzeptes besonders hervorgehoben.

Vor diesem Hintergrund ist im Fachbereich Geographie der Universität Potsdam im Rahmen des BMFT-Projektes „Bewertung und Gestaltung der naturnahen Landschaft in Schutzgebieten, Erholungs- und Freizeitgebieten" ein methodisches Instrumentarium erarbeitet worden (BARSCH/SAUPE 1993), das – modular aufgebaut -landschaftsökologische und sozioökologische Daten integriert. Es kann mit relativ geringem Aufwand an unterschiedliche landes- und landschaftsplanerische Zielstellungen angepaßt werden. Folgende Arbeitsschritte sind dabei erforderlich:

1. Typbezogene Ermittlung von Basisdaten zur Kennzeichnung des Schutzgutes Landschaft und seiner Belastung (Merkmale der Naturräume und Nutzflächengefüge, Präferenzen der Nutzergruppen), ergänzt durch deren lagebezogene Verknüpfung als Merkmalsgruppe von Naturraum-Nutzflächen-Kombinationen;
2. Typbezogene Bewertung der Basisdaten, Darstellung ihrer räumlichen Verknüpfung unter Berücksichtigung von Nachbarschaftseffekten, wie Schadstoffbelastungen, sowie übergebietlichen Rahmenbedingungen;

3. Ermittlung von sensiblen Bereichen und Konfliktfeldern zwischen Naturschutz und freiraumbezogener Erholung sowie zwischen diesen Nutzungszielen einerseits und konkurrierenden Absichten oder Trends der Regionalentwicklung andrerseits;
4. Darstellung des anzustrebenden Landschaftszustandes unter Berücksichtigung möglicher Varianten nach ROSK (1992). Erläuterung der damit verbundenen raumbedeutsamen Erfordernisse. Entscheidungsangebot als Bestandteil von Landschaftsplänen oder im Rahmen von Umweltverträglichkeitsuntersuchungen.

Für die objektbezogene Merkmalskennzeichnung und den dazugehörigen Bewertungsrahmen sind so weit wie möglich vorhandene Anspracherichtlinien übernommen worden. So folgt die Ansprache der Naturräume den Regeln, die zur landschaftsökologischen Erkundung von HAASE (1991) entwickelt worden sind. Nutzflächen werden nach STABIS gekennzeichnet, dem Statistischen Informationssystem zur Bodennutzung des Statistischen Bundesamtes (RADERMACHER 1989). Die Anleitung zur Bewertung des Leistungsvermögens des Landschaftshaushaltes (BALVL) stellt die Grundlage für die aspektbezogene Beurteilung solcher Landschaftseigenschaften, wie Ökotopschutzfunktion, Boden- und Grundwasserschutzfunktion sowie Erholungsfunktion dar (MARKS u.a. 1992). Das erleichtert die Vergleichbarkeit der objektbezogenen Charakteristika.

Die unterschiedliche Dimension der geographischen Objekte muß bei der Kennzeichnungsweise berücksichtigt werden. In der Regel dienen Naturräume der chorischen Dimension als Bezugseinheiten. Handelt es sich um Nanochoren, um Gruppen benachbarter sowie ähnlich ausgestatteter Tope, dann ist eine einheitliche Bewertung in der Regel noch vertretbar. Mikrochoren dagegen, die sich aus miteinander vergesellschafteten Nanochoren zusammensetzen, können nicht als Einheit beurteilt werden. Entsprechend dem Flächenanteil der erfaßten Merkmalsklassen wurden deshalb Möglichkeitswerte für das Auftreten bestimmter Eigenschaften ausgewiesen, die zwischen O und 1 liegen können. Sensible Bereiche, wie die meisten Niederungsgebiete, lassen sich demzufolge sowohl auf Nanochorenbasis kleinflächig kennzeichnen als auch auf Mikrochorenbasis entsprechend ihrer möglichen Empfindlichkeit gegenüber Eingriffen großflächig durch Fuzzy-Sets charakterisieren.

Bei der Erfassung der Flächennutzungsstruktur werden Realflächen zu Funktionsflächen oder Funktionsgebieten entsprechend der Dimension der Betrachtungsweise zusammengefaßt. Funktionsgebiete, die durch die dominierende sozialökonomische Hauptfunktion (z. B. Wohnen, Verkehr, Landwirtschaft, Naturschutz) gekennzeichnet werden, bieten sich als Bezugseinheiten für die Landschaftsrahmenplanung (1 : 50 000) an. Funktionsflächen, die spezifischere Aufgaben erfüllen (Siedlungskerne, Ackerland, Feuchtbiotope usw.), stellen in der Regel die räumliche Basis für die Landschaftsplanung (1 : 10 000) dar. Sensible Bereiche in Bezug auf Naturschutz und freiraumbezoge Erholung können dementsprechend auf beiden Betrachtungsebenen der Flächennutzung benannt werden, beispielsweise Erholungslandschaften in der Rahmenplanung oder Ufersäume mit Erholungswert, Feucht- und Trockenbiotope in der Landschaftsplanung.

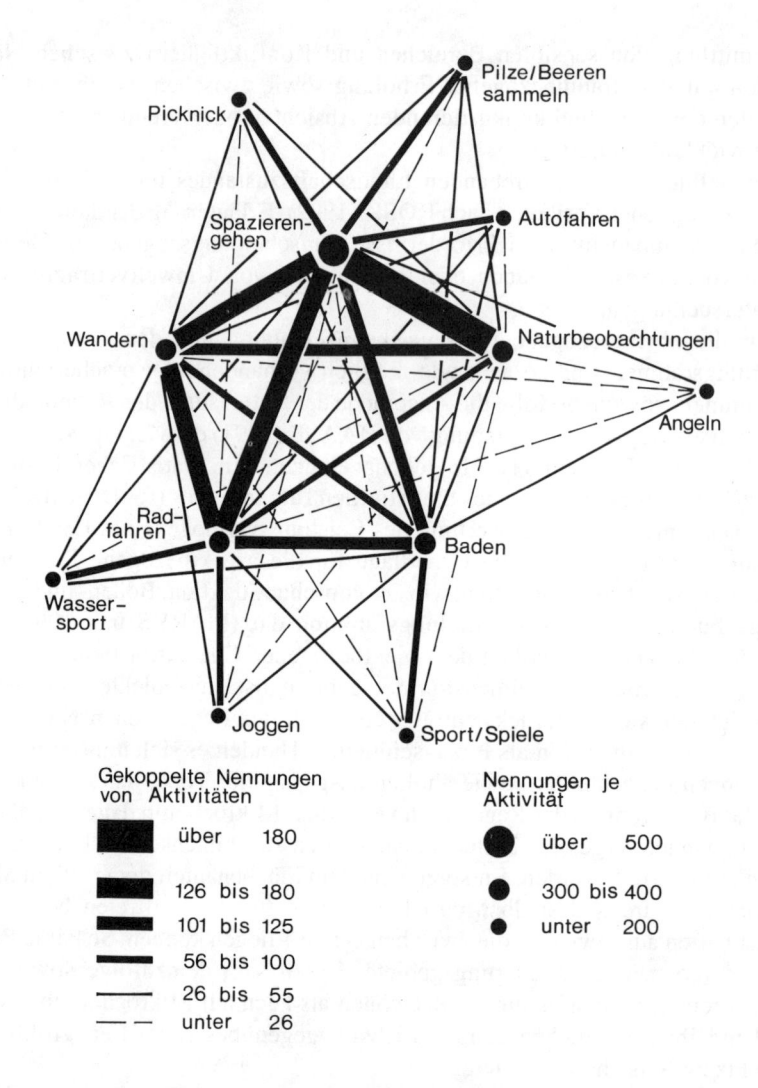

Abb. 1: Freiraumbezogene Aktivitäten von Erholunssuchenden im Havelland
(Befragungen 1992 und 1993, n = 1073)

Subjektbezogene Daten zur Beurteilung von Freiräumen ergänzen und erweitern die objektbezogene Datenbasis. Sie sind durch die Befragung von Erholungssuchenden zu gewinnen. Merkmale, die Erholungsgebiete unterschiedlicher naturräumlicher und infrastruktureller Ausstattung repräsentieren, werden dabei mit wahrnehmungsbedingten Wertungen verbunden. Über Häufigkeitsanalysen und Kontigenztafeln lassen sich unter anderem bevorzugte Aktivitäten und deren Kopplungen ermitteln (Abb. 1). Genauere Aussagen können mit Hilfe von Begriffsverbänden erfolgen, durch die eine Kopplung von Aktivitäten gruppenspezifisch auswertbar und darstellbar ist.

Sowohl die objektbezogenen als auch die subjektbezogenen Daten sind typgebunden. Sie beziehen sich auf Naturraumtypen und Flächennutzungstypen ebenso wie auf Nutzertypen. Sie gehen als Attribute direkt oder indirekt in Sockelbewertungen und Sockelpräferenzen ein, die in einem Geographischen Informationssystem gespeichert werden können. Lage und Geometrie der Objekte lassen sich getrennt in Punkt-, Linien- und Polygonebenen (coverages) digitalisieren. Über Identifizierungsnummern (labels) können Datensätze (records), die typbezogen gewonnen wurden, den einzelnen Objekten zugeordnet werden. Nachbarschaftseffekte werden dabei allerdings nicht berücksichtigt. Die Kennzeichnung solcher prozeßbezogenen Erscheinungen muß, wenn auch nach vorgebenen Richtwerten (BARSCH/SAUPE 1993), die Individualität des Untersuchungsgebietes berücksichtigen. Sie wird erforderlichenfalls zu einer Veränderung der Sockelbewertung führen. So können ein Feuchtbiotop oder ein Ufersaum mit Erholungswert ihre jeweilige Funktion nicht erfüllen, wenn Schadstoffeinträge aus der Nachbarschaft Boden-, Grund- und Oberflächenwasser belasten.

In der Döberitzer Heide westlich Berlin, die nach dem vorgestellten Verfahren untersucht wurde, war die Verknüpfung von Sockelbewertungen und Sockelpräferenzen mit der Berücksichtigung von Nachbarschaftswirkungen ein wesentlicher Punkt bei der Entwicklung von Planungsgrundlagen. Die Döberitzer Heide, unmittelbar vor den Toren Berlins gelegen, diente fast 250 Jahre lang als preußisch-deutscher Truppenübungsplatz. Nach dem 2. Weltkrieg übernahm bis 1992 die sowjetische Armee das Gelände. Nach derem Abzug gibt es viele Interessenten für die freigezogenen Flächen, die nunmehr das Bundesvermögensamt verwaltet.

Der Zustand dieser Flächen wird von großen Gegensätzen geprägt. Neben bis vor kurzem völlig devastierten Bereichen, wie ehemaligen Bereitstellungsräumen, Panzerfahrstrecken und Schießplätzen, auf denen sich jetzt Pioniergesellschaften des Sandtrockenrasens ausbilden, trifft man auf naturnahe Stieleichen-Birkenwälder auf einzelnen Hügeln sowie auf Pfeifengraswiesen am Rand und Schilfbestände oder Moorgebüsche im Zentrum der Niederungen. Eine objektbezogene Bewertung des Landschaftszustandes (Auszug Abb.2) zeigt, daß der Ökotopwert, der in fünf Stufen unter anderem Artenreichtum, Originalität und Naturnähe der Vegetation berücksichtigt, innerhalb der Niederungen am höchsten ist, auf dem Übungsgelände der Platten- und Hügelgebiete am geringsten. Die Grundwasserschutzfunktion der sandigen Hügel und der Niederungen muß ebenfalls als gering eingeschätzt werden. Die lehmunterlagerten Platten schneiden besser ab, weil hier der Geschiebemergel als Sperrschicht vorhanden ist. Dort befindet sich auch das Tanklager der ehemals sowjetischen Truppen, dessen Umgebung stellenweise von Öl und Benzin durchtränkt ist. Militärschrott, zunehmend ergänzt durch zivil „entsorgte" Autowracks, findet man ebenfalls in erster Linie auf der Grundmoränenplatte. Bei den überall anzutreffenden Munitionsresten handelt es sich um Übungsmunition. Scharf geschossen wurde in Döberitz nicht.

Die Landschaftsplanung muß deshalb die Sanierung der Schadstoffquellen auf den Platten fordern. Wenn auch nach den bisher vorliegenden Befunden die

Profil durch die Döberitzer Heide (westlich Berlin)

Aktuelle Vegetation
- ♀ Stieleichen – Birkenwald
- ♀ Stieleichen – Birkenwald mit Linden, Ahorn, Pappeln
- III Trockenrasen
- v Pfeifengraswiese
- ∀ Röhricht

Substrat
- Sand
- Kies
- Geschiebemergel
- Anmoor
- Moor

- B1–4 Bohrungen
- P1–5 Bodenprofile
- ■ Bunker
- ○ Aufstellungsraum
- ∇ Panzerstrecke
- ⊔ Ruine

Realflächennutzung nach STABIS								
81 Feucht-gebiet	953	aufgelassene Wald		Truppenübungsplätze Wald				Wald

Nanochorentypen					
521 grundwasserbestimmte Torftiefsandebene	110 sandig-kiesiger Hügel	415 starkwellige sandig-lehmige Platte	518 grundwasserbeeinflußte humose sandig-lehmige Platte	415

Ökotopschutzfunktion								
4	2	3	3	2	4	4	3	3

Grundwasserschutzfunktion								
1	2	2	3	3	2	2	1	3

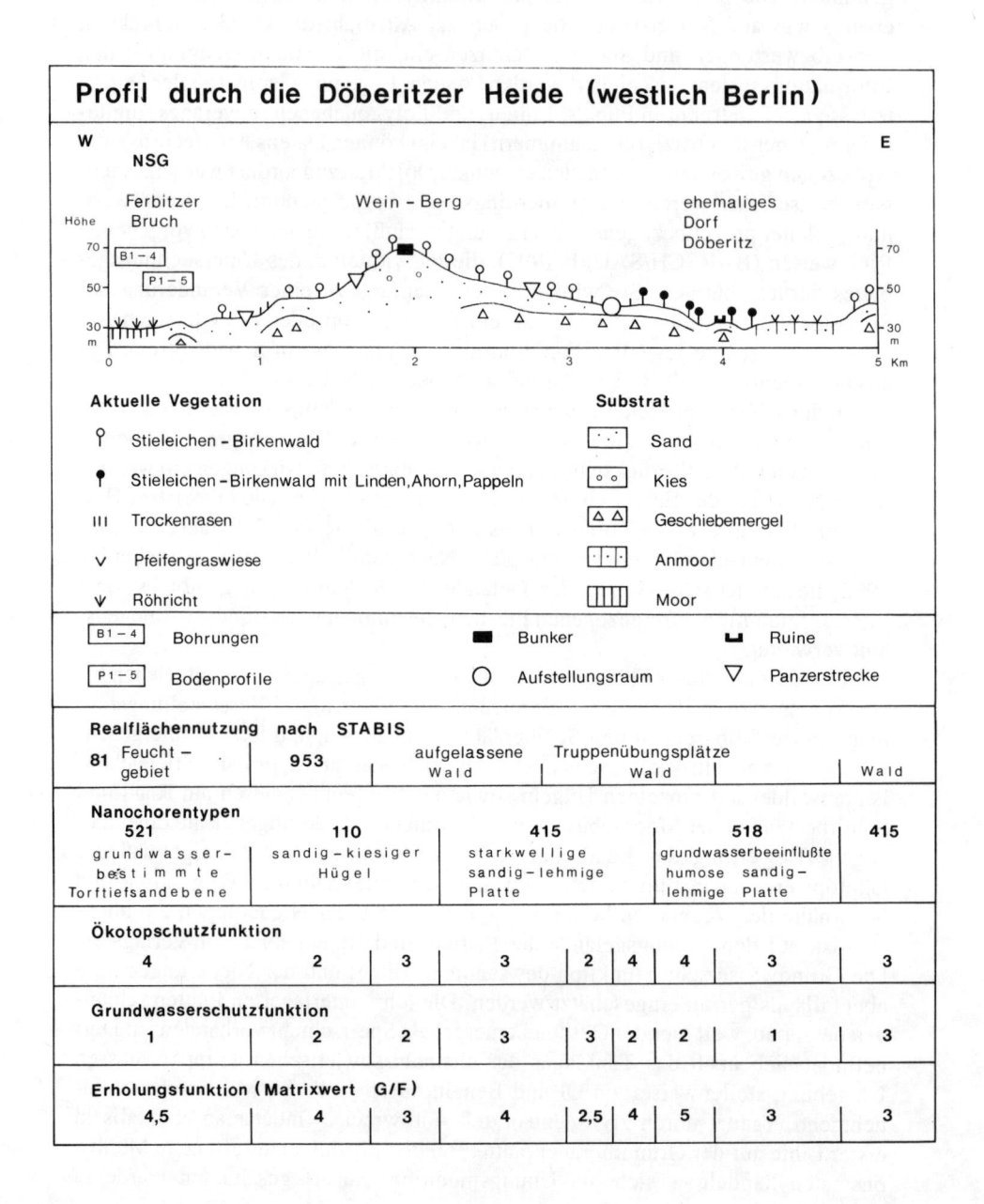

Erholungsfunktion (Matrixwert G/F)								
4,5	4	3	4	2,5	4	5	3	3

Abb. 2: Profil durch die Döberitzer Heide (westlich Berlin)

Schwermetall- und Kraftstoffbelastung der Niederungen gering ist, so müssen doch diese potentiellen Schadstoffsenken vor weiterem Eintrag geschützt werden. Die bereits unter Naturschutz gestellten Endmoränen und Niederungen im Westteil des Truppenübungsplatzes können sinnvoll mehrfach genutzt werden. Sie sollten der Vielzahl von Erholungssuchenden, die in der Umgebung Berlins wandern und die Natur beobachten wollen (vgl. Abb. 1), geöffnet werden. Allerdings ist Wegezwang erforderlich. Für Kraftfahrzeuge müssen am Westrand der Döberitzer Heide Parkplätze geschaffen werden. Eine Übernahme des Ostteils als Standortübungsplatz durch die Bundeswehr in Abstimmung mit den Nachbargemeinden, die Bauland fordern, wäre denkbar.

Diese Aussagen sind an Hand der beschriebenen Bewertungsalgorithmen gewonnen worden und dementsprechend auch im Einzelnen belegbar. Gleiches gilt für andere Arbeiten, die nach dem vorgestellten Verfahren erfolgt sind, wie Beiträge zur Landschaftsplanung im Spreewald, zur Landschaftsrahmenplanung im Havelgebiet westlich Werder und zur Entwicklung eines landesweiten Biotopverbundes in Brandenburg. Das Schutzgut Landschaft ist bei der Untersuchung der Umweltverträglichkeit des Flugplatzes Berlin-Brandenburg-International ebenfalls in dieser Weise bewertet worden. Das alles versteht sich als Versuch, mit nachvollziehbaren Entscheidungsgrundlagen den politischen Gestaltungswillen zur nachhaltigen Sicherung natürlicher Lebensgrundlagen zu fördern, da man in Gebieten, die einem hohen Flächennutzungsdruck unterliegen, nicht a priori von einer Kompromißbereitschaft der unterschiedlichen Raumakteure ausgehen kann.

Literaturverzeichnis

Barsch, H. und G. Saupe (1993): Zur Integration landschaftsökologischer und sozioökologischer Daten in gebietliche Planungen. Potsdamer Geographische Forschungen, Heft 4. Potsdam.

Haase, G. (1991); Naturraumerkundung und Landnutzung. Beiträge zur Geographie, Band 34. Berlin.

Marks, R., M. J Müller, H. Leser und H. J. Klink (1992): Anleitung zur Bewertung des Leistungsvermögens des Landschaftshaushaltes (BA LVL). Forschungen zur Deutschen Landeskunde, Band 229. 2. Auflage, Trier.

Radermacher, W. (1989): Statistisches Informationssystem zur Bodennutzung. In: W. Markwitz und R. Winter(Hrsgb.): Fernerkundung – Daten und Anwendungen. Karlsruhe, S. 19–30.

ROSK (1992): Raumordnerisches Strukturkonzept für das Land Brandenburg. Basel/Berlin/Frankfurt.

GIBT ES EINEN ÄSTHETISCHEN LANDSCHAFTSVERBRAUCH?
Das Beispiel der Errichtung von Windenergieanlagen

Jürgen Hasse, Frankfurt

Unter Landschaftsverbrauch verstehen wir in der Ökologie eine Reduzierung von Naturpotentialen, die auf einen Verlust der Eigenart und eine Verminderung der Artenvielfalt eines Ökosystems hinausläuft. Wer eine Feuchtwiese entwässert, verbraucht in diesem Sinne Natur. Der Bau einer Tiefgarage „auf" diese Fläche würde diesen Verbrauch beschleunigen. Der Verlust des ökologischen Potentials kann an konkreten Indikatoren abgelesen werden (z.B. an der sinkenden Zahl von Uferschnepfen).

Es ist in der naturschutzbehördlichen Fachplanung üblich, Landschaftsverbrauch auf der Grundlage des § 1 des Bundesnaturschutzgesetzes nach den Kriterien „Eigenart" und „Vielfalt" zu bewerten. Deutlich am Rande der naturschutzbehördlichen Aufmerksamkeit steht die dritte im § 1 genannte Kategorie, die dem Schutz der „Schönheit von Natur und Landschaft" gilt.[1] Mit diesem gesetzlichen Akzent wird als kategoriales Ziel des Naturschutzes und der Landschaftspflege ein ästhetischer Anspruch unterstrichen. Dieser steht für die bebaute Umwelt in angepaßter Form auch im BauGB (§ 35 Abs. 3), wonach eine „Verunstaltung des Landschaftsbildes" eine Beeinträchtigung öffentlicher Belange darstellt.

1. Windenergie und Landschaftsästhetik

Im folgenden soll der Ausgangsfrage am Beispiel der Errichtung von Windkraftanlagen nachgegangen werden, denn ein Eingriff in die „Schönheit von Natur und Landschaft" (i.S. des BNatSchG) liegt dann im allgemeinen vor. Solche Vorhaben werden zu einem planerischen Problem für die Naturschutzbehörden, wenn eine relativ große Dichte von Anlagen die Kulturlandschaft voraussichtlich nachhaltig verändern wird. Jede moderne Anlage überschreitet mit einer Bauhöhe von 60–80 m die Höhe der Vegetation deutlich. Sie ist deshalb über viele Kilometer sichtbar. Bei der Bildung großer Windenergieparks (auf dem Wybelsumer Polder bei Emden wird z.B. ein 30 MW-Park mit ca. 60 Anlagen zu je 0,5 MW geplant) müssen neue 110 KV-Schienen an die 220 KV-Hauptachsen verlegt werden, um die Stromabfuhr in die regionalen Zentren zu ermöglichen. Auch dadurch verändert sich das Landschaftsbild nachhaltig.

---

[1] Vgl. Gesetz über Naturschutz und Landschaftspflege (Bundesnaturschutzgesetz – BNatSchG) in der Fassung vom 12.3.1987 (BGBl. I S. 889) sowie Niedersächsisches Naturschutzgesetz in der Fassung vom 2.7.1990 (Nieders. GVBl. S. 235) sowie Blum, P./Agena, C.-A./Franke, J. (1990): Niedersächsisches Naturschutzgesetz – Kommentar, Wiesbaden.

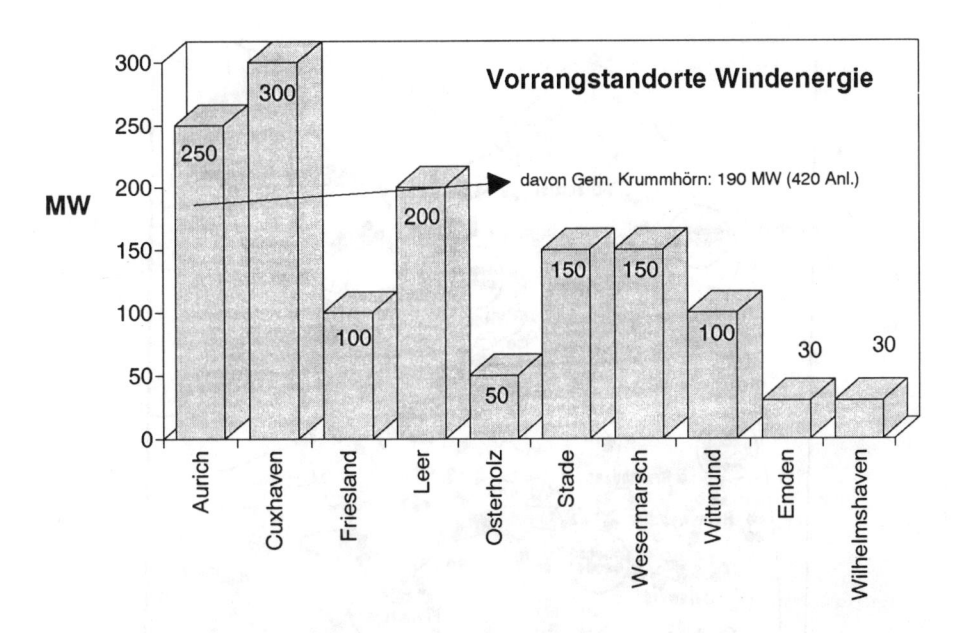

Abb. 1: Vorrangstandorte für Windenergiegewinnung nach dem Niedersächsischen Landesraumordnungsprogramm (Entwurf 1993) = 1.360 MW.

1.1. Energiepolitischer Rahmen

Seit dem 1. 1. 1991 ist das Energieeinspeisegesetz als Bundesgesetz rechtskräftig. Es will die Nutzung erneuerbarer Energiequellen fördern. So werden für jede Kilowattstunde elektrischer Energie, die ins öffentliche Stromnetz eingespeist wird, bis zu 16,6 Pfennige gezahlt. Förderprogramme des Bundes und der Länder stellen Investitionszuschüsse zur Errichtung einer Anlage bereit.

Die primären Förderländer liegen wegen höherer mittlerer Windgeschwindigkeiten von rd. 5 m/sec. im Norden der BRD. Der Entwurf des Landesraumordnungsprogrammes Niedersachsen[2] sieht z.B. die minimale Ausweisung von Windenergie-Vorrangstandorten für 1.360 MW Nennleistung vor. Diese entspricht in etwa der eines Kernkraftwerkes (z.B. KKW Nordenham/Unterweser); jedoch ist die energietechnische Verfügbarkeit eines KKW fast dreimal so hoch. Die Träger der Regionalplanung sollen darüberhinaus aber zusätzliche Flächen ausweisen, so daß ein hoher Erschließungsdruck besteht (vgl. Abb. 1). Die Ausweisung einer relativ hohen Dichte an Standorten spiegelt – zumindest für die Bundesländer Niedersachsen und Schleswig-Holstein – einen starken ökologistischen Akzent der Landesplanung wieder (offensichtlich als Folge der Beteiligung der „Grünen" an SPD-Regierungen).

---

2 Vgl. Landes-Raumordnungsprogramm Niedersachsen, Entwurf, Teil I und Teil II, Nds. Landtag, Drucksache 12/4940.

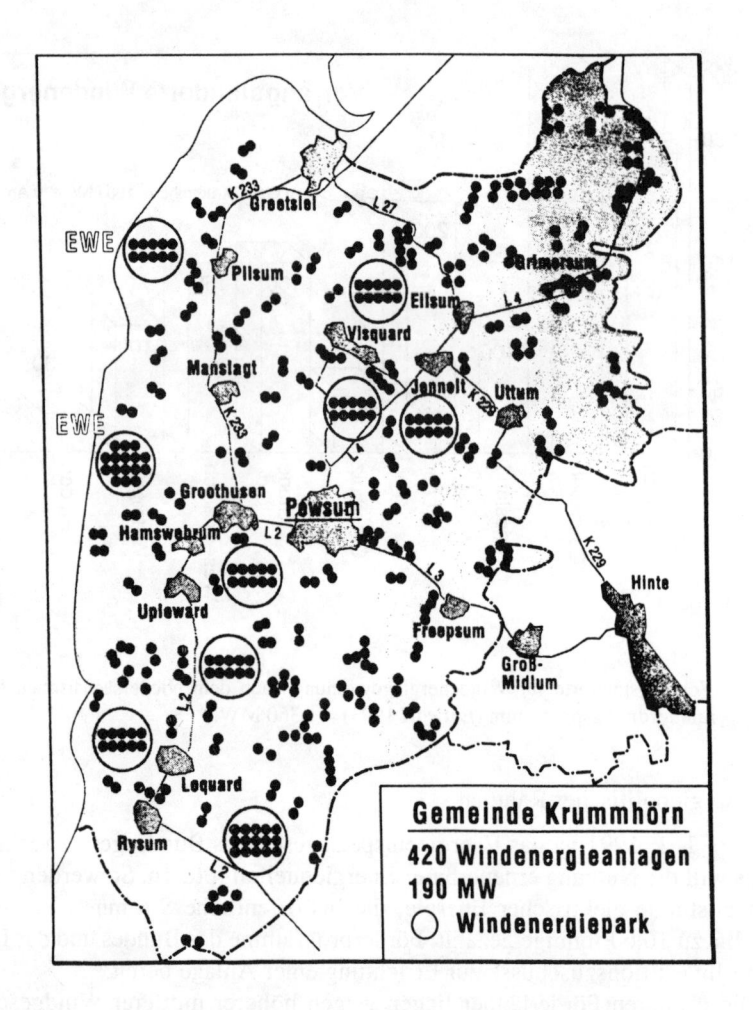

Abb. 2: Ausweisung von Standorten für Windkraftanlagen für das Gebiet der Gemeinde Krummhörn (Landkreis Aurich); Quelle: Nordwestzeitung vom 9.2.1993.

Die starke Förderung der Windenergie schlägt über die Ausweisung entsprechender Flächen auf der Ebene der Regionalplanung bis in die Planungsebene der Kommunen durch. Die Landkreise werden mit Bauanträgen zur Errichtung von Windkraftanlagen seit mehr als einem Jahr förmlich überflutet (vgl. Abb. 2). Neben Landwirten, die in der Nähe des eigenen Betriebes eine Einzelanlage errichten wollen, beantragen einzelne kapitalkräftige Geldanleger und Unternehmen Genehmigungen für mehrere Anlagen. Wenngleich eine umweltpolitische Weichenstellung zur Gewinnung umweltfreundlicher Energien durch Bund und Länder evident sein mag, so ist die individuelle Motivation der Antragsteller zur Realisierung entsprechender Erschließungsprojekte sicher nicht Ausdruck einer primär ökologischen Gesinnung. Es dominiert das ökonomische Gewinninteresse.

Aufgrund sicherer Renditen gewähren Banken bei Nachweis einer effektiven Windgeschwindigkeit von 5 m/sec. in 10 m Höhe eine 100%ige Fremdfinanzierung für den nicht durch staatliche Mittel geförderten Restbetrag (das sind etwa 50 % der Investitionen).

Die energietechnische Effizienz von Windkraftanlagen dürfte in Zukunft noch beträchtlich optimiert werden können – sofern nach dem momentanen Erschließungsboom noch Freiflächen vorhanden sein sollten. Mängel liegen derzeit noch in einem unzureichenden Gesamtertrag von Anlagen mit relativ kleiner Leistung (z.B. 150 KW) bei einem gleichzeitig großen Flächenanspruch (Rotor-Durchmesser rd. 23 m, Anlagenhöhe rd. 45 m) sowie in einem hohen Gesamterstellungsaufwand (in Kapital und Energie). Es kommen neben einer nur etwa 30%igen Verfügbarkeit Leitungsverluste durch Stromeinspeisung ins öffentliche Netz hinzu, da der erzeugte Strom zum allergrößten Teil nicht dezentral an Ort und Stelle verbraucht wird. Kleinere und weitaus billigere Anlagen zur dezentralen Stromerzeugung befinden sich zwar in der Entwicklung, haben aber aus subventionspolitischen Gründen z.Z. keine Chancen am Markt für alternative Energietechnologien. In der Entwicklung befinden sich auch Großanlagen, wie der Aeolus II von MBB mit einer Nenn-Leistung von 3 MW (Rotor O 80 m, Nabenhöhe > 90 m).

Unter Berücksichtigung der von den Genehmigungsbehörden zugrundegelegten Flächenansprüche von durchschnittlich 1 km^2 für 10 MW wäre für die Errichtung eines 1.360 MW-Windkraftpotentials (die das Land Nds. realisieren will) ohne Berücksichtigung von Siedlungs- und anderen Sperrflächen ein Gebiet von rd. 140 Km^2 erforderlich. Dieser Flächenbedarf würde sich im Falle der Installation großer Anlagen reduzieren (z.B. mit 90m-Rotoren).[3]

1.2. Empirische Ergebnisse

Zur Erarbeitung inhaltlich begründbarer Kriterien zur Entscheidung über Bauanträge zur Errichtung von Windkraftanlagen unter dem besonderen Aspekt einer möglichen Beeinträchtigung der „Schönheit von Natur und Landschaft" hat der Verfasser in einer Arbeitsgemeinschaft mit dem Büro für Landschaftsplanung Schwahn (Göttingen) im Auftrage des Landkreises Wesermarsch 1992 eine dreiteilige empirische Studie erarbeitet. Darin sind die folgenden methodischen Ansätze angewendet worden:
a) Delphibefragung mit dem Ziel der Nutzung von Expertenwissen aus der bisherigen behördlichen Genehmigungspraxis;
b) Qualitative Befragungen von Regionsansässigen und Touristen als „Nutzer" der Kulturlandschaft (Akzenptanz-/Präferenzstudie);
c) landschaftsplanerische Analyse zur Bestimmung geeigneter Standorte und zur Umsetzung der naturschutzrechtlichen „Eingriffsregelung" (d.h. auch Ausgrenzung besonders empfindlicher Landschaftseinheiten).

---

3 Vgl. Hasse, J./ Schwahn, Chr. (1992): Windkraft und Ästhetik der Landschaft, Beispiel Wesermarsch, interdisziplinäre Studie in drei Teilen, im Auftrage des Landkreises Wesermarsch, Bunderhee und Göttingen.

Aus Platzgründen erfolgt hier eine Begrenzung auf einige wichtige Ergebnisse der zu (b) durchgeführten 20 Interviews (je 10 mit Regionsansässigen und Touristen).[4] Im Mittelpunkt der offenen Gespräche stand der bevorstehende Wandel der Region (Artikulation von Akzeptanz- oder Verweigerungsargumenten). In allen Gesprächsabschnitten galten die Regeln eines offenen, qualitativen Interviews.[5]

Die wichtigsten Ergebnisse werden in Form von Thesen zusammengefaßt:
– Touristen (wie Ortsansässige) stehen der Nutzung regenerierbarer Energiequellen grundsätzlich aufgeschlossen gegenüber.
– Sowohl Touristen als auch Ortsansässige machen sich den bevorstehenden Wandel durch „schlechte" Vergleiche erträglich: „An Hochspannungsleitungen haben wir uns gewöhnt, dann werden wir uns auch an WEA gewöhnen." Es gibt viele dieser oder ähnlicher kognitiver Legitimationsstrategien, die in den qualitativen Interviews zum Ausdruck kommen. Legitimierende Vergleiche dieser und anderer Art sind aber keine Zustimmung. Eher kommen in ihnen ästhetische Selbstdisziplinierungen zum Ausdruck, die als abgeklärte Vorbereitungen auf den bevorstehenden Wandel der Landschaft fungieren. Es ist die Einstimmung auf einen Wandel, der mehr oder weniger notgedrungen hingenommen wird – wenngleich für eine „gute Sache".
– Der bevorstehende Wandel ist subjektiv schwer vorstellbar und deshalb auch der Sozialforschung nicht unmittelbar zugänglich. In diese Indifferenz wirken zusätzlich politische Moralisierungen ein. Das führt zu Verzerrungen in der Antizipation; zwei Beispiele:
  – Windenergie wird als politische und faktische Alternative zur Kernenergie gesehen (die Bundesregierung plant ab 1997 aber die Errichtung von 8 KKW zu je 1.300 MW);
  – WEA werden als Superkraftwerke idealisiert („ein paar Anlagen können ein KKW ersetzen"; ein 1.300 MW-KKW erfordert aber rd. 6.900 Anlagen zu je 400 KW bzw. über 900 Anlagen des Typs AEOLUS II mit je 3 MW).

Der Kern dieser und ähnlicher Aussagen liegt „hinter" dem Text: Rede und Sprache fallen auseinander. Geredet wird über fast grenzenlose Akzeptanz, gesprochen über Unsicherheit, Unbehagen und die (übernommene?) Moral, etwas positiv erleben zu müssen bzw. zu sollen. Eklatante Informationsdefizite werden deutlich. Diese sind aber angesichts einer geradezu exzessiv betriebenen Öffentlichkeitsarbeit der zuständigen Ministerien eher Produkt als Mangel behördlicher Öffentlichkeitsarbeit.

---

4 Eine Zusammenfassung der Ergebnisse des gesamten Gutachtens ist veröffentlicht in Umwelt Kommunal, H. 181 vom 25.5.1993, Hasse, J. / Schwahn, Chr. (1993): Zur landschaftsästhetischen Bewertung von Windenergieanlagen.
5 Vgl. Hopf, Chr. (1991): Befragungsverfahren; in: Fick, U. u.a. (Hrsg. 1991): Handbuch Qualitative Sozialforschung, München; Mayring, P. (1990): Einführung in die qualitative Sozialforschung, München; Witzel, A. (1982): Verfahren der qualitativen Sozialforschung, Frankfurt/M.

- Ortsansässige sehen den Wandel ihrer Umwelt „politischer" als Touristen. Für Ortsansässige steht die Umgestaltung der eigenen Lebenswelt bevor, für Touristen dagegen nur die Veränderung der Ausstattung einer Ferienwelt, die nach Belieben getauscht werden kann, wenn sie nicht mehr gefällt. Ferienwelten sind strukturell flüchtig. Man kann sie auch als Oberflächen begreifen, die je nach Freizeit- und Erholungsbedarf ausgewählt und gegebenenfalls wieder verworfen werden. Für Ortsansässige kommen dagegen weitaus vitalere Beurteilungskriterien ins Spiel (Erhaltung der sozialen Perspektive identitätsstiftender Wege der Umweltaneignung).
- Regionsansässige und Touristen empfinden die offene Marsch- bzw. Küstenlandschaft als regionscharakteristisch. Sie erleben deshalb starke visuelle Eingriffe durch hohe Windkraftanlagen (mit drehenden Rotoren) als störend.
- Touristen halten solche Standorte für besonders geeignet, „die man nicht sehen kann." Abgesehen davon, daß es diese aufgrund der Bauhöhe moderner Anlagen kaum geben kann, kommt hier eine wichtige Wahrnehmungspräferenz zum Ausdruck: Die eigenen „Bilder" der Landschaft dürfen durch Hinzufügung ‚störender' Objekte nicht ‚beschädigt' werden.

Hier verläuft die zentrale Konfliktlinie zwischen der Ästhetik der Autochthonen und der Ästhetik der Allochthonen: dauerhafte und zeitlich befristete Identifiaktion mit einer Region stehen angesichts einer einschneidenden Umweltveränderung (zumindest latent) gegeneinander.

- Als „gute" Standorte für Windkraftanlagen treten in der Wahrnehmung von Regionsansässigen und Touristen solche Standorte hervor, die durch technische und gewerbliche Anlagen bereits stark aus dem kulturlandschaftlichen Gefüge herausgehoben sind. Windkraftanlagen werden im Kontext einer ‚genutzten' Landschaft als gewerbliche und – je nach räumlicher Konzentration – als Industrieanlagen gesehen. Dennoch birgt auch diese Präferenz ein Konfliktpotential, denn bereits belastete Räume können überlastet werden. Zur letztlichen Entscheidung über konkrete Standorte müssen deshalb landschaftsplanerische Detailkonzepte erarbeitet werden.

1.3. Schlußfolgerungen für die Frage nach einem ästhetischen Landschaftsverbrauch

Das in der naturschutzrechtlichen Norm „Schönheit" (von Natur und Landschaft) liegende ästhetische Maß bedarf einer wert-inhaltlichen Konkretisierung. Da es sich um ein (sub-) kulturelles und zugleich individuelles Maß handelt, sind hierbei u.a. die folgenden Punkte zu berücksichtigen:

a) Das begriffliche Konstrukt „Landschaftsästhetik" führt nur dann zu einem theoretisch tragfähigen Frage- und Forschungsansatz, wenn die in ihm liegende Tautologie ‚hintergangen' wird. Die „Ästhetik der Landschaft" wäre in diesem Sinne als ein selbstreferentieller Prozeß zu begreifen: ein Subjekt betrachtet seine eigenen Bilder durch ein Bild, das wiederum individuell und gesellschaftlich erzeugt ist.[6]

6 Vgl. Wenzel, J. (1991): Über die geregelte Handhabung von Bildern; in: Garten + Land-

b) Das Kriterium „Schönheit" ist in eine ästhetische Fragestellung hinein zu verlängern, denn Schönheit bringt nur eine subjektive Beziehungsqualität zum Ausdruck, die von ästhetischen Einstellungen abhängt (etwa i.S. Seels solche der Kontemplation, der Korrespondenz und der Imagination[7]). Diese bilden sich in einem biographisch und gesellschaftlich komplexen Kontext von Aneignungsprozessen heraus.
c) Eine theoretisch angemessene Erfassung dieser Prozesse wird durch die Zugrundelegung des klassisch-griechischen Ästhetik-Begriffes (als aisthesis) erleichtert. Dieser steht für die „Wahrnehmung mit allen Sinnen" bei gleichzeitig starker emotionaler Beteiligung.[8] Da die sinnliche Wahrnehmung aber stets in einem konstitutiven Verhältnis zum Nicht-Wahrgenommenen (dem Anästhetischen) steht, ist die Spannung zwischen Ästhetik und Anästhetik in den Blick zu nehmen.
d) Indem Wahrnehmung für das Subjekt Wahrheit begründet, ist sinnliche Wahrnehmung an den Rahmen der Sinn-Wahrnehmung gebunden.[9] Damit steht die Frage nach der „schönen Landschaft" im Kontext des Politischen.
e) Ästhetische Verhältnisse zur Natur ist als mimetische zu begreifen, die ‚zwischen' einer fiktionalisierenden Rezeption und Produktion ‚schwimmen'. Mit anderen Worten: Jede Wahrnehmung stößt (rezeptiv) immerzu auf die eigenen Bilder, wie die eigenen Bilder aber auch (produktiv) in das sich präsentierende Objekt zurückschießen, das schließlich wieder subjektiv anverwandelt wird.
f) Bevorstehende oder ablaufende Veränderungsprozesse in einer vertrauten Umwelt wirken als Katalysatoren (i.S. von Aporien) wie „Entwickler", die der eigenen Wahrnehmung verborgen gebliebene Muster sichtbar machen. Bilder werden in ihrer generativen Funktion bewußt, und Kriterien der Beurteilung werden erzeugt. Die Wahrnehmung kommt in diesem Moment der Umwälzung ihrer Voraussetzungen zu sich selbst.

Vor diesem Hintergrund können wir dann von einem ästhetischen Landschaftsverbrauch sprechen, wenn eine Umwelt in mindestens einer ästhetischen Einstellung (der Kontemplation, der Korrespondenz oder der Imagination) einen atmosphärischen Wandel erfährt, der in einem eingeschränkteren Maße auf das „Bewußtsein der Möglichkeit gelingenden Lebens" (Seel[10]) einwirkt. Die vor allem in den ästhetischen Einstellungen der Korrespondenz und der Imagination liegenden Sinn-Wahrnehmungen bilden einen konstitutiven Rückbezug zum Bewußtsein dieser Möglichkeit. Antworten auf die Frage nach einem ästhetischen Landschaftsverbrauch artikulieren sich zwar subjektiv, sind aber darin stets Aus-

---

schaft, H. 3, S. 19 ff.; Warnke, M. (1992): Politische Landschaft, München; Hasse, J. (1993): Ästhetische Rationalität und Geographie, Wahrnehmungsgeographische Studien zur Regionalentwicklung, H. 12, Oldenburg.
7 Vgl. Seel, M. (1991): Eine Ästhetik der Natur, Frankfurt/M.
8 Vgl. Zur Lippe, R. (1987): Sinnenbewußtsein, Reinbek.
9 Vgl. Welsch, W. (1993): Ästhetisierung – Schreckensbild oder Chance?; in: Kunstforum, Bd. 123, S. 228-235.
10 Vgl. Seel a.a.O., S. 343.

druck allgemeiner gesellschaftlicher Wandlungen im Umgang mit der Natur. Es spiegeln sich also hier Prozesse, die oft auf ganz anderen Feldern ablaufen, als auf denen, mit denen man es in der ‚Landschaftsästhetik' zu tun hat. Die Ergebnisse der qualitativen Befragungen haben deutlich gezeigt, daß es die „schöne Landschaft" – zumindest im Moment eines nutzungsbezogenen Zugriffs – nie ohne Zwecke gibt. Die Entscheidung über die Frage, ob i.S. des § 1 BNatSchG eine Beeinträchtigung öffentlicher Belange vorliegt, weil die „Schönheit von Natur und Landschaft" beeinträchtigt oder i.S. des BauGB die Landschaft „verschandelt" wird, bedürfte deshalb – nähme man die Norm ernst – äußerst aufwendiger interdisziplinärer Forschungen.

FACHSITZUNG 3:
BODEN-, GEWÄSSER- UND BIOTOPSCHUTZ

STRUKTUR DER BODENDECKE, BODENDEGRADATION UND GEWÄSSERBELASTUNG IM NORDOSTDEUTSCHEN TIEFLAND

Rolf Schmidt, Eberswalde

Problemlage

Boden- und Gewässerschutz erfordern umfangreiche und komplexe Informationen als Voraussetzung für eine umweltverträgliche Bewirtschaftung. Dazu gehören sowohl konkrete Zustands- und Belastungsdaten als auch regionale Aussagen zu landschaftsbezogenen Eigenschaften und Stoffkreisläufen. Die Geographie kann einen spezifischen Beitrag zu dieser Problematik leisten, indem sie pedologisch und hydrologisch relevante Hintergrunddaten bereitstellt, die sowohl für die Einordnung von Einzel- bzw. Punktwerten als auch für die räumliche Verallgemeinerung herangezogen werden können. Aus diesem Grunde gewinnen geoökologische Charakteristiken für Naturräume unterschiedlicher Dimension und ihre Untersetzung mit Wertefeldern bzw. Normativen für ausgewählte Parameter zunehmend an Bedeutung.

Dies gilt auch und in besonderem Maße für das nordostdeutsche Tiefland, in dem sich gegenwärtig ein für europäische Maßstäbe relativ gravierender Nutzungswandel vollzieht. Flächenstillegung und -umwidmung, Extensivierung, Schutzgebietsmanagement und die Entwicklung des ländlichen Raumes sind u.a. abhängig von den natürlichen Bedingungen und wirken auf diese zurück. Deshalb soll am Beispiel der Faktoren Boden und Wasser gezeigt werden, welche Bedeutung deren Ausprägung und landschaftsbezogene Differenzierung für die Beurteilung von Naturraumpotentialen und Nutzungsrisiken haben kann. Im einzelnen geht es um folgende Fragestellungen:
– Welche Bedeutung hat die Bodendecke für die Beurteilung und Planung des Nutzungswandels in Nordostdeutschland? Welche Grundgrößen und anthropogenen Veränderungen bestimmen die Potentiale und Gefährdungsabschätzungen?
– Welche Bedeutung haben Bodendecke und Bodennutzung für den Zustand und die Veränderung der Gewässer? Welche Besonderheiten der Gewässernutzung sind aufgrund der regionalen klimatischen und hydrologischen Situation zu beachten?

Materialgrundlagen

Die Unterlagen, die zur Beantwortung dieser relativ komplexen Fragestellungen herangezogen werden, betreffen:
1. Geländebodenkundliche und experimentelle Fallstudien in Testflächen zur

Untersuchung der Heterogenität sowie der anthropogenen Veränderung der Bodendecke (SCHMIDT 1991 a) sowie
2. regionale Verallgemeinerungen, die von den Fallstudien ausgehen und unter Nutzung vorhandener Flächendaten aus Boden- und Standortkarten zu landschaftsbezogenen Aussagen führen, wie dies am Beispiel der Bodendegradationsprozesse Wasser- und Winderosion, Bodenverdichtung, Vernässung und Humusabbau in SCHMIDT (1991 b) dargelegt worden ist. Das Prinzip der Regionalisierung in diesem landschaftsbezogenen Maßstabsniveau besteht

   a) in der Ableitung von Catena-Typen, die es ermöglichen, Einzeldaten bzw. deren regelhafte räumliche Veränderung nach charakteristischen Abfolgen oder Parameter-Mustern zu verallgemeinern (FRIELINGHAUS et al. 1992) sowie
   b) in der Datenzuordnung zu Kartierungseinheiten thematischer Karten, indem ursprünglich verbal charakterisierte Einheiten mit normierten Daten bzw. Mittelwerten belegt werden, z.B. Tongehalt, Humus, Feldkapazität (WENDLAND et al. 1993); dabei stellen Datenbanken sowie Bodeninformationssysteme (SCHMIDT et al. 1992) wesentliche Hilfsmittel dar.

Methodik und Parameterbereitstellung wurden im Rahmen von Projekten entwickelt und vervollständigt, die zu dieser Thematik am Zentrum für Agrarlandschafts- und Landnutzungsforschung (ZALF) e.V. bearbeitet worden sind bzw. bearbeitet werden:
– Digitalisierte Bodenkarte und Parameter zur regional differenzierten Abschätzung des Stoffstroms reaktiver Stickstoffverbindungen in den neuen Bundesländern (Projektträger BMFT/KFA Jülich)
– Fachinformationssystem Bodenschutz Brandenburg – modellhafte Erprobung für Auswertungsziele des Bodenschutzes (Projektträger BMU/UBA sowie Landesumweltamt Brandenburg)
– Bestandsaufnahme und Bewertung sowie Erarbeitung von Zielkonzepten für die Naturgüter Boden und Grundwasser im Landschaftsprogramm Brandenburg (Projektträger Ministerium für Umwelt, Naturschutz, Raumordnung Brandenburg)

Ergebnisse

Bodendecke, Bodendegradation und Bodennutzung

Das nordostdeutsche Tiefland wird durch die Ausdehnung der jungpleistozänen Sedimentation nach Süden bestimmt. Breite glaziale bzw. periglaziale Gürtel haben sich in Mecklenburg-Vorpommern und Brandenburg herausgebildet, die in deutlichem Gegensatz zur engen Scharung der glazialen Serien in Schleswig-Holstein stehen. So ist ein großräumig durch sandige bis lehmige Substrate charakterisiertes Gebiet entstanden, das zudem durch überwiegend grundwasserferne Böden und Niederschlagsarmut gekennzeichnet ist und sich auch dadurch deutlich von Nordwestdeutschland unterscheidet. Die Bodenbildung ist in Ab-

Struktur der Bodendecke, Bodendegradation und Gewässerbelastung 147

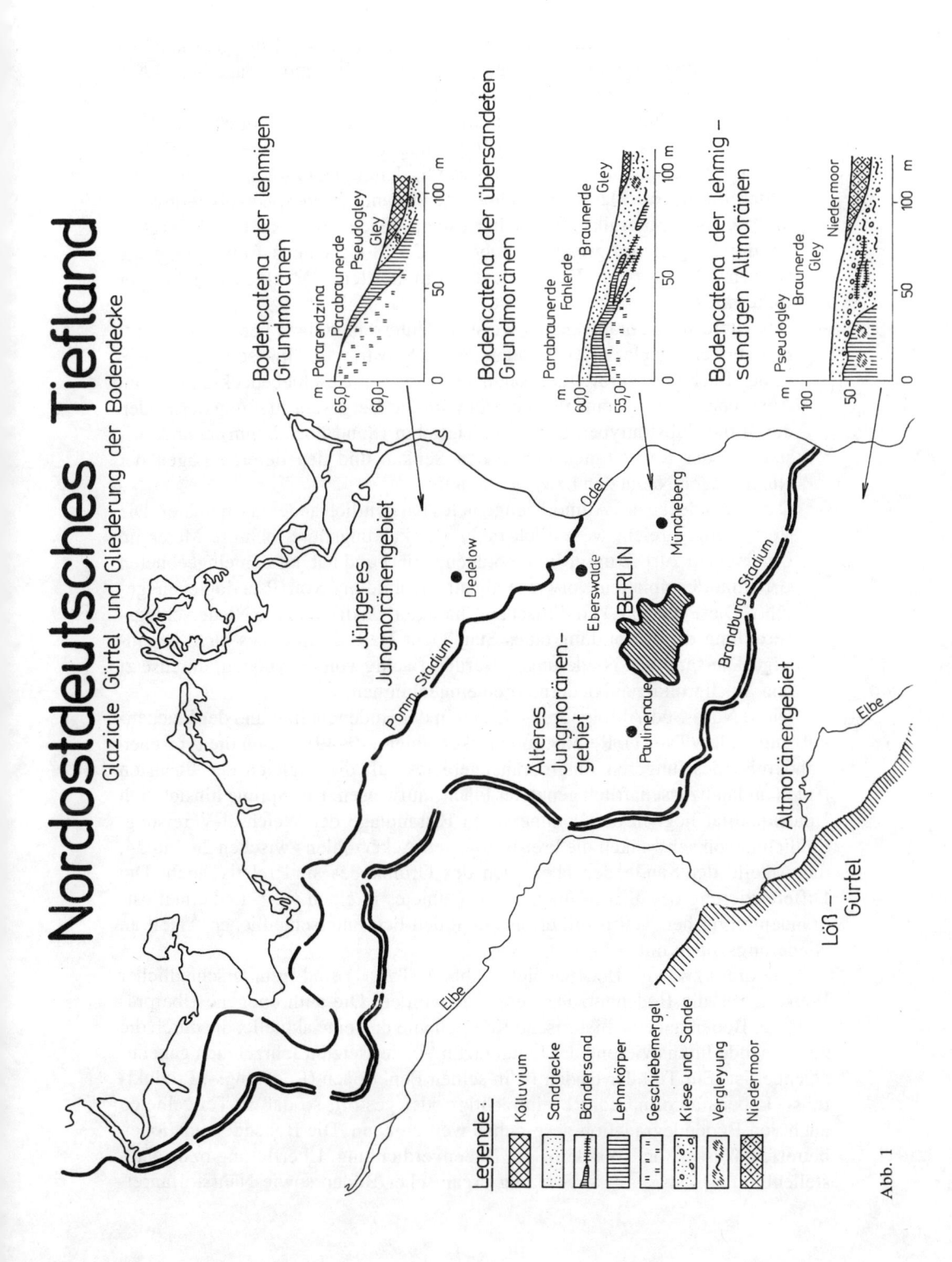

Abb. 1

hängigkeit von der glazialen und periglazialen Relief- und Substratgenese in der Reihenfolge jüngeres Jungmoränengebiet – älteres Jungmoränengebiet – Altmoränengebiet deutlich differenziert (Abb. 1):
- Das jüngere Jungmoränengebiet umfaßt den Bereich nördlich der Pommerschen Randlage der Weichsel-Vereisung. Die Bodendecke dieses Gebietes ist vorwiegend auf lehmigen bis sandig-lehmigen Grundmoränen ausgebildet, die im Rückland der Endmoräne ein anhydromorphes bis teilhydromorphes Bodenmosaik aufweist, in Küstennähe jedoch stärker pseudovergleyt ist, durchzogen von großen Talmooren. Die Bodencatena Abb. 1 zeigt die typische Abfolge der Hügelgebiete vom mittleren Mecklenburg bis zur Uckermark.
- Das ältere Jungmoränengebiet weist im Unterschied dazu bereits eine deutlich stärker periglaziäre Überprägung der Substratverhältnisse auf, was u.a. in der flächigen Verbreitung sandiger Decken („Geschiebedecksand") zum Ausdruck kommt. Dementsprechend wird die Vergesellschaftung der Böden durch die Substrattypen Sand und Tieflehm (Sand über Lehm) charakterisiert; in der Regel treten nur in den Senken und den tieferen Lagen der Niederungen Naßböden bzw. Moore auf.
- Die Bodendecke des Altmoränengebietes hat deutlich anderen Charakter. Die Verwitterung reicht wesentlich tiefer (Entkalkungstiefe mehrere Meter im Unterschied zu 1–2 m im Jungmoränengebiet) und hat auf den eingeebneten Grundmoränenplatten vorwiegend zur Ausbildung von Pseudogleyen geführt. Diese haben z.T. reliktischen Charakter, da die aktuelle Niederschlagsverteilung die Ausbildung eines Stau- oder Haftnässeregimes nicht begünstigt. Die sandigen Niederungen werden flächig von Gleyböden, durchsetzt von flachgründigen Niedermooren eingenommen.

Diese Nord-Süd-Abfolge spiegelt sich in der Bodenqualität und der Flächennutzung wider (Tab. 1). Relativ hohe Ackerzahlen (40–49) weisen die typischen Landkreise des jüngeren Jungmoränengebietes auf, die zugleich den höchsten Anteil an landwirtschaftlich genutzter Fläche aufweisen. Der Sprung hinsichtlich Bodenqualität liegt in der Pommerschen Eisrandlage der Weichsel-Vereisung. Südlich davon schwanken die kreisbezogenen Ackerzahlen zwischen 26 und 34, die Anteile der Sandböden aber auch des Grünlandes sind relativ hoch. Die Differenzierung des älteren Jungmoränengebietes in einen west- und einen ostbrandenburgischen Teil resultiert aus dem deutlich unterschiedlichen Anteil an Niederungsböden mit Grünland.

Die drei bzw. vier Bodengebiete (Abb. 1, Tab. 1) sind in unterschiedlicher Weise durch die Bodennutzung verändert worden. Die anthropogene Überprägung der Böden hat eine historische Komponente und eine aktuelle, die durch die zunehmende Intensivierung der Landnutzung in den letzten Jahrzehnten gekennzeichnet ist. Ein Teil der Böden ist in seinen Funktionen (Regelungs-, Produktions-, Lebensraumfunktion) beeinträchtigt oder gestört, so daß in Teilgebieten auch von Bodendegradation gesprochen werden kann. Die Bodendegradationen betreffen Wasser- und Winderosion, Bodenverdichtung, Überflutung bzw. Naßstellenbildung, Abbau bzw. Sackung organischer Böden sowie Nährstoffanrei-

Tab. 1: Flächennutzung und Bodenqualität in Regionen des nordostdeutschen Tieflandes

Region (Repräsentativkreise)	Flächennutzung[1]			Bodenschätzung[2]			
	Wald %	Landwirtschaftliche Fläche %	Grünlandanteil %	Ackerzahl x̄	Grünlandzahl x̄	Sand % LN	Moor % LN
Jüngeres Jungmoränengebiet (Altentreptow, Demmin, Prenzlau, Strasburg, Teterow)	11 (9–13)	89 (87–91)	16 (11–24)	43 (40–49)	30 (24–34)	6 (5–10)	10 (6–14)
Älteres Jungmoränengebiet (West-Brandenburg) (Brandenburg, Gransee, Neuruppin, Oranienburg, Potsdam)	35 (32–39)	65 (61–68)	28 (24–36)	29 (27–31)	22 (20–23)	37 (23–43)	19 (9–23)
Älteres Jungmoränengebiet (Ost-Brandenburg) (Beeskow, Bernau, Eberswalde, Eisenhüttenstadt, Fürstenwalde)	46 (43–52)	54 (48–57)	15 (11–17)	30 (26–32)	20 (15–24)	37 (30–45)	9 (4–12)
Altmoränengebiet (Calau, Cottbus, Finsterwalde, Luckau, Senftenberg)	38 (36–46)	62 (54–64)	20 (15–26)	31 (28–34)	26 (21–28)	33 (28–44)	12 (7–19)

1) Statistische Jahrbücher Land-, Forst-, Nahrungsgüterwirtschaft der Bezirke; Hrsg. Staatl. Zentralverwaltung für Statistik Berlin (1981)
2) Kreisbezogene Zusammenstellung der Bodenschätzungsergebnisse (Bod 58), Archivmaterial Zentrum für Agrarlandschafts- und Landnutzungsforschung (ZALF) e. V. Müncheberg

cherung und/oder lokale Versauerung. Das Ausmaß dieser Veränderungen in Beziehung zu den spezifischen Bodenverhältnissen des nordostdeutschen Tieflandes ist im Rahmen des internationalen Projektes GLASOD (Global Assessment of Soil Degradation, OLDEMAN et al. 1990) ermittelt worden (SCHMIDT 1991 b). Auf Grund des Vorherrschens sandiger Böden, die häufig von Lehmschichten unterlagert sind, ergibt sich eine deutliche flächenhafte Dominanz der sekundären Bodenverdichtungen in Krume und Unterboden. Relativ hohe Flächenschädigungen werden außerdem durch Wasser- und Winderosion hervorgerufen. Insgesamt ergeben sich die in Tab. 2 ausgewiesenen Größenordnungen. Verdichtung und Bodenerosion stellen flächenhafte Wirkungen dar, während chemische Bodendegradation und Naßstellenbildung vor allem kleinflächig und fleckenhaft in heterogenen Einheiten auftreten. Darüberhinaus gibt es regionale Unterschiede, die in Beziehung zu den glazialen bzw. periglazialen Gürteln stehen. In Abhängigkeit von den natürlichen Bedingungen können charakteristi-

Tab. 2: Einschätzung der anthropogen bedingten Bodendegradierung der landwirtschaftlichen Fläche des Jung- und Altmoränengebietes der neuen Bundesländer nach den Kriterien des GLASOD-Projektes

Bodendegradationstyp	T ha	Fläche %
Wassererosion mit Verlagerung von Oberbodenmaterial	417,4	13,0
Winderosion mit Verlagerung von Oberbodenmaterial	278,6	8,7
Chemische Bodendegradierung (Nährstoffverlagerung, lokale Versauerung)	101,0	3,2
Verdichtung (Krumenbasis, Unterboden)	1383,1	43,2
Naßstellenbildung	157,6	4,9

sche Kombinationen und Verteilungsmuster von Degradationsprozessen unterschieden werden. Beispielsweise ist im jüngeren Jungmoränengebiet die Kombination von Wassererosion und Verdichtung mit zunehmenden Oberflächenabfluß sowie Vernässung und Nährstoffanreicherung in Senken charakteristisch. Auf den Platten des älteren Jungmoränengebietes dominiert hingegen Bodenverdichtung; Strukturschäden und Humusverarmung haben zu erhöhter Winderosion geführt (SCHMIDT 1991 b).

Das komplexe Ergebnis der natürlichen Bodenentwicklung und der anthropogenen Bodenveränderung ist die extreme Heterogenität der Standorte. Diese Heterogenität wird durch z.T. hohen ökologischen Kontrast (z.B. Lehm-Sand, anhydromorph-hydromorph) und ein engräumiges Muster der vergesellschafteten Böden geprägt. Die natürlichen Kontraste sind durch die Bodennutzung, z.B. die Schaffung einer homogenisierten Ackerkrume, nur teilweise verringert worden. Charakteristisch für die Bodendecke des Tieflandes ist vielmehr Kontrasterhöhung durch Degradationsprozesse. Einheitliche Nutzungstechnologien (Bodenbearbeitung, Düngung, Ernte) haben auf Ackerflächen – vor allem angesichts der Großflächennutzung in diesem Raum – mit engräumigem Bodenwechsel (die „mittlere Bodenlänge" des Substrattypenwechsels liegt nach Auswertung von Trassenaufnahmen dominierend unter 50 m; SCHMIDT et al. 1983) deutlich kontrasterhöhende Wirkung. So führt beispielsweise das kleinflächige Muster von Sand-, Tieflehm- und Lehmböden auf mittelbrandenburgischen Platten bei gleichmäßiger Düngung zu einer räumlich differenzierten Ausnutzung, Anreicherung und Auswaschung von Nährstoffen. In anderer Weise, aber ebenfalls kontrastverstärkend, wirkt Bodenbearbeitung bei unterschiedlichen Bodenfeuchtezuständen auf die Verdichtungsprozesse.

Insgesamt wird deutlich, daß die Heterogenität der Bodendecke erhebliche Bedeutung für die Nutzung und den Schutz der Böden im nordostdeutschen

Tiefland hat. Einheitliche, in Übereinstimmung mit den natürlichen Bedingungen stehende landwirtschaftliche Nutzung ist erschwert, engräumige Ertragsschwankungen sind häufig. Die Stoffflüsse und -kreisläufe in dieser durch eine heterogene Bodendecke gekennzeichneten Landschaft sind nur mit erhöhtem Aufwand zu erfassen und für praktische Maßnahmen schwer zu kontrollieren.

Bodendecke und Gewässerbelastung

Zustand und Belastung der Gewässer sind einerseits vom Einzugsgebiet, seiner Böden und seiner Nutzung, andererseits von den klimatischen Bedingungen abhängig. Bestimmend für die hydrologische Situation des nordostdeutschen Tieflands ist die relative Niederschlagsarmut. Von den Küstengebieten abgesehen, empfangen weite Gebiete östlich der Linie Rostock-Magdeburg weniger als 600 mm Jahresniederschlag; im östlichen Brandenburg liegen die Werte sogar unter 500 mm (WENDLAND et al. 1993). Neben der Niederschlagsarmut wird der Gebietswasserhaushalt durch weitere spezifische Züge geprägt, die mit der Entstehung der Glaziallandschaft und ihrer Entwicklung eng verbunden sind. Es sind dies (a) der Reichtum an Grundwasservorkommen, (b) das unausgeglichene Gewässernetz und (c) der hohe Anteil an Binnenentwässerungsgebieten und Seen.

Die mächtigen glazialen Lockersedimente tragen Grundwasservorkommen mit erheblicher ökologischer und volkswirtschaftlicher Bedeutung, die besonders im Großraum Berlin intensiv genutzt werden. Deshalb sind Erhaltung, Neubildung und Gefährdung der Grundwasserressourcen ein vordringliches Problem der Landschaftsnutzung in Nordostdeutschland. Bedingt durch die geringen Niederschläge ist die Grundwasserneubildung relativ gering. Sie beträgt 50–150 mm/a, in Teilgebieten auch unter 50 mm/a Sickerwasserhöhe je nach geohydrologischer Situation (WENDLAND et al. 1993). Die Gefährdung des Grundwassers ist unter diesen Rahmenbedingungen differenziert zu betrachten: das nutzbare Grundwasser tieferer Stockwerke ist durch längere Verweilzeiten und damit verbundene Filterwirkungen in der ungesättigten Zone relativ geschützt, das oberflächennahe Grundwasser ist durch Stoffeinträge gefährdet. Die Gefährdung des oberflächennahen Grundwassers durch Stoffeinträge ist vor allem in den sandigen Niederungsgebieten hoch, begünstigt durch die z.T. bis 1990 hohen Viehbesatzdichten und Güllewirtschaft. Schließlich ist auf die erhebliche Störung des Grundwasserhaushaltes in den Gebieten mit Braunkohlenbergbau, vorwiegend im Altmoränengebiet SO-Brandenburgs gelegen, hinzuweisen.

Die Oberflächengewässer des Jungmoränengebietes unterscheiden sich durch die Unausgeglichenheit des Gewässernetzes, den gebietsweise hohen Anteil an Binnenentwässerungsgebieten und den Seenreichtum deutlich von den südlich bzw. südwestlich anschließenden Landschaften (MARCINEK und NITZ 1973). Das unausgeglichene Gewässernetz ist durch geringe Fließgewässerdichte (z.T. unter 1,0 Vorflut-km je km^2, WENDLAND et al. 1993), hohen Standgewässeranteil und hohen Anteil künstlicher Vorfluter gekennzeichnet. Landschaftsökologisch bedeutsam sind die Binnenentwässerungsgebiete, die bisher vorwiegend aus wasserwirtschaftlicher Sicht beurteilt worden sind. Es handelt sich z.T. um kleine abflußlose Senken in der Glaziallandschaft (z.B. Sölle), aber auch um die Einzugsgebiete größerer Seen. Letztere sind jedoch in der Regel durch Gräben oder durch Kanäle an das Entwässerungsnetz angeschlossen worden (SCHUMANN 1968). Die Binnenentwässerungsgebiete stellen hydrologisch Retentionsräume, nach ihrer Funktion in der Landschaft „Senken" für Wasser, feste und gelöste Stoffe (Nähr- und Schadstoffe) dar. Wenn man die z.T. hohen bodenerosiven Abtragsraten im Jungmoränengebiet von 20–40 t/ha/a (FRIELINGHAUS et al. 1992) in Rechnung stellt, wird deutlich, daß im Ergebnis der Stoffverlagerungsprozesse sowohl Kolluvium als auch Nährstoffe in erheblichen Maße landschaftsintern gespeichert werden. In den Binnenentwässerungebieten bildet ein Teil des Stoffumsatzes quasi-geschlossene Kreisläufe.

Diese Situation bestimmt auch die Eutrophierung der Binnenseen, die in den zurückliegenden Jahrzehnten deutlich zugenommen hat. Es wird eingeschätzt, daß durch Stoffeinträge (N, P) ein Drittel der Seen des norddeutschen Tieflands eutrophen bis polytrophen Charakter hat (SUCCOW und KOPP 1985). Dazu hat die intensive landwirtschaftliche Nutzung nicht unwesentlich beigetragen.

Der hydrologische Gebietszustand ist zudem durch die sog. großflächigen Meliorationen der letzten 20 Jahre wesentlich verändert worden. Diese Maßnahmen betreffen (1.) Entwässerung und Grundwasserregulierungen in Mooren und sandigen Niederungen, (2.) Dränung und Wasserregulierung von Staunässeböden und vernäßten Senken sowie (3.) Zusatzwasserberegnung in niederschlagsarmen Gebieten mit Nutzung von Seen oder Grundwasser. Im Ergebnis dieser Meliorationen wurde der Flächenwasserhaushalt z.T. erheblich verändert: In der Gesamttendenz wurde einer Landschaft, deren klimatische Wasserbilanz ohnehin kritisch ist, zusätzlich Wasser entzogen. In Verbindung mit mehreren Trockenjahren hat dies zu einem deutlichen Rückgang der Wasserressourcen (Absinken von Grundwasserständen und Seespiegeln, Austrocknung von Ackerhohlformen, Degradation von Niedermooren) in den 80er Jahren geführt.

Diskussion und Schlußfolgerungen

Aus der Zusammenschau der pedologischen und hydrologischen Charakteristika resultiert eine landschaftsbezogene Differenzierung, die für große Teile des norddeutschen Tieflands verallgemeinert werden kann. Folgende pedologisch-hydrologische Gebietstypen können großräumig in erster Nährung unterschieden werden:
1. Die wellige bis kuppige Grundmoräne mit z.T. mächtigen Geschiebemergeln und hohem Anteil an Binnenentwässerungsgebieten und Seen: Die Substratheterogenität der Bodendecke ist relativ gering, der Hydromorphiekontrast durch die Vergesellschaftung von vernässungsfreien Böden, Pseudogleyen und Mooren hoch. Durch bodenerosive Prozesse dominiert Stoffverlagerung an der Oberfläche. Die verlagerten Stoffe werden z.T. in den Senken der Binnenentwässerungsgebiete gespeichert, z.T. tragen sie zur Eutrophierung der Gewässer, insbesondere der Seen bei.

2. Die Sanderflächen, z.T. mit Seen durchsetzt, stellen große Grundwasserbildungsräume dar. Sie haben mit flächenhaft vorherrschenden Sand – Braunpodsolen bzw. -Braunerden eine verhältnismäßig einheitliche Bodendecke, sind relativ durchlässig, so daß sie eine hohe Versickerung aufweisen. Stoffeinträge ins Grundwasser sind möglich, aber aufgrund der hydrogeologischen Bedingungen und der Nutzung (hoher Grundwasserflurabstand, vorwiegend forstliche Nutzung) bisher nicht akut gefährdet.
3. Die sandüberlagerten Grundmoränenplatten vor allem des älteren Jungmoränengebietes weisen eine erhebliche Substratheterogenität auf, die den Landschaftswasserhaushalt deutlich beeinflußt. Neben rascher Versickerung auf durchlässigen Sanden mit Grundwasserneubildung stehen abflußlose Senken mit Speicherfunktion, so daß diese Naturräume ausgesprochen nutzungssensibel sind. Sowohl die landwirtschaftliche Nutzung als auch Boden- und Gewässerschutz müssen die heterogene Naturraumstruktur berücksichtigen, weil bei Nutzungsfehlern rasch Belastungssituationen für Grund- und Oberflächengewässer eintreten können.
4. Die sandigen Urstromtäler und Niederungen sind aufgrund der hohen Versickerung und des relativ oberflächennahen Grundwassers stoffeintragsgefährdet. Das gilt vor allem für Verdichtungs- und Industrieräume wie den Berliner Raum oder das Lausitzer Braunkohlenrevier. Entscheidend für die Pufferleistung dieses Naturraumes sind organische Substanz und pH-Wert der Bodendecke. Besonders auf humusarmen, ackergenutzten degradierten Talsanden oder auf versauerten Waldstandorten ist die Stoffaustragsgefährdung hoch.
5. Die Moore stellen aufgrund des Bindungsvermögens der organischen Substanz und ihres Wasserhaushalts große Speicher- und Puffersysteme in der Landschaft dar (SUCCOW 1988). Das gilt unter der Voraussetzung häufiger Wassersättigung bis in die oberen Dezimeter. Bei stärkerer Entwässerung und häufiger Austrocknung der oberen Dezimeter werden erhebliche Stickstoffmengen freigesetzt und in den landschaftlichen Stoffkreislauf eingebracht, wodurch benachbarte Ökosysteme beeinträchtigt werden können. Die Nutzung der Niedermoore sollte deshalb zukünftig auf Extensivierung bei hohen Wasserständen, z.T. mit Überflutung zur Renaturierung von Moorflächen ausgerichtet werden.

Eine Typisierung in dieser Form ist zunächst relativ allgemein. Sie ist nur gerechtfertigt, wenn sie entweder als Leitbild für regionale Zielstellungen der Landschaftsnutzung oder als Grundkonzept für detaillierte landschaftsökologische Aussagen betrachtet wird. Beispiele für derartige regionale Zielstellungen der Landschaftsnutzung vermittelt Tab. 3. Für ausgewählte Landschaften des nordostdeutschen Tieflandes werden mögliche Nutzungskonzepte zusammengefaßt, die auf den hier dargelegten naturräumlichen Potentialen sowie den von WERNER und DABBERT (1993) entwickelten Vorstellungen aufbauen. Es versteht sich, daß derartige Nutzungsziele angesichts des Strukturwandels in Nordostdeutschland ständig weiterentwickelt und zu Strategien der Landschaftsnutzung als Ganzes ausgebaut werden müssen. Für diese Weiterentwicklung ist auch

Tab. 3: Beispiele für regionale Entwicklungskonzepte

1. Agrarlandschaft Uckermark

Agrarisches Produktionsgebiet (> 80 % AL, < 20 % GL) mit Intensiv-Getreidebau; Flächenumwidmung (Grünland) nach Bodenqualität und Relief; großflächig Erosionsschutzmaßnahmen; Erhöhung des Wasserrückhaltevermögens in der Landschaft und Verbesserung der Wasserqualität der Seen.

2. Biosphärenreservat Schorfheide - Chorin

Komplexer Landschaftsschutz mit Sicherung der Kulturlandschaft in 129160 ha großem Schutzgebiet; hoher Anteil an Naturschutzgebieten; 55 % der Fläche mit umweltverträglicher Landnutzung: extensive Nutzungsformen und ökologischer Landbau; Sanierung bisher intensiv landwirtschaftlich genutzter Bereiche; Umbau der Wälder in arten- und strukturreiche Mischbestände; Gewässerschutz; Entwicklung des Tourismus

3. Niedermoore West – Brandenburgs

Ausgedehnte Grünlandgebiete, durch Urbarmachung, Torfabbau und Landbewirtschaftung unterschiedlicher Intensität z.T. degradiert; Umwandlung in extensive Grünlandwirtschaft sowie Wiedervernässung großer Teilflächen (Moorerhaltung) und Nutzungsrichtlinien für Randgebiete; Erhöhung des Anteils von Naturschutzflächen

die Umsetzung durch detaillierte landschaftsökologische Analysen erforderlich. Dazu gehören die Bilanzierung der Naturpotentiale für Teilräume ebenso wie die Quantifizierung von Stoffkreisläufen in den wichtigsten Ökosystemen. Dieser zweite Schritt steht in den Anfängen. Es erfordert weitere Forschung und Datenerhebung.

Literatur

FRIELINGHAU, Mo.; H. PETELKAU und R. SCHMIDT (1992): Wassererosion im norddeutschen Jungmoränengebiet. Z. f. Kulturtechnik und Landentwicklung 33, 22–33.

MARCINEK, J. und B. NITZ (1973): Das Tiefland der Deutschen Demokratischen Republik. Gotha.

OLDEMAN, L. R.; R. T. A. HAKKELING und W. G. SOMBROEK (1990): World map of the status of human-induced soil degradation: an explanatory note. Wageningen: International Soil Reference and Information Centre; Nairobi: United Nations.

SCHMIDT, R. (1991a): Genese und anthropogene Entwicklung der Bodendecke am Beispiel einer typischen Bodencatena des norddeutschen Tieflands. Petermanns Geograph. Mitteilungen 135 (1), 29–37.

SCHMIDT, R. (1991b): Anthropogene Veränderung und Degradation landwirtschaftlich genutzter Böden in den neuen Bundesländern Deutschlands. Z. f. Kulturtechnik und Landentwicklung 32, 282–290.

SCHMIDT, R.; W. RICHTER und J. BICKENBACH (1983): Heterogenitätstypen der Bodendecke auf der Grundlage der Mittelmaßstäbigen Landwirtschfatlichen Standortkartierung. Arch. Acker- u. Pflanzenbau u. Bodenkd., Berlin 27 (1), 1–11

SCHMIDT, R.; G. ADLER; J. BEHRENS; J. CREUTZIGER; W. PÄLCHEN und T. BRÄUTIGAM (1992): Pilotstudie zur Einführung des Bodeninformationssystems in den Ländern Brandenburg und Sachsen. UBA-Texte 52/92, Umweltbundesamt Berlin.

SCHUMANN, D. (1986): Zur Definition, Verbreitung und Entstehung der Binnenentwässerungsgebiete. Geographische Berichte 46, 22–32.
SUCCOW, M. (1988): Landschaftsökologische Moorkunde. Jena.
SUCCOW, M. und D. KOPP (1985): Seen als Naturraumtypen. Petermanns Geograph. Mitteilungen 129 (3), 161–170.
WENDLAND, F.; H. ALBERT; M. BACH und R. SCHMIDT (Hrsg., 1993): Atlas zum Nitratstrom in der Bundesrepublik Deutschland. Heidelberg.
WERNER, A. und S. DABBERT (Hrsg): Bewertung von Standortpotentialen im ländlichen Raum des Landes Brandenburg. ZALF-Bericht Nr. 4, Zentrum für Agrarlandschafts- und Landnutzungsforschung (ZALF) e.V. Müncheberg.

GEOGRAPHISCH-GEOÖKOLOGISCHE BEITRÄGE ZUR ANALYSE UND BEWERTUNG VON BODENBELASTUNGEN

Christian Opp, Leipzig

Bodenbelastungen wurden im Vergleich zu Belastungen der Luft und des Wassers über viele Jahre in ihrer Bedeutung für die Landschaft und für den Menschen unterschätzt. Heute genießen Bodenbelastungen die verstärkte Aufmerksamkeit der Gesellschaft und (leider) auch eine große Popularität. Die Belastungen der Böden mit Schwermetallen und Organika wurden zu „Schlagworten" im Zusammenhang mit Untersuchungen und Debatten über den Zustand der Umwelt. Wurden früher Bodenbelastungen vor allem aus den sog. alten Ländern der BRD publik, so gelangten nach der Wende in Ostdeutschland viele Gebiete in den sog. neuen Ländern ins Zentrum der Aufmerksamkeit, z.B. der Raum Freiberg, das Bitterfeld-Wolfener Gebiet oder das Mansfelder Land. Ungeachtet von örtlich hohen und sehr hohen Bodenbelastungen in den zuletzt genannten Gebieten auf lokaler und regionaler Ebene (OPP 1991), konnte in vielen Untersuchungen, auch in den in die Schlagzeilen geratenen Gebieten, nachgewiesen werden, daß die Böden in diesen Gebieten zwar meist Werte aufweisen, die höher als die „Normalwerte" liegen (OPP 1993, OPP und HANSCHMANN 1993, BORSDORF, OPP und STACH 1993); es konnte aber ebenfalls der Nachweis erbracht werden, daß sowohl die stoffliche Belastung von vielen Einzelstandorten als auch die flächenhafte Verbreitung belasteter Böden geringer sind als vielfach angenommen.

Zur Stellung des Bodens – Bodenfunktionen

Die nunmehr verstärkte Beachtung von Bodenbelastungen gegenüber der Belastung anderer Umweltmedien resultiert aus verschiedenen Tatbestäden. Diese stehen in engem Zusammenhang mit der Erkenntnis über die besondere Stellung des Bodens im Ökosystem, bzw. in der Landschaft. Dies kommt z.B. gut in der Analyse der von Natur aus im Ökosystem ablaufenden Energie- und Stoffumsatzprozesse zum Ausdruck, wie das RICHTER bereits 1968 getan hat. Die von RICHTER im sog. „Modell des homogenen Geokomplexes" vorgenommene Strukturierung in 6 Klassen und 72 Gruppen von Prozessen zeigt den hohen Vernetzungsgrad des Ökosystemkompartments Boden mit den anderen Kompartments des jeweiligen Ökosystems und mit denen benachbarter Ökosysteme sehr eindrucksvoll. Ein anderes Beispiel, das die besondere Bedeutung des Umweltmediums Boden deutlich macht, ist aus Tab. 1 ersichtlich, wo die Analyse der globalen Immissionen von Spurenelementen in den Umweltmedien Luft, Wasser und Boden ergibt, daß jedes der aufgeführten Elemente im Boden die höchste Anreicherung aufweist. Auf Grund der bekanntermaßen hohen Komplexität und Bedeutung des Bodens für landschaftliche Ökosysteme, genügen einzelne Parameter nicht, um den Zustand und die Dynamik des Bodens unter

Berücksichtigung anthropogen-technogener Eingriffe zu kennzeichnen. Gerade unter dem Aspekt des Nutzungseinflusses und dessen Folgen und ökosystemaren Vernetzungen sind Bodenfunktionen, bzw. deren Erfüllungsgrad, zu analysieren. Welche Bodenfunktionen gilt es zu berücksichtigen?
- Regelungsfunktion (für Stoff- und Energieumsätze in der Landschaft)
- Lebensraumfunktion (für Mikroorganismen, Pflanzen, Tiere, Menschen)
- Produktionsfunktion (pflanzl. Ertrag, Grundwasserneubildung, Humus)
- Informationsfunktion (Boden als „Archiv" der Landschaft)
- Standort- und Trägerfunktion (für Grundstücke, Bauwerke, etc.)

Tab. 1: Globale Immissionen von Spurenelementen in der Atmosphäre, im Wasser und im Boden (in 1000 t/a), nach NRIAGU und PACYNA 1988

Element	Luft	Wasser	Boden
As	19	41	82
Cd	7,6	9,4	22
Cr	30	142	896
Cu	35	112	954
Hg	3,6	4,6	8,3
Mn	38	262	1670
Mo	3,3	11	88
Ni	56	113	325
Pb	332	138	796
Sb	3,8	18	41
Se	3,8	41	41
V	86	12	132
Zn	132	226	1372

Warum geographisch-geoökologische Analysen und Bewertungen von Bodenbelastungen?

- Bodenbelastungen treten in der Landschaft – DEM UNTERSUCHUNGSGEGENSTAND von Geographie, Geoökologie und Landschaftsökologie auf.
- weil es bisher keine umweltmedienübergreifenden Regelungen zum Schutz der Böden und der Landschaften gibt;
- aufgrund der integrativen Stellung des Bodens in der Landschaft können Bodenbelastungen bzw. schädliche Bodenveränderungen zu bedeutenden Effekten und Folgen für die verschiedenen Raum-, Zeit- und Lebenshierarchien, somit auch für den Mensch und seine Umwelt – führen;
- um Erkenntnisse über natur- und nutzungsbedingte Bodenveränderungen zu erlangen;
- um schädliche Bodenveränderungen zu vermeiden (präventiver Boden- und Landschaftsschutz);
- um Belastungseingriffe, -einträge, Flächenverbrauch zu minimieren/reduzieren;

- um Belastungseffekte für Böden, Landschaften und Menschen so gering wie möglich zu gestalten – um sie möglichst zu reduzieren;
- um Belastungssequenzen und Verstärkungseffekte (räumliche Vernetzung, Transfer in die Nahrungskette, multiplikative Wirkungen) zu verhindern/ abzuschwächen;
- um belastete Böden und Landschaften nachhaltig zu meliorieren/zu sanieren/ zu säubern.

2-Stufenansatz zur Untersuchung von Bodenbelastungen

Untersuchungen verschiedenster Einrichtungen, z.B. im Rahmen von Altlasten- und UVP-Studien, zeigten, daß geographisch-geoökologische Untersuchungen von Bodenbelastungen einen geachteten Platz einnehmen.

In Sachsen und Sachsen-Anhalt erprobte Untersuchungsansätze zur Analyse und Bewertung von physikalisch und chemisch determinierten Bodenbelastungen zeigen mögliche spezifische geographisch-geoökologische Beiträge im Rahmen der modernen Boden- und Landschaftsforschung. Eine ausführliche Darstellung der Ergebnisse erfolgte bei OPP (1993). Dabei hat sich bewährt, zunächst geoökologische (Grundlagen)untersuchungen zur Analyse und Bewertung der Ursache-Wirkung-Beziehungen und des Wirkungsgefüges der Belastungsphänomene durchzuführen (vgl. Abb.1 und 2). Bewertungen der Belastungsphänomen und Wirkungen können sowohl im Rahmen der geoökologischen Grundlagenuntersuchungen als auch im Rahmen der geographischen Erkundung, Typisierung und Regionalisierung durchgeführt werden. Die Bewertung eingetretener/vorhandener Bodenbelastungen und ihrer Wirkungen auf Böden, Ökosysteme, Landschaften, sowie Menschen erfolgt derzeit in Abhängigkeit von -Schutzgütern, -Bodenfunktionen und -Nutzungen. Dafür wurden verschiedene Bodenwert-Kategorien entwickelt: -Referenz- oder Hintergrundwerte, -Gefahrenwerte, -(Eintrags-)Grenzwerte (in Anlehnung an KÖNIG 1992), z. B. Reifeninnendruck-Grenzwerte oder Grenzwerte der Klärschlammverordnung .

Bislang existieren keine einheitlichen Werte zur Beurteilung von Bodenbelastungen/schädlichen Bodenveränderungen. Einige, nur bestimmte Belange der Bodenbelastungen berücksichtigende Bodenwerte sind in anderen Umweltmedien-Regelwerken, z.B. TA Luft oder Zweig-Verordnungen, z.B. Klärschlammverordnung, vorhanden. Medien- und zweigübergreifende, bzw. die Stellung des Bodens als DEN REGLER DER LANDSCHAFT charakterisierende Bodenwert-Regelwerke fehlen bislang völlig. Die intensive Auseinandersetzung mit Problemen der stofflichen Belastung von Böden während der letzten zwanzig Jahre führte zur Erarbeitung einer Reihe von Bodenwerten. Am Häufigsten wurden bislang die von KLOKE (1980) veröffentlichten „Richtwerte '80" verwendet. In Auswertung der Diskussion über diese „starren" Richtwerte, sowie über die der Klärschlammverordnung von 1982, wurde letztere novelliert und das sog. „Drei-Bereiche System" (nach EIKMANN und KLOKE 1988) von Bodenkennwerten erarbeitet.

2-Stufenansatz zur Untersuchung von schädlichen Bodenveränderungen (Bodenbelastungen)

Analyse

Belastung	Ursache	Kritische Einträge Kritische Eingriffe
Wirkung auf den Boden		
Ergebnis der Belastungswirkung (Veränderungen am/im Boden)	Wirkung	Kritische Zustände phys., chem. biolog
Folgewirkungen	Effekt	
Böden Ökosysteme Landschaften	Verbreitung	Kritische Austräge (Belastung anderer Systeme)

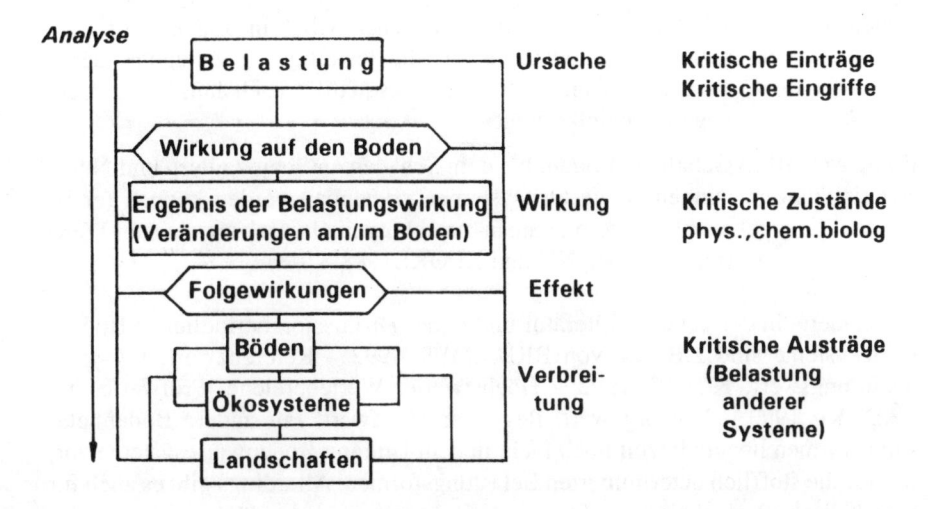

Abb. 1: Geoökologischer Ansatz zur Analyse und Bewertung der Ursache-Wirkung-Beziehungen, einschließlich des Wirkungsgefüges, von Bodenbelastungen

	Erkundung	Typisierung	Regionalisierung	Monitoring
Boden	Boden-Profil	Bodentyp		
Ökosystem	Standort	Standorttyp	landschaftsökologische Erkundung und Kartierung typisierter Raumeinheiten	punkthafte Meßstellen
vernetzte Ökosysteme	Standortverbund (Standortketten)	Standortkettentyp (Normcatenen)	Verschneiden landschaftsökologischer Raumeinheiten mittels GIS	Dauerbeobachtungsflächen
Landschaft	Gebiet	Gebietstyp		

Abb. 2: Geographischer Ansatz zur Analyse und Bewertung der Raumstruktur, räumlicher (und zeitlicher) Verbreitungs- und Wechselwirkungsmechanismen von schädlichen Bodenveränderungen in der Landschaft.

Bodenwert I =Grundwert	oberer geogen und pedogen bedingter Istwert natürlicher Böden ohne wesentliche anthropogen bedingten Einträge
Bodenwert II =Toleranzwert	schutzgut- und nutzungsbezogener Gehalt in Böden, der trotz dauernder Einwirkung auf die jeweiligen Schutzgüter deren normale Lebens- und Leistungsqualität auch langfristig nicht negativ beeinträchtigt
Bodenwert III =Toxizitätswert	Gehalt im Boden, bei dem Schäden an Schutzgütern und Nutzungen sowie Ökosystemen erkennbar werden können (er ist ein phyto-, zoo-, human- und ökotoxikologisch abgeleiteter Wert) (nach EIKMANN und KLOKE1988,S.7/8)

Andere, in der neueren Literatur und in der Diskussion befindlichen Bodenwertesysteme sind z.B. die von BRÜMMER 1992 – Referenzwert, Prüfwert, Sanierungswert; KÖNIG 1992 – Höchstwerte, Wertebereiche, Prüfwerte und RADTKE 1993 – Vorsorgewert, Regelwert, Prüfwert. Für andere Bodenbelastungsformen liegen derzeit noch nicht in dem Umfang Bodenwertesysteme vor, wie für die stofflich determinierten Belastungsformen. Allerdings gibt es auch für physikalische Bodenbelastungsformen Bodenkennwert-Vorschläge, beispielsweise die Richtwerte des langfristig und vorübergehend akzeptierbaren Bodenabtrags (nach MOSIMANN 1993).

Während die Überwachung von Belastungssituationen in Form eines Monitorings an punkthaften Meßstellen oder an Dauerbeobachtungsflächen in der Regel durch Institutionen der Bundesländer erfolgt (vgl. Abb. 2), besteht eine weitere Aufgabe der Wissenschaft darin, auf den verschiedenen hierarchischen Niveaus der Untersuchungen Modelle abzuleiten; wie das z.B. VOERKELIUS und SPANDAU 1989 für die Belastung von Böden durch Bodenerosion, Schwermetalle, Atrazin und Nitrat getan haben.

Die Kenntnis bzw. Ermittlung der Belastbarkeit ist in vielen Fällen, gerade im Rahmen der Landschaftsbewertung und des präventiven Bodenschutzes, von mindestens der selben Bedeutung wie die des Belastungszustandes. Für die Ermittlung der Belastbarkeit von Böden, Standorten, Standortketten und Gebieten gegenüber technikinduzierten Verdichtungen und gegenüber Schwermetalleinträgen und deren Sorption/Desorption wurde ein System hierarchisch strukturierter Parameter, Kennwerte und Merkmale vorgeschlagen (OPP 1989), das im Rahmen der Untersuchungen in Sachsen und Sachsen-Anhalt auf seine Richtigkeit und im Rahmen von Diskussionen und Projekten in Niedersachsen auf seine Übertragbarkeit überprüft wurde. Auf Grund der Vielzahl der die Belastbarkeit durch Bodenverdichtungen und Schwermetalle kennzeichnenden Parameter, Kennwerte und Merkmale, können diese hier nicht wiedergegeben werden. Prinzipien der Ermittlung der Belastbarkeit, werden an anderer Stelle dargestellt (OPP 1994). Da die Verdichtung und Verdichtbarkeit und die Schwermetallbelastung und -belastbarkeit der Böden von einem ganzen Komplex von Einzelfaktoren abhängen, die nicht selten durch komplizierte natur- und nutzungsbedingte Wechselwirkungsmechanismen miteinander verknüpft sind, erfordern die Fülle und der Systemzusammenhang der dabei zu berücksichtigenden Daten bzw. Systemelemente und Relationen, gerade in Hinblick auf eine polyfunktionale Landschaftsbewertung (NIEMANN 1988), noch die Erarbeitung und Qualifizierung von komplexen Indikatoren mit Flächenrepräsentanz. Diese müssen algorithmierbar und in GIS maßstabsdifferenziert verarbeitbar sein.

Schlußfolgerungen

Auf Grund der integrativen Stellung des Bodens in der Landschaft und seiner Funktionen, sind Böden – als Kompartments landschaftlicher Ökosysteme – ein zentraler Gegenstand moderner geographisch-geoökologischer Forschung. Dies erfordert von Geographie und Geoökologie eine gebührende Hinwendung in Forschung und Lehre. Dabei bestehen im Rahmen der Bodenbelastungsforschung folgende Wissensdefizite, die es zu minimieren, bzw. zu beseitigen gilt:
– Dynamik, nutzungsbedingte Differenzierung, hierarchie- bzw. maßstabsbedingte Ausbreitungsfelder und Interaktionen zwischen der lokalen, regionalen und globalen Ebene, Wirkungsgefüge verschiedener Belastungsformen;
– Erarbeitung bzw. Kombination belastungs- und belastbarkeitsanzeigender Indikatoren, die es gestatten, den Erfüllungsgrad von Bodenfunktionen nach einzelnen Belastungen, aber auch im Zusammenwirken mehrerer Belastungen einzuschätzen;
– Ermittlung der Empfindlichkeit der Böden, Ökosysteme und Landschaften gegenüber potentiellen Belastungen für unterschiedlich große Raumeinheiten mittels Sensitivitäts- und Flächenindikatoren, die in GIS verarbeitet werden, mit dem Ziel, Regeln und Modelle abzuleiten;
– Aktivierung potentieller, bzw. Verstärkung/Beschleunigung aktueller Bodenbelastungen infolge des Nutzungs- und Klimawandels.

Diese und andere offene Fragen der Bodenbelastungsforschung können sicherlich nicht allein von Geographie und Geoökologie einer Lösung näher gebracht werden. Sich aber an der Erarbeitung von Lösungen nicht zu beteiligen, würde bedeuten, die Potenzen des Fachgebiets ungenutzt zu lassen und ureigene geographisch-geoökologische Arbeitsgebiete anderen zu überlassen.

Literaturverzeichnis

BORSDORF, H., OPP, Ch., STACH, J. (1993): Untersuchungen zur Kontamination von Wald-, Wiesen- und Ackerböden mit ausgewählten Organika in der Muldenaue bei Bitterfeld. Chem. Technik, 45, 6, 408–415.

BRÜMMER, G. (1992): Bodenfunktionen, Bodenbelastungen und Strategien zum Bodenschutz. In: MURL des Landes NRW (Hrsg.): Grundlagen des Bodenschutzrechts, Düsseldorf: 12–24.

EIKMANN, Th., KLOKE, A. (1988): Nutzungs- und schutzgutbezogene Orientierungswerte für (Schad-)stoffe in Böden. In: ROSENKRANZ, D., EINSELE, H., HARRESS, H.N. (Hrsg.): Bodenschutz, Berlin: 1530: 1–86.

KLOKE, A. (1980): Richtwerte '80. Orientierungswerte für tolerierbare Gesamtgehalte einiger Elemente in Kulturböden. Mitt. VDLUFA, H. 1–3.
KÖNIG, W. (1992): Maßstäbe für die Bewertung und Behandlung belasteter Böden. In: MURL des Landes NRW (Hrsg.): Grundlagen des Bodenschutzrechts, Düsseldorf: 163–173.
MOSIMANN, T. (1993): Bodenschutzkonzepte. Geogr. Rundschau, 45, 6, 366–373.
NIEMANN, E. (1988): Ökologische Lösungswege landeskultureller Probleme. Schriftenreihe Österr. Inst. f. Raumforschung, R. A, 1, Wien.
NRIAGU, J.O., PACYNA, J.M. (1988): In: NRIAGU, J.O.: Human influence on the global cycling of trace metals. Global and Planetary Change, 2, 1/2, 113–120.
OPP, Ch. (1989): Belastungen landwirtschaftlich genutzter Böden hinsichtlich Verdichtung und Kontamination mit Schwermetallen an ausgewählten Standortkomplexen im Bezirk Leipzig. F/E-Aufgabe ZF 12.00.27497, Inst. f. Geogr. und Geoökologie der AdW der DDR, Leipzig.
OPP, Ch. (1991): Analysis of heavy-metal contents at highly contaminated agricultural sites by way of profile investigations. In: Int. Soc. Ecotoxicol. Environment. Safety (Hrsg.): Int. East-West-Symposium on contaminated areas in Eastern Europe, Origin, Monitoring, Sanitation, Berlin: 146–151.
OPP, Ch. (1993): Geographische Beiträge zur Analyse und Bewertung von Formen der Bodenbelastung im Halle-Leipziger Raum. Ber. z. dt. Landeskunde, 67, 1, 67–84.
OPP, Ch. (1994): Abschnitte „Bodenverdichtungen" und „Schwermetalle". In: BASTIAN, O. und SCHREIBER, K.F. (Hrsg.): Analyse und ökologische Bewertung der Landschaft. Jena, Stuttgart: 205–211 und 220–228.
OPP, Ch., HANSCHMANN, G. (1993): Zur Schwermetallbelastung von Wald-, Wiesen- und Ackerböden in der Muldenaue des Raumes Bitterfeld-Wolfen. Chem. Technik, 45, 4, 238–241.
RADTKE, H. (1993): Entwurf eines Bundes-Bodenschutzgesetzes. VDI-Seminar Bodenschutz, Düsseldorf: 1-7.
RICHTER, H. (1988): Beitrag zum Modell des Geokomplexes. In: Landschaftsforschung/Neef-Festschrift, Peterm. Geogr. Mitt.-Ergänzungsheft-Nr. 271, Gotha/Leipzig: 39–48.
VOERKELIUS, U., SPANDAU, L. (1989): Bodenschutz – mögliche Anwendungen eines Bodeninformationssystems. In: UBA (Hrsg.): Texte 8/89, Berlin.

DIE GEWÄSSERGÜTESITUATION AUSGEWÄHLTER SEENGEBIETE IM LAND BRANDENBURG, BEITRÄGE AUS DEM SEENKATASTERPROJEKT BRANDENBURG

Olaf Mietz, Potsdam und Joachim Marcinek, Berlin

1. Einleitung

Mit 3078 Seen größer 1 ha und insgesamt über 10.000 ständig wassergefüllten Hohlformen zählt das Land Brandenburg zu den gewässerreichsten Bundesländern Deutschlands. Insgesamt sind 2,4% der Landesfläche Seen und Fließgewässer (MIETZ, 1992). Dem Seenreichtum auf der einen Seite steht ein großes Wissensdefizit auf der anderen Seite gegenüber. Gleichzeitig fordern die mannigfaltigen Probleme der Gewässerökologie in Brandenburg eine komplexe, räumlich differenzierte Erfassung und Bewertung der Gewässer. Aus diesem Grunde ist in dieser Dimension erstmalig ein landesweites Seenkataster durch Fördermittel des Umweltministeriums des Landes Brandenburg in Arbeit.

2. Problemstellung

In der Limnologie als Wissenschaftsdisziplin, die sich mit dem Stoffhaushalt der Seen und der angrenzenden Binnengewässer befaßt, gehört seit etwa zwei Jahrzehnten das Stichwort „Eutrophierung" zu den am häufigsten verwendeten Fachbegriffen (Uhlmann 1985). Die Ursachen der Eutrophierung sind im allgemeinen bekannt. Zu den wichtigsten Einflußgrößen gehören die Stoffeinträge aus dem Einzugsgebiet, die interne Stoffumsetzung im Wasserkörper und die Stoffumsetzung / Freisetzung aus dem Sediment.

Zur Quantifizierung der Biomasseproduktion im Gewässer wird die Primärproduktion herangezogen. Diese ist aus Zeit- und Kostengründen nicht in Routineprogrammen zur Gewässerüberwachung zu erfassen. Nach SCHRÖDER (1978) und LEE (1985) sind als günstigste trophieanzeigende Parameter der Chlorophyll a Gehalt und die Sichttiefe zu verwenden.

Dem großen Naturpotential von mehr als 3.000 Seen auf der einen Seite, steht eine geringe Kenntnis über die Gewässerqualität, sowie über die Flora und Fauna der Seen gegenüber.

Um dem großen Wissensdefizit zu begegnen und gleichzeitig eine funktionierende Datenbank als Grundlage zur Erarbeitung von ökologischen Planungen im Bereich des Naturschutzes und der Wasserwirtschaft zu schaffen, wurde in Brandenburg durch das Umweltministerium, das Landesumweltamt und dem Naturschutzbund Deutschlands ein in diesem Umfang einmaliges Projekt zur Erfassung und Kennzeichnung von Seen begonnen. Einen Schwerpunkt bilden die Untersuchungen zu den Raum- Zeitproblemen der Eutrophierung der Gewässer. Über den regionalen Vergleich der Gewässergütesituation der Seenland-

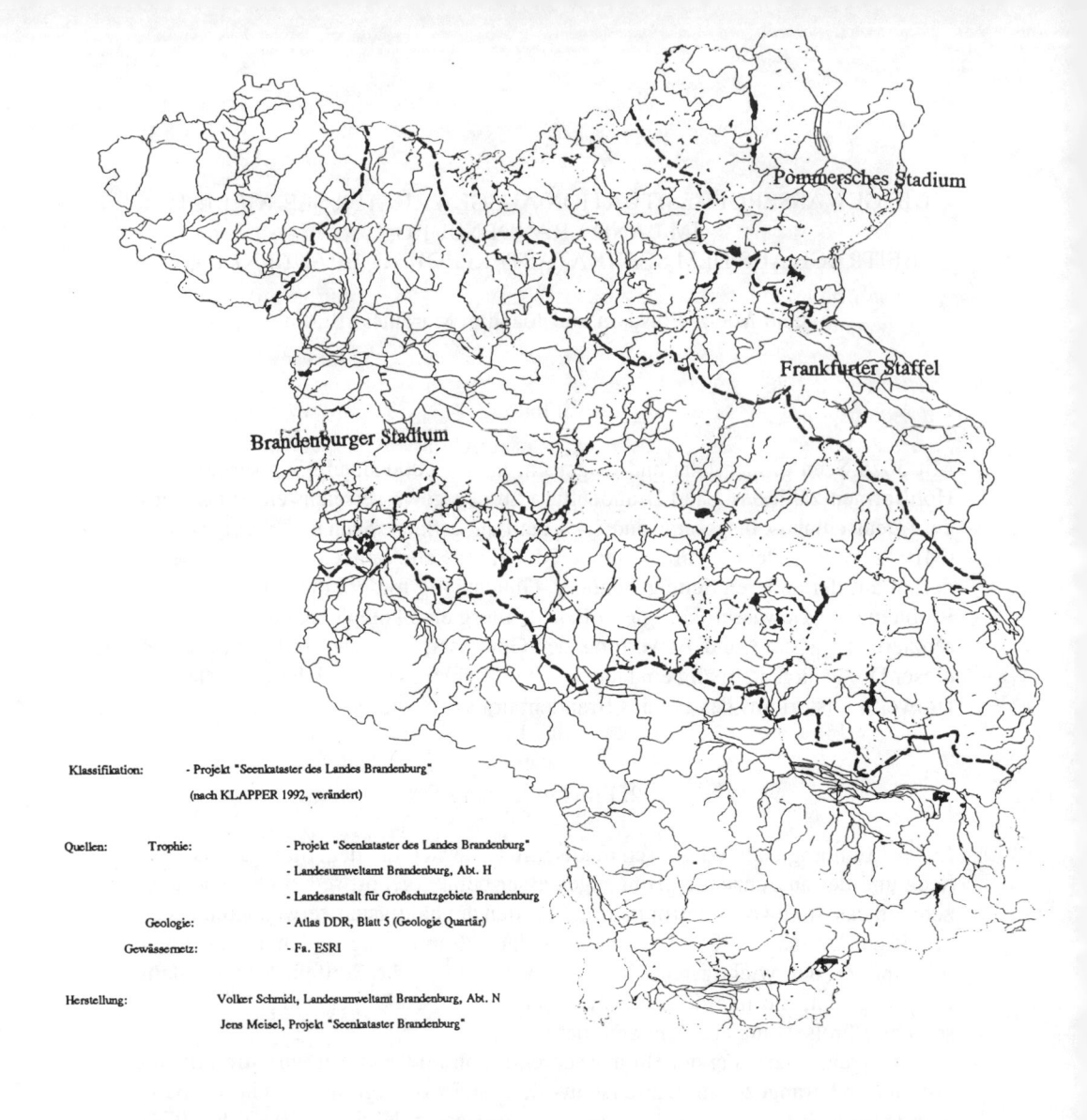

Klassifikation: - Projekt "Seenkataster des Landes Brandenburg"
(nach KLAPPER 1992, verändert)

Quellen: Trophie: - Projekt "Seenkataster des Landes Brandenburg"
- Landesumweltamt Brandenburg, Abt. H
- Landesanstalt für Großschutzgebiete Brandenburg

Geologie: - Atlas DDR, Blatt 5 (Geologie Quartär)

Gewässernetz: - Fa. ESRI

Herstellung: Volker Schmidt, Landesumweltamt Brandenburg, Abt. N
Jens Meisel, Projekt "Seenkataster Brandenburg"

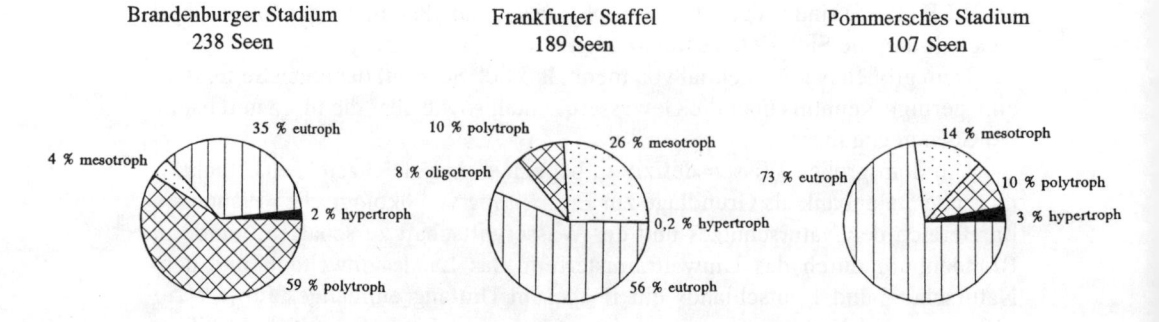

Brandenburger Stadium
238 Seen

- 4 % mesotroph
- 35 % eutroph
- 2 % hypertroph
- 59 % polytroph

Frankfurter Staffel
189 Seen

- 10 % polytroph
- 26 % mesotroph
- 8 % oligotroph
- 0,2 % hypertroph
- 56 % eutroph

Pommersches Stadium
107 Seen

- 14 % mesotroph
- 73 % eutroph
- 10 % polytroph
- 3 % hypertroph

Die Trophiesituation Brandenburgischer Seen
in Regionen gleichen geologischen Alters
Anteile bezogen auf die Seefläche

Maßstab ca. 1:1.500.000

Abbildung 1

schaften werden Schwerpunktregionen, in denen der ökonomische und ökologische Nutzungskonflikt am stärksten ist, ausgegliedert. Diese Regionen sind die wichtigsten Zentren der Sanierung von Seen und ihrer Einzugsgebiete. Der geographische Vergleich ist dabei eine Methode, die Trophieentwicklung der Seen einer Region zu prognostizieren. Diese Methode wird hier in der Gegenüberstellung des Potsdamer und Teupitzer Seengebietes angewandt.

3. Ergebnisse

Im Jahr 1992 sind insgesamt 1.305 Seeanfahrten durch das Projekt „Seenkataster" vorgenommen worden. In der Tabelle 1 sind 534 Seen des Landes Brandenburg nach der LAWA Richtlinie von 1992 und nach KLAPPER (1992) nach ihren trophischen Kriterien klassifiziert worden.

Tab. 1: Trophiestatus von Brandenburger Gewässern (Anteile als Prozent der untersuchten Seeanzahl und der Fläche der untersuchten Seen)

	Nordbrandenburg		Zentralbrandenburg		Summe	
	Anzahl (%)	Fläche (%)	Anzahl (%)	Fläche (%)	Anzahl (%)	Fläche (%)
oligotroph	1,4	5,6	0,0	0,0	0,7	2,8
mesotroph	19	23	11	4,2	15,2	13,8
eutroph	60	60	44	35	53	48
polytroph	15	10	44	59	28	34
hypertroph	5,4	0,8	1,7	1,7	3,7	34
SUMME	n=296	13536ha	n=238	13013ha	n=534	26550ha

Neben der geographischen Einteilung des Jungmoränenlandes Brandenburgs, in einem Nord- und Zentralteil erfolgte eine Zuordnung der trophischen Verhältnisse der Seen zu den drei Rückzugstaffeln des Weichselglazials:
– Brandenburger Stadium
– Frankfurter Staffel
– Pommersche Stadium.

Die Ergebnisse sind aus der Abbildung 1 zu entnehmen. Die Gewässergütesituation in den einzelnen Räumen ist sehr verschieden. Allgemein ist festzustellen, daß sich die Gewässergütesituation von Nord nach Süd verschlechtert. Diese Tendenz wird zusätzlich durch eine Trophiezunahme von Ost nach West überlagert.

Nur noch in der Region der Frankfurter Staffel existieren oligotrophe Seen mit ca. 8% Anteil. Der prozentuale Anteil der mesotrophen Seen mit 26% ist ebenfalls der höchste gegenüber 14% in der Region des Pommerschen Stadiums und nur 4% des Brandenburger Stadiums. Für die Regionen des Pommerschen Stadiums und der Frankfurter Staffel sind mit 73% bzw. 56% die eutrophen Seen der am häufigsten vertretende Gewässertyp.

Der prozentuale Anteil der eutrophen Seen im Brandenburger Stadium des Weichselglazials beträgt hingegen nur 35%. Der häufigste limnologische Seetyp für die südliche Region des Jungmoränenlandes in Brandenburg stellt mit 59% der polytrophe Seetyp dar. Die hypertrophen Seetypen sind in jeder Region relativ selten und erreichen ihr maximales Auftreten im südlichen Jungmoränenland mit 2%.

Die Gewässergütesituation in Brandenburg wird in der Abbildung 1 dargestellt. Nur noch 3% aller Seen Brandenburgs, die im Rahmen des Seenkatasterprojektes bis Ende 1992 bonitiert worden sind, gehören zu den oligotrophen Seen, die durch ihren Nährstoffmangel und dementsprechende Sichttiefen von mehr als 6 m sowie Chl a Gehalte von weniger als 3 mg/m^3 aufweisen. Diese Seen besitzen auch zum Ende der Sommerstagnation ein aerobes Hypolimnion mit mehr als 6 mg/l O2. Zu den Seen, die ebenfalls noch im wesentlichen durch die Nährstoffe in ihrer Bioproduktion limitiert sind, gehören die mesotrophen Seen mit 14% Anteil. Die am häufigsten anzutreffenden Seengruppen in Brandenburg stellen die eutrophen Seen mit 48% dar. Immerhin 34% aller untersuchten Seen weisen einen polytrophen Gewässergütezustand auf. Damit befinden sich 187 Seen in einem Trophiezustand, der nicht mehr als naturnah bezeichnet werden kann.

In der Tabelle 2 ist ein Vergleich der Gewässergütesituation der von KLAPPER 1980 untersuchten 524 Seen Nordostdeutschlands und der 534 durch das Seenkatasterprojekt untersuchten Seen des Landes Brandenburg vorgenommen worden.

Tab. 2: Ein Vergleich der Gewässergütesituation von 524 Seen Nordostdeutschlands (KLAPPER 1980) und 534 Seen des Landes Brandenburg

Trophiestatus	(KLAPPER 1980) Angaben in %	Seenkataster Brandenburg(1992) Angaben in %
oligotroph	3,4%	17%
mesotroph		
eutroph	59,4%	48%
polytroph	37,2%	35%
hypertroph		

Die Ergebnisse zeigen, daß die für Brandenburgs Seen ermittelten Gewässergütezustände im allgemeinen günstiger ausfallen, als die von KLAPPER (1980) beschriebene Situation in der ehemaligen DDR.

Wie bereits oben beschrieben, sind die schlechten Gewässergütezustände im südlichen Jungmoränenland zu finden. Die regionalen Unterscheide in dieser Region sind aber gravierend. Dies verdeutlicht ein Vergleich des Potsdamer Seengebietes mit dem Teupitzer Seengebiet (Abb. 2 und Tab. 3).

Abb. 2

Vergleich der Trophiesituation von Seen des Potsdamer und des Teupitzer Seengebietes
Anteile bezogen auf die Seenanzahl

Potsdamer Seengebiet
16 Seen

Teupitzer Seengebiet
86 Seen

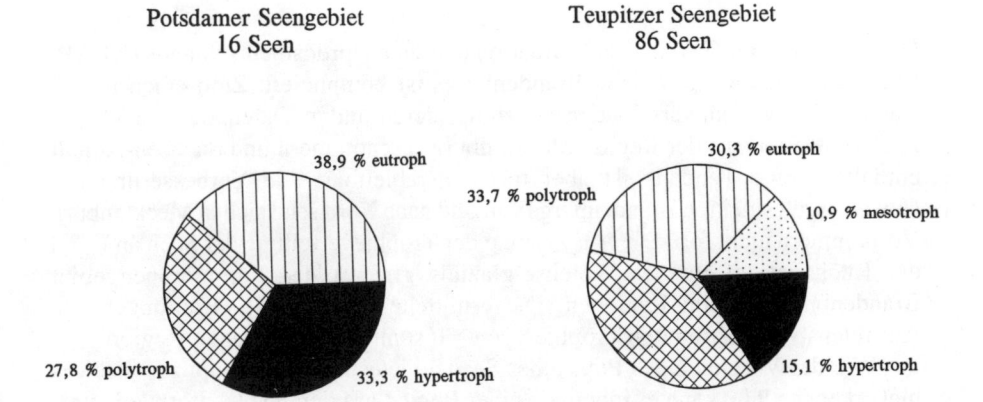

38,9 % eutroph
33,7 % polytroph
30,3 % eutroph
10,9 % mesotroph
27,8 % polytroph
33,3 % hypertroph
15,1 % hypertroph

Tab. 3: Ein Vergleich des Gewässergütezustandes von zwei Seengebieten im Brandenburger Stadium des Weichselglazials

Trophiestatus	Potsdamer Seengebiet 16 Seen (MIETZ 1991)	Teupitzer Seengebiet 86 Seen Seenkataster 1992
oligotroph	0%	0%
mesotroph	0%	10,9%
eutroph	38,9%	30,3%
polytroph	27,8%	33,7%
hypertroph	33,3%	15,1%

Hierbei wird deutlich, daß das östlich gelegene Seengebiet einen deutlich besseren Trophiestatus aufweist, als das Potsdamer Seengebiet. Sind in der Region Potsdam, nach MIETZ 1993, keine natürlich entstandenen Seen im oligotrophen und mesotrophen Trophieniveau mehr vorhanden, so existieren im Teupitzer Seengebiet noch 20,9% mesotrophe Seen. Der allgemein sehr schlechte Gewässerzustand der Seen des Potsdamer Seengebietes verdeutlicht sich vor allem im Auftreten von 33,3% hypertrophen Seen. Diese Seen sind durch die

Eutrophierung bereits so stark degradiert, daß kaum noch eine Nutzung der Gewässer möglich ist. Die Chlorophyll a Gehalte liegen im sommerlichen Durchschnitt über 100 mg* m-3 und die mittleren sommerlichen Sichttiefenwerte sind kleiner als 0,25m. Im Teupitzer Seengebiet dominieren die polytrophen Seen mit 33,7%. Dies ist ein Zeichen von starken Eutrophierungserscheinungen, auch in diesem Seengebiet.

4. Diskussion

Der Vergleich der Gewässergütesituation der Seen Nordostdeutschlands (KLAPPER 1980) und der 534 Seen Brandenburgs ist kompliziert. Zum einen ist die Datengrundlage sehr verschieden und zum anderen sind im Datenpool von KLAPPER 1980 Seen aus der Region Mecklenburg-Vorpommern und Sachsen-Anhalt enthalten. Eine Tendenz ist aber trotzdem ableitbar. Die Verbesserung der Gewässergütesituation Brandenburgs von Süd nach Nord setzt sich in Mecklenburg Vorpommern nicht fort. Die Auswertung der Trophieverteilung der Seen an Hand der Rückzugsstaffeln des Weichselglazials gliedert das Jungmoränengebiet Brandenburgs in drei Regionen. Die ermittelten Häufigkeitsverteilungen des Auftretens von bestimmten Trophietypen gilt somit für die gesamte Region.

Wie der Vergleich des Potsdamer Seengebietes mit dem Teupitzer Seengebiet erkennen läßt, kann es innerhalb einer Region gravierende territoriale Unterschiede geben. Der Vergleich des Potsdamer und Teupitzer Seengebietes verdeutlicht, daß die Eutrophierungsproblematik vorrangig aus einer See-Umlandsbeziehung resultiert. Die günstigsten Landnutzungsarten in dem Seeinzugsgebiet des Teupitzer Seengebietes mit überwiegender Waldbestockung wirken sich dämpfend auf den Eutrophierungsprozeß aus. Unverkennbar ist aber, daß die Tendenz der Veränderung der Trophiesituation im Teupitzer Seengebiet genauso vonstatten gehen wird, wie diese bereits im Potsdamer Seengebiet eingetreten ist.

Die Eutrophierungproblematik zählt heute zu den größten Umweltproblemen des Landes Brandenburg. Die Aussagen von KLAPPER 1980, wonach über 1/3 aller Seen Nordostdeutschlands um mindestens eine Gewässergütestufe schlechter einzuschätzen sind, als diese naturgegeben sein würden, konnten allgemein für Nordbrandenburg bestätigt werden. Die Situation in Zentralbrandenburg sieht aber wesentlich problematischer aus. Vor allem um die Landeshauptstadt Potsdam beträgt der prozentuale Anteil der poly-hypertrophen Seen über 60 % (MIETZ 1993). Der Wert der Gewässer in dieser Region ist aus ökologischer aber auch aus ökonomischer Sicht stark eingeschränkt.

5. Zusammenfassung

Die Ergebnisse der Trophieklassifikation von 534 Seen Brandenburgs haben eine deutliche Trophiezunahme der Seen von Nord nach Süd ergeben. Überlagert wird diese Tendenz durch eine Verschlechterung der Gewässergüte von Ost- nach

Westbrandenburg. Der häufigste limnologische Gewässertyp Brandenburgs ist mit 48 % der eutrophe Seetyp. Die Tendenzen der rasanten Eutrophierung der Seen Brandenburgs verdeutlichen vor allem die geringe Zahl von mesotrophen Seen (3 %) und das häufige Auftreten des polytrophen Gewässergütezustandes (34 %).

Neben dem allgemeinen Schema der Gewässergüteverteilung der Seen Brandenburgs existieren regional gravierende Unterschiede. Die Gewässergütesituation im südlichen Jungmoränenland muß räumlich sehr differenziert betrachtet werden, was den Vergleich des Potsdamer- und Teupitzer Seengebiet verdeutlicht.

Eine Lösung des Eutrophierungsproblemes der Brandenburger Gewässer ist unmittelbar mit der Sanierung der Einzugsgebiete verbunden. Die punktuellen und diffusen Nährstoffquellen in den Einzugsgebieten müssen drastisch gesenkt werden. Neben der Bekämpfung der externen Eutrophierungsursachen müssen auch die internen beseitigt werden. Dazu zählen zum Beispiel die nicht ökologisch orientierte Fischwirschaft und das Nährstoffrücklösungspotential aus den Sedimenten.

Abschließend kann gesagt werden, daß mit dem Projekt Seenkataster Brandenburg erstmalig eine praktikable Methode vorliegt, mit der eine umfangreiche ökologisch orientierte Datengrundlage zur Planung in den Bereichen Naturschutz und Wasserwirtschaft vorliegt.

6. Danksagung

Es ist den Autoren ein aufrichtiges Bedürfnis, sich bei der Landesregierung Brandenburg, speziell dem Umweltministerium und dem Landesumweltamt zu bedanken, daß sie das Projekt Seenkataster gefördert und unterstützt haben. Dank gilt auch dem Naturschutzbund Deutschlands, der als Träger des Projektes immer hilfreich zur Seite stand. Desweiteren bedanken wir uns bei den Mitarbeitern des Projektes und den Mitarbeitern im Hauptlabor des Landesumweltamtes für ihre engagierte Tätigkeit, die erst die Auswertung der Daten ermöglichten.

Literatur

Klapper, H. (1992): Eutrophierung und Gewässerschutz, Gustav Fischer Verlag Jena, Stuttgart, 277 S.

Klapper, H. (1980): Expirience with lake and reservoir restaeration in the GDR. Hydrologica 72, PP. 31–41

LAWA (1992): Arbeitskreis „Gewässerbewertung – stehende Gewässer": Klassifizierung und Bewertung von Standgewässern als Grundlage zur Umsetzung von Gewässerschutzmaßnahmen, Posterausstellung zur DGL-Tagung, Konstanz 1992.

Lee, G.F., Jones, R.A. und Rast, W (1985): Secchi depth as a water quality parameter. Occasional Paper No. 101, Dept. Civil Environ, Engr., New Jersey institute of Technologie Vewark. 21 S.

Marcinek, J. und Rosenkranz, E. (1989): Das Wasser der Erde Verlag Harri Deutsch, Frankfurt/ Main, 318 S.

Mietz, O. (1993): Die Eutrophierung stehender Gewässer des Potsdamer Seengebietes als Ausgangspunkt zur Erstellung eines Seenkatasters für das Land Brandenburg, in: Wasser-Abwasser-Praxis, 2/93, S.92–102

Mietz, O. (1992): Die Erstellung eines Seenkatasters für das Land Brandenburg als eine ökologische Planungsgrundlage für den Naturschutz und die Wasserwirtschaft. In: Erweiterte Zusammenfassung der Jahrestagung der DGL 1992 in Konstanz S. 265–269.

Mietz, O. (1991): Allgemeine limnologische Charakteristik von 12 Potsdamer Landseen unter der besonderen Berücksichtigung des Einflusses von topographischen und morphometrischen Parametern auf den Chlorophyll a Gehalt, Diss. A. Humboldt Univ. zu Berlin 132 S.

Schröder, R. und Schröder, H. (1978): Ein Versuch zur Quantifizierung des Trophiegrades von Seen. Arch. Hydrobiol. 82, 1/4, S. 240–262 Uhlmann, D. (1985): Die anthropogene Eutrophierung der Gewässer – ein umumkehrbarer Prozeß? Akademieverlag Berlin, 32 S.

AUFBAU EINES ALTLASTENINFORMATIONSSYSTEMS FÜR DEN RAUM HALLE

Cornelia Gläßer, Halle

1. Vorbemerkung

Seit 1990 ist die Altlastenproblematik in den neuen Bundesländern Gegenstand zahlreicher Untersuchungen und Veröffentlichungen, sowohl in Fachzeitschriften als auch in Tageszeitungen. Politische, wirtschaftliche, juristische und umweltorientierte Aspekte fanden in realer und emotional unterschiedlichster Weise Berücksichtigung. Der häufig formulierte ökologische Ansatz bezüglich der Lösung der Probleme wird jedoch zumeist nicht realisiert.

Bei einer Analyse der Länderprogramme zur Altlastverdachtsflächenerfassung und deren Erstbewertung sowie der Vielzahl von Aufsätzen und anderen Veröffentlichungen zu dieser Thematik, wird der Eindruck erweckt, das Methodenspektrum sei vollständig ausgereift. So wird es möglicherweise überraschen, daß seitens des BMFT ein Projekt zum Aufbau eines Altlasteninformationssystemes für den Raum Halle (Bearbeiter: Technische Fachhochschule Berlin, Bereich Kartographie und Martin-Luther-Universität Halle-Wittenberg, Institut für Geographie) gefördert wird. Im Folgenden sollen der regionalspezifische methodische Ansatz des Projektes, der von der Hallenser Arbeitsgruppe bearbeitet wird, sowie die inhaltliche Strukturierung vorgestellt werden.

2. Altlastenproblematik im Raum Halle

Die Ursachen der Altlasten in diesem altindustriellen Gebiet resultieren, wie im gesamten mitteldeutschen Industriegebiet, aus:
- einer stark überalterten, chemischen, insbesondere karbochemischen, metallurgischen und verarbeitenden Industrie
- verschlissenen infrastrukturellen Einrichtungen, insbesondere Gas und Abwasser
- vielschichtigen, punktuellen und diffusen Schadstoffeinträgen durch die industrielle Landwirtschaft
- extensivem Braunkohlenabbau für die Energieversorgung und als chemischer Grundstoff
- unsachgemäßen Ablagerungen von Abfällen und Sonderabfällen
- militärischen Altlasten der Wehrmacht, der NVA und der Roten Armee.

Zusammenfassende Darstellungen zur Industrieentwicklung im Raum Halle geben SCHMIDT (1960) und SCHOLZ (1978), eine Ist-Stand-Analyse 1991 der Umweltbereiche Wasser, Luft, Abfall, Altlasten und Bergbaufolge wird in der TÜV-Studie (1991) vorgestellt.

Abb.1 Datenbanken und Graphiklayer des AIS- Halle/Saale

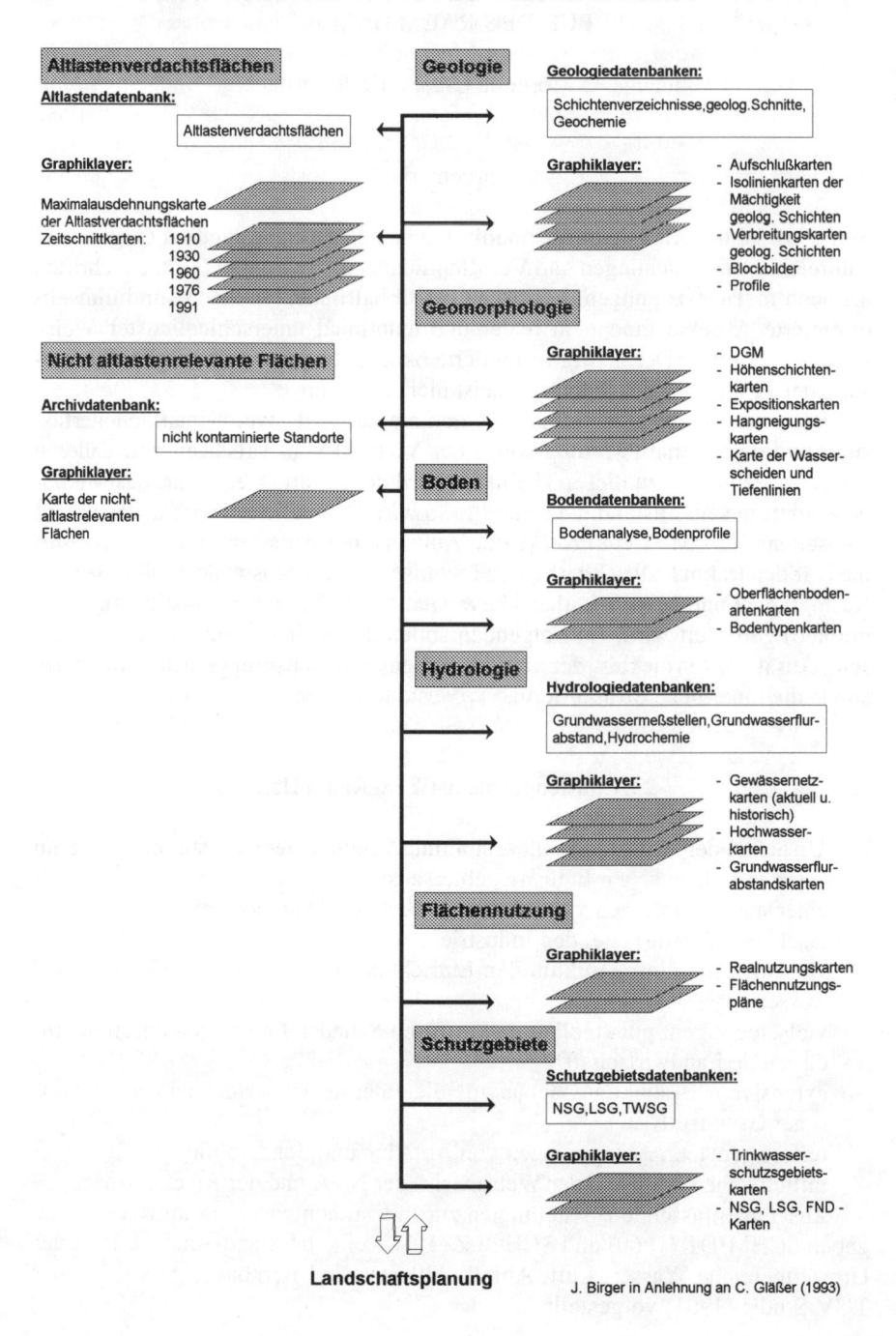

Altlastenverdachtsflächen

Altlastendatenbank:
- Altlastenverdachtsflächen

Graphiklayer:
- Maximalausdehnungskarte der Altlastverdachtsflächen
- Zeitschnittkarten: 1910, 1930, 1960, 1976, 1991

Nicht altlastenrelevante Flächen

Archivdatenbank:
- nicht kontaminierte Standorte

Graphiklayer:
- Karte der nicht-altlastrelevanten Flächen

Geologie

Geologiedatenbanken:
- Schichtenverzeichnisse, geolog. Schnitte, Geochemie

Graphiklayer:
- Aufschlußkarten
- Isolinienkarten der Mächtigkeit geolog. Schichten
- Verbreitungskarten geolog. Schichten
- Blockbilder
- Profile

Geomorphologie

Graphiklayer:
- DGM
- Höhenschichtenkarten
- Expositionskarten
- Hangneigungskarten
- Karte der Wasserscheiden und Tiefenlinien

Boden

Bodendatenbanken:
- Bodenanalyse, Bodenprofile

Graphiklayer:
- Oberflächenbodenartenkarten
- Bodentypenkarten

Hydrologie

Hydrologiedatenbanken:
- Grundwassermeßstellen, Grundwasserflurabstand, Hydrochemie

Graphiklayer:
- Gewässernetzkarten (aktuell u. historisch)
- Hochwasserkarten
- Grundwasserflurabstandskarten

Flächennutzung

Graphiklayer:
- Realnutzungskarten
- Flächennutzungspläne

Schutzgebiete

Schutzgebietsdatenbanken:
- NSG, LSG, TWSG

Graphiklayer:
- Trinkwasserschutzgebietskarten
- NSG, LSG, FND - Karten

Landschaftsplanung

J. Birger in Anlehnung an C. Gläßer (1993)

3. Altlasteninformationssystem

Ziel des Projektes ist es, ein offenes, hybrides Altlasteninformationssystem (AIS) zu entwickeln, das in der Lage ist, eine Verdachtsfläche von der Ersterfassung bis zur Sanierungsüberwachung zu begleiten (BRAUN et al, 1991). Konzipiert wurde ein modulares System (Abb. 1) mit spezifischen altlastrelevanten Datenbanken und Graphiklayern (z. B. Altlasten, Adreßbücher, Graphik Altlastverdachtsflächen) sowie Zusatz- und Ergänzungsmodulen (z. B. Geologie, Schutzgebiete). Diese stehen einerseits im direkten Zusammenhang mit der speziellen Altlastproblematik, andererseits können sie auch für andere Thematiken (z. B. ein Umweltinformationssystem) separat und unabhängig von dem Altlastmodul oder in Kombination mit altlastrelevanten Daten genutzt werden. Kern des AIS ist die Altlastdatenbank. Sie basiert auf dem im Rahmen des Projektes entwickelten Erfassungsbogen.

3.1. Erfassungsmethodik

Aufbauend auf den vorliegendenden methodischen Erfahrungen und insbesondere orientiert am Saarbrücker Modell (SELKE/HOFFMANN, 1992) erfolgte der Aufbau der Datenbank zur Erfassung der Verdachtsflächen. Dabei wurden raumspezifische Strukturen der Industrie, der Landwirtschaft und der Abfallentsorgung ebenso berücksichtigt, wie die spezielle Situation real verfügbarer Akten, Karten, Luftbilder und andere Daten zur historischen Recherche.

Im Vergleich mit anderen Systemen werden zusätzliche und ergänzende Informationen in die Datenbankstruktur integriert. Dazu gehören insbesondere:
- die Aufnahme von bis zum Jahr 1990 betriebenen, stofflich spezifizierbaren Standorten und Ablagerungen,
- die Berücksichtigung landwirtschaftlicher Kontaminationsflächen (z. B. Stallanlagen, Silos, Pestizidlager),
- die Integration ausgewählter bandförmiger Kontaminationen (z. B. Eisenbahntrassen) und großflächiger Altlastverdachtsflächen (z. B. Güllehochlastflächen),
- detaillierte Angaben zur Reliefposition sowie des Ortes, der Form und der Art der Ablagerung,
- Einrichtung von „Memo"-Feldern, um alle bekannten, beschreibenden, nicht verschlüsselbaren Zusatzinformationen zu einer Fläche in der Datenbank speichern zu können,
- Angaben zur Zuverlässigkeit ausgewählter Informationen,
- reproduzierbare Angaben zu den verwendeten Informationsmaterialien, inclusive einer detaillierten Anleitung zur Erfassung zur Reduzierung der subjektiven Einflüsse und als Mittel zur Homogenisierung der Daten.

Weitere wesentliche Unterschiede bestehen bei der Strukturierung der pedologischen, hydrologischen und geologischen Daten. In vielen Altlastendatenbanken werden diese Informationen in einer sehr knappen und stark generalisierten Form integriert. So werden beispielsweise in den neuen Bundesländern häufig die hydrogeologischen Karten im Maßstab 1:50 000 verwendet. Diese Vorge-

Abb. 2: Konzept für eine interaktive Erstbewertung im AIS
(C.Gläßer, M.Prehn, D.Wyss, J.Birger, D.Thürkow 1994)

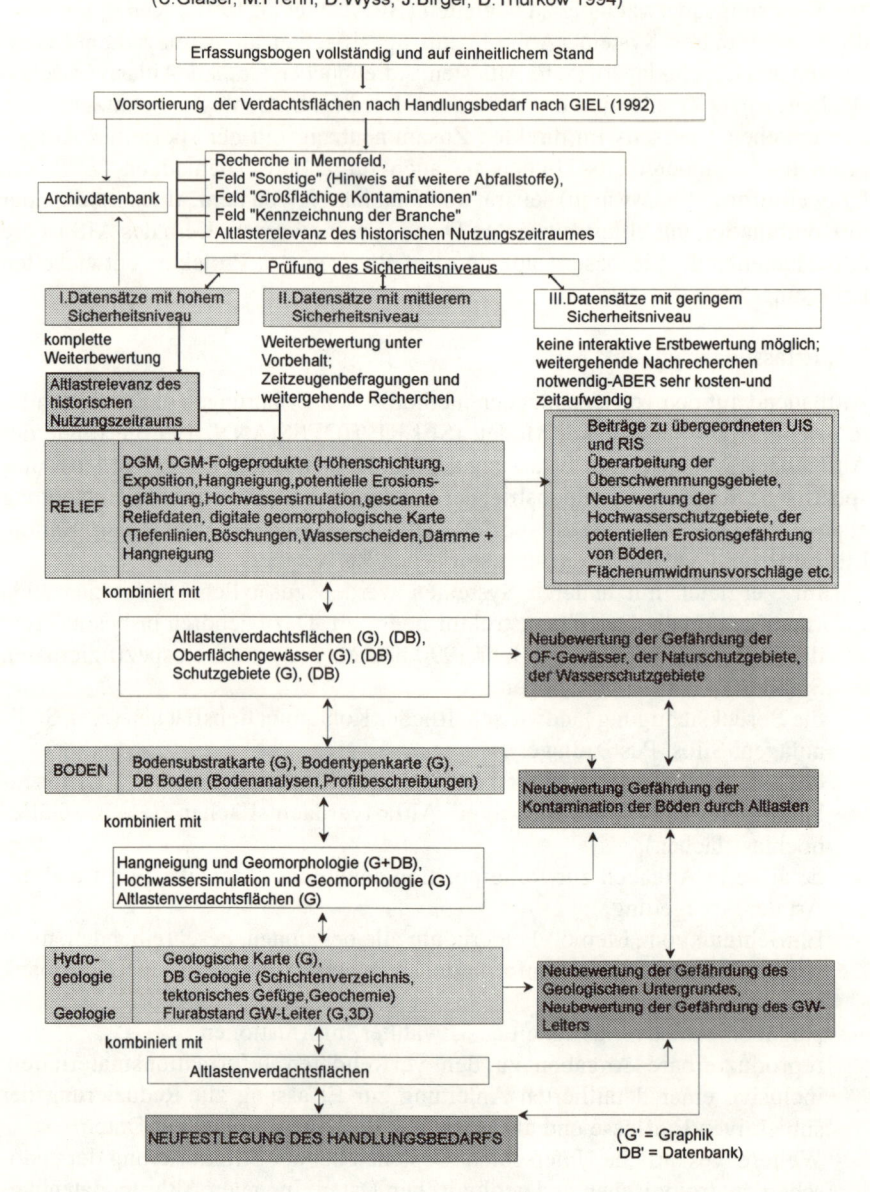

```
┌─────────────────────────────────────────────────────────┐
│ Erfassungsbogen vollständig und auf einheitlichem Stand │
└─────────────────────────────────────────────────────────┘
                            │
┌─────────────────────────────────────────────────────────┐
│ Vorsortierung der Verdachtsflächen nach Handlungsbedarf │
│ nach GIEL (1992)                                        │
└─────────────────────────────────────────────────────────┘
```

- Recherche in Memofeld,
- Feld "Sonstige" (Hinweis auf weitere Abfallstoffe),
- Feld "Großflächige Kontaminationen"
- Feld "Kennzeichnung der Branche"
- Altlastrelevanz des historischen Nutzungszeitraumes

Archivdatenbank

Prüfung des Sicherheitsniveaus

I. Datensätze mit hohem Sicherheitsniveau	II. Datensätze mit mittlerem Sicherheitsniveau	III. Datensätze mit geringem Sicherheitsniveau
komplette Weiterbewertung	Weiterbewertung unter Vorbehalt; Zeitzeugenbefragungen und weitergehende Recherchen	keine interaktive Erstbewertung möglich; weitergehende Nachrecherchen notwendig – ABER sehr kosten- und zeitaufwendig

Altlastrelevanz des historischen Nutzungszeitraums

RELIEF: DGM, DGM-Folgeprodukte (Höhenschichtung, Exposition, Hangneigung, potentielle Erosionsgefährdung, Hochwassersimulation, gescannte Reliefdaten, digitale geomorphologische Karte (Tiefenlinien, Böschungen, Wasserscheiden, Dämme + Hangneigung

→ Beiträge zu übergeordneten UIS und RIS Überarbeitung der Überschwemmungsgebiete, Neubewertung der Hochwasserschutzgebiete, der potentiellen Erosionsgefährdung von Böden, Flächenumwidmunsvorschläge etc.

kombiniert mit

Altlastenverdachtsflächen (G), (DB),
Oberflächengewässer (G), (DB)
Schutzgebiete (G), (DB)

→ Neubewertung der Gefährdung der OF-Gewässer, der Naturschutzgebiete, der Wasserschutzgebiete

kombiniert mit

BODEN: Bodensubstratkarte (G), Bodentypenkarte (G), DB Boden (Bodenanalysen, Profilbeschreibungen)

→ Neubewertung Gefährdung der Kontamination der Böden durch Altlasten

kombiniert mit

Hangneigung und Geomorphologie (G+DB),
Hochwassersimulation und Geomorphologie (G)
Altlastenverdachtsflächen (G)

Hydrogeologie / Geologie: Geologische Karte (G), DB Geologie (Schichtenverzeichnis, tektonisches Gefüge, Geochemie) Flurabstand GW-Leiter (G,3D)

→ Neubewertung der Gefährdung des Geologischen Untergrundes, Neubewertung der Gefährdung des GW-Leiters

kombiniert mit

Altlastenverdachtsflächen

NEUFESTLEGUNG DES HANDLUNGSBEDARFS

('G' = Graphik
'DB' = Datenbank)

hensweise führt zu einer unzulässigen Verknüpfung unterschiedlicher Maßstabsbereiche und damit unterschiedlicher Generalisierungsebenen. Diese ist insbesondere deshalb kritisch zu bewerten, als die detaillierte Beschreibung der natürlichen lithologischen Verhältnisse und damit der geologischen Barrieren die Voraussetzung für die Bewertung der Ausbreitung der Kontaminationen darstellt. Für das hier dargestellte Altlasteninformationssystem wurde deshalb ein grundsätzlich anderer Weg gewählt. In der Altlastendatenbank werden generell keine geologisch-hydrologischen Daten gesammelt. Dem modularen Konzept entsprechend gibt es separate, relationale Datenbanken zu diesen Sachdaten (vgl. Abb. 1). Mit dieser Vorgehensweise werden zwei Ziele verfolgt:
– Es werden keine generalisierten Daten zur Altlastverdachtsflächenbewertung herangezogen.
– Innerhalb des Informationssystems werden gleiche oder ähnliche Sachdaten nur in einer Datenbank gehalten.

3.2. Erstbewertung

Die beprobungslose Erstbewertung mit dem Ziel der Festlegung des Handlungsbedarfes für die einzelnen Verdachtsflächen, erfolgt in einem stufenweisen Verfahren. In Anlehnung an das Saarbrücker Modell, einem relativ vergleichenden Modell, entwickelte GIEL (1992) eine für die Region modifizierte Erstbewertungsmethodik, die vor allem auf dem Freisetzungspotential einer Verdachtsfläche und der potentiellen Gefährdung der einzelnen Umweltkompartimente basiert. Diese Methode, die innerhalb des Systems auch automatisiert ablaufen kann, ist als Vorbewertung zu verstehen. Eine interaktive, mehrstufige Folgebewertung schließt sich an. Berücksichtigt werden sowohl Informationen aus der Altlastendatenbank, als auch insbesondere Graphiken und Sachdaten anderer Module des Altlasteninformationssystems (Abb. 2).

Einer vollständigen Erstbewertung unterliegen nur Flächen mit hinreichend sicheren Ausgangsdaten. Das Sicherheits- bzw. Zuverlässigkeitsniveau der Angaben beispielsweise zu Volumina und zu den Stoffangaben der Altablagerungen sind hierfür wichtige Parameter. Unter Einbeziehung und Verschneidung der verschiedenen thematischen Graphikebenen und unter Berücksichtigung der Sachdatenbanken (z. B. Geologie, Hydrologie, Boden, Abb. 1) werden die Altlastverdachtsflächen vollständig erstbewertet (Abb. 2; THÜRKOW, 1994).

Die Integration und Berücksichtigung der räumlichen und zeitlichen Komponenten führt zu einer Modifizierung des Gefährdungspotentials und damit des Handlungsbedarfes für die Altlastverdachtsflächen. Zusätzlich werden Nachbarschaftswirkungen verschiedener Altlastverdachtsflächen in einem definierten Gebiet berücksichtigt. Da für dieses Gebiet aufgrund der summarischen Wirkung der Stoffausträge aus den Altlastverdachtsflächen ein höheres Gefährdungspotential zu erwarten ist als es die Einzelstandortbewertung erwarten läßt, wird ein solches Gebiet einem höheren Handlungsbedarf zugeordnet, um das ökologische Risiko besser beurteilen zu können.

4. Integration des AIS in ein Umweltinformationssystem (UIS)

Die modulare Struktur des AIS erlaubt eine Nutzung der Graphikebenen und Sachdatenbanken auch unabhängig von der Thematik „Altlastenkataster". Es kann zugleich als direkter Bestandteil eines Umweltinformationssystems ausgewählter abiotischer Komponenten betrachtet und in ein solches integriert werden. Die mit hohem zeitlichen, personellen und finanziellen Aufwand betriebene Erfassung der Altlastverdachtsflächen und die gründliche und umfassende Recherche, Erfassung und Darstellung notwendiger geowissenschaftlicher und anderer Sach- und Zusatzinformationen sind nur vertretbar, wenn eine ressortübergreifende Mehrfachnutzung der Daten angestrebt und inhaltlich sowie datentechnisch realisiert werden kann (BIRGER, 1994). So sind beispielsweise alle geowissenschaftlichen Sachdaten und Graphikebenen über einheitliche Koordinaten verknüpfbar. In das offene hybride System können Fremddateien integriert werden. Bei der historischen Recherche erfaßte Flächen, die sich in der Folge als nicht altlastrelevant erweisen, werden mit vollständigen Datensätzen in einer „Archivdatei" gespeichert und für unterschiedlichste Fragestellungen genutzt. Zu diesen Informationen gehören beispielsweise:
- anthropogene Reliefveränderungen (Böschungen, Stufen, Dämme, Einschnitte)
- historische Abbauformen ohne altlastrelvante Verfüllungen
- Gewässernetzveränderungen (Fließ- und Stillgewässer, Gräben)
- ehemalige Sumpfgebiete, feuchte Senken

Ausgewählte Beispiele der Nutzung dieser Daten sind:
- pedologische und umweltgeologische Kartierungarbeiten einschließlich der Integration der Daten in die Sachdatenbanken Boden und Geologie
- Untersuchungen zum historischen Landschaftswandel
- Modifikation der Bewertung des Abflußverhaltens und Schadstofftransportes von Altlastflächen
- ingenieurgeologische Arbeiten und Baugrunduntersuchungen
- Integration in Flächennutzungspläne, Landschaftspläne u. a.

5. Zusammenfassung

Das vorgestellte Altlastinformationssystem wird nach ersten Erfahrungen einer ökologischen Bewertung der Auswirkungen von Altlastverdachtsflächen besser gerecht als bisherige Systeme. Das Konzept des modularen Aufbaus zwingt bereits beim Aufbau des Systems zu einer abgestimmten Vorgehensweise bei der Strukturierung unterschiedlicher thematischer Datenbanken. Somit ist die Mehrfachnutzung aller Schachdaten im GIS gewährleistet. Eine direkte Integration in ein Umweltinformationssystem ist möglich.

6. Literatur

Birger, J. (1994): Ressortübergreifende Datennutzung – Möglichkeiten der Mehrfachnutzung geowissenschaftlicher Daten aus einem AIS als Beitrag zu einer verbesserten Landschaftsplanung, unveröffentlicht Diplomarbeit, Uni Halle

Braun, G. et al. (1991): Aufbau eines Informationssystems im Raum Halle/Bitterfeld Vortrag zur Fachtagung „Automatisierte Altlasten- und Emissionskataster"

Giel, M. (1992): Beiträge zur Erfassung und Erstbewertung von Altlastverdachtsflächen im Stadtrandgebiet Halle (Bruckdorf), unveröffentlicht Diplomarbeit, Uni Halle

Gläßer, C., M. Prehn (1993): Methodische Erfahrung bei der Datenanalyse. In: Altlastensanierung '93, Vierter Internationaler KfK/TNO Kongreß über Altlastensanierung, 3.–7. Mai, Berlin, Bd. II, S. 941–942

Kinner, U. et al. (1986): Branchentypische Inventarisierung von Bodenkontaminationen – ein erster Schritt der Gefährdungsabschätzung für ehemalige Betriebsgelände, UBA-FB 86–016, Berlin

Kommunalverband Ruhrgebiet (Hrsg.), (1989): Erfassung möglicher Bodenverunreinigungen auf Altstandorten. Arbeitshilfe für die Erhebung und Auswertung von Informationen über produktionstypische Bodenbelastungen auf stillgelegten Industrie- und Gewerbeflächen, Essen

Landesanstalt für Umweltschutz Baden-Württemberg (1989): Historische Erhebung Altlastverdächtiger Flächen – Branchenkatalog zur Altstandorterhebung – Anhang 4, Branchenliste 2: Altlastenrelevante Branchen, Dortmund

Schmidt, U. (1960): Die Industrie als städtebildender Faktor für Halle an der Saale, Diss., Uni Halle,

Scholz, D. (1978): Die industrielle Agglomeration im Raum Halle-Leipzig zwischen 1850–1945 und die Entstehung des Ballungsgebietes, Hallesches Jahrbuch für Geowissenschaften Gotha/Leipzig, Bd. 2, S. 87–116

Selke, W., B. Hoffmann (Hrsg.), (1992): Kommunales Altlastenmanagement, Economia Verlag, Bonn

Thürkow, D. (1994): Methodik der Verschneidung altlastrelevanter und geowissenschaftlicher Daten mit dem GIS-ARC-Info, unveröffentlicht Diplomarbeit, Uni Halle

TÜV Rheinland Institut für Umweltschutz und Energietechnik (Hrsg 1990): Ökologisches Sanierungskonzept Leipzig/Bitterfeld/Halle/Merseburg Köln

FACHSITZUNG 4:
UMWELTERZIEHUNG

UMWELTERZIEHUNG:
UMWELT HANDELND ERFAHREN UND SCHÜTZEN

Hartmut Volkmann, Bochum

Der Mensch schafft sich seine Umwelt, indem er mehr oder weniger stark in die nachhaltige Organisation der Natur eingreift und sie seinen Wünschen und Anforderungen entsprechend gestaltet. Die Spanne der Veränderungen reicht von den episodischen Wohnbauten der Sammler und Jäger am Oberlauf des Amazonas bis hin zum Ökodrom Amerikas, das als extremes, dialektisch-konzipiertes Beispiel der industriell-technischen Möglichkeiten ein „natürliches Ökosystem" nachzubilden meint. Dazwischen liegt der weite Bereich unterschiedlich schwerer Schädigungen der Umwelt, die nur eines gemeinsam haben: sie sind nicht reversibel. Bestenfalls können die schlimmsten Auswüchse gemildert werden, eine Rückkehr zu ökologischen Regeln bleibt ausgeschlossen.

Diese Situationsbeschreibung soll nicht Resignation auslösen, sondern nur vor allzu euphorischen Erwartungen warnen. Seit dem Erwachen des Umweltbewußtseins infolge krisenhafter Umweltprobleme sind immer wieder Lösungen vorgeschlagen worden, oft gekoppelt an Schlüsselbegriffe, die in den Schlagzeilen der Medien auftauchten und verschwanden. All diese Konzepte wie Ökologisches Gleichgewicht, Grenzen des Wachstums, Nachhaltige Entwicklung verfolgen eine Entwicklung der Erde zum Besseren, entpuppen sich aber schließlich als bloße Schlagworte.

Dennoch sind alle Bemühungen zu stützen, die auf eine Vorsorge zum Schutze der Umwelt abzielen. Unabdingbare Voraussetzung einer wirksamen Vorsorge ist eine möglichst weitgehende Analyse ökosystemarer Prozesse in allen Bereichen menschlichen Handelns. Dies gilt in zweifacher Weise für eine der wirksamsten Vorsorgemaßnahmen: die Umwelterziehung in der Schule. Sie stützt sich nicht allein auf die Analyse landschaftökologischer Grundlagen, sondern ebenfalls auf die Analyse der Lernwege und -formen sowie ihrer Langzeitwirkung auf das Verhalten der Lernenden.

Ein wirksamer Umweltschutz beginnt mit einer lernadäquaten Umwelterziehung in der Schule. Diese kann und darf sich nicht nur auf ein Fach beschränken, doch eignen sich die verschiedenen Disziplinen in unterschiedlichem Maße dafür. Im Geographieunterricht müssen Kinder und Jugendliche frühzeitig erfahren, wie sich bestimmte Verhaltensweisen auf die Natur auswirken, beispielsweise beim Wasserverbrauch, der Wahl des Verkehrsmittels oder des Ferienortes.

Eine nachwirkende Umwelterziehung kann sich jedoch nicht damit begnügen, Zusammenhänge bewußt zu machen; erst wenn das Wissen dazu führt, daß Schülerinnen und Schüler Unbequemlichkeiten in Kauf nehmen, wenn sie mit Rücksicht auf die Folgen für die Umwelt handeln, hat Umwelterziehung im Geographieunterricht ihr Ziel erreicht.

Der Schlüssel dazu heißt „handelnd lernen". So wie man eine Sprache nur durch ständigen Gebrauch lernt und bewahrt, so setzt auch umweltverträgliches Verhalten entsprechende Lernformen voraus. Vom Umwelterleben, das einen emotionalen Zugang zum Themenkreis eröffnet, führt der Weg über Umweltwissen zum umweltbedachten Handeln. Lernmöglichkeiten dafür schafft der Geographieunterricht mit Methoden der Angewandten Geographie wie beispielsweise kartieren, messen, experimentieren, planen und Situationen aus dem täglichen Leben wie die naturnähere Gestaltung des Schulhofes oder häuslichen Gartens, die Wahl des vielleicht unbequemeren, aber umweltfreundlicheren öffentlichen Verkehrsmittels, ein umweltverträglicherer Klassenausflug oder Abfallvermeidung im Schulalltag. Schülerinnen und Schüler sollen dabei erfahren, daß ihr Tun sinnvoll ist und daß kleine Schritte ebenso bedeutsam sind wie große. Entscheidend ist allein, daß sie überhaupt gemacht werden und zwar möglichst oft.

Umwelterziehung erreicht ihre optimale gesellschaftliche Funktion, wenn Lernende selbst zu Lehrenden werden, wenn Schülerinnen und Schüler als Multiplikatoren ihre Eltern, Verwandten und Freunde zu ähnlich umweltbewußtem Verhalten anregen oder sogar anhalten. Bei der Abfallvermeidung läßt sich dies oft beobachten, etwa wenn Großeltern sich dazu entschließen, selbst zu kompostieren und statt Einweg- Mehrwegflaschen kaufen. Eine solchermaßen konzipierte Umwelterziehung trägt dazu bei, daß die Lernenden sich ihres eigenen Einflusses auf die Umwelt und auf die Gesellschaft bewußt werden, daß sie sich um sachgerechte Information bemühen, aufgrund derer sie umweltverträglichere Vorschläge entwickeln oder selbst Entscheidungen treffen.

Die Referenten der Fachsitzung Umwelterziehung stellen teils theoretische Überlegungen bzw. Analysen zur Diskussion, teils wollen sie durch erprobte Beispiele Anregungen geben und zum reflektierten Nachmachen ermuntern. Leider hat uns ein Beitrag nicht rechtzeitig zur Drucklegung erreicht.

UMWELTERZIEHUNG IM SPANNUNGSFELD ZWISCHEN WISSENSCHAFTLICHEM ANSPRUCH UND IDEOLOGISCHEM MISSBRAUCH

Karl-Heinz Erdmann, Bonn und Hans Kastenholz, Zürich

1. Einführung

Seit Anfang der 70er Jahre hat das Thema Umwelt im gesamten Bildungsbereich zunehmend an Bedeutung gewonnen. Dokumentiert wird dies u.a. durch die Integration von Umweltthemen in Lehrplänen und Ausbildungsordnungen. Trotz dieser Bemühungen besteht weiterhin eine große Diskrepanz zwischen Umweltwissen und Umwelthandeln.

Neben positiv zu bewertenden Ansätzen der Vermittlung umweltverantwortlichen Handelns sind auch mehrere, vom Zeitgeist des „anything goes" (FEYERABEND 1986, S.32) geprägte, kritisch zu hinterfragende Konzepte des pädagogischen Umgangs mit Umwelt auszumachen. Beispiele – anhand derer die skizzierten Problemlagen deutlich werden – sind
1. die Ökopädagogik und
2. die kritisch-materialistische Umweltpädagogik.

Unter dem Begriff Ökopädagogik werden gemeinhin alternative und außerinstitutionelle umweltpädagogische Ansätze und Praktiken zusammengefaßt. Vertreter dieser Richtung streben eine „revolutionäre Überwindung der industriellen Produktionsweise" (SCHMIED-KOWARZIK 1984, S.53) an. Des weiteren erteilen sie Technik und Wissenschaft eine Absage (vgl. MERTENS 1990, S.115); sogenannt „natürliches Lernen" – so die Ökopädagogen – könne nicht in der Schule, sondern nur innerhalb „basisorientierter Gruppierungen" wie z.B. Landkommunen, Kinderläden und Bürgerinitiativen stattfinden. Auf diese Weise will man einer angeblichen „Programmierung durch ein systemkonformes Bildungssystem" entkommen. Erklärtes Ziel der Ökopädagogen ist – über einen „aktive[n] Kampf gegen Umweltsünder" (REHFELD 1991, S.116) – die „Wiedergewinnung von Wirklichkeit" (HEGER et al. 1983) zu erlangen.

Die Vertreter einer kritisch-materialistisch orientierten Umweltpädagogik gelten nicht als libertär – wie die Ökopädagogen –, sondern als neo-marxistisch orientiert. Sie führen die heutige Umweltproblematik in erster Linie auf „Entfremdungsprozesse in der Gesellschaft" zurück (vgl. u.a. van DAMSEN 1988, S.85). In ihren Augen erweist sich das Mensch-Umwelt-Verhältnis als ein ökonomisches, „als ein im Kapitalverhältnis eingeschlossenes und nur durch dessen Auflösung aufzuhebendes Herrschafts-Knechtschafts-Verhältnis" (BERNHARD 1986, S.86).

Den genannten Ansätzen fehlt einerseits eine pädagogische Grundlagenreflexion, andererseits beschränken sie sich in ihren Zielvorstellungen auf eine radikale Kritik der industriegesellschaftlichen Lebensform sowie des organisierten Bildungswesen. Sie weisen eine Anfälligkeit zur Ideologisierung auf, welche u.a. in naturschwärmerischen und kulturpessimistischen Überzeugungen zum

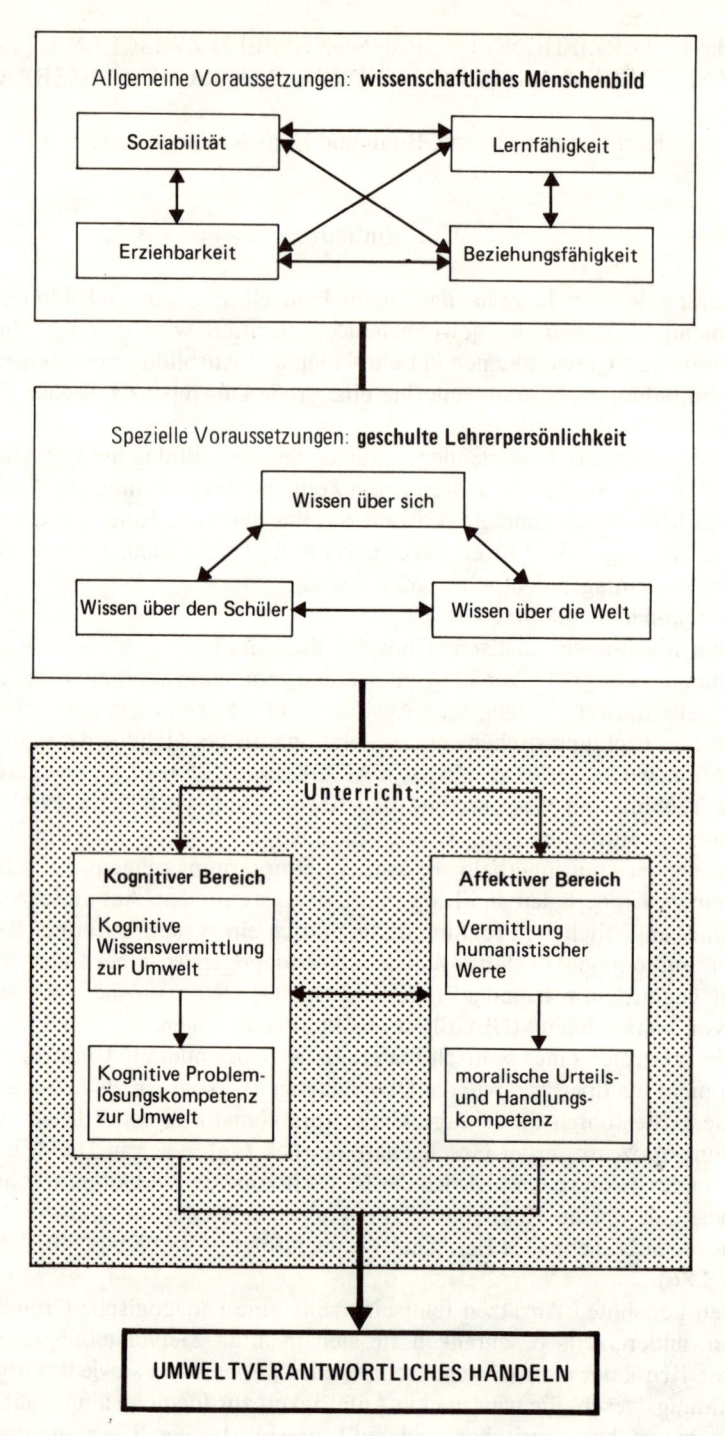

Abb. 1: Dreistufiges Modell zur Vermittlung „umweltverantwortlichen Handelns in der Schule"

Ausdruck kommt. Bei den genannten Richtungen handelt es sich keinesfalls um vernachlässigbare, von wenigen Exponenten lancierte Randerscheinungen, sondern Inhalte und Zielsetzung beider Konzepte haben - zum Teil in modifizierter oder auch abgeschwächter Form - bereits Eingang in schulische und außerschulische Bildungsinstitutionen gefunden.

Wie könnte nun ein integratives umweltpädagogisches Konzept aussehen, daß – im Gegensatz zu den genannten ideologielastigen Ansätzen – auf pädagogisch-anthropologischen, entwicklungpsychologischen und lerntheoretischen Erkenntnissen aufbaut. Hierzu wurde von den Autoren ein – mit den Empfehlungen der UNESCO zur Erziehung korrespondierendes – dreistufiges Modell zur Vermittlung umweltverantwortlichen Handelns entwickelt, das im folgenden skizzenhaft vorgestellt wird.

2. Humanwissenschaftliche Grundlagen

In den Ausführungen der UNESCO zur Weltkulturdekade wird auf anthropologische Grundgegebenheiten verwiesen, die ein wissenschaftlich fundiertes Menschenbild begründen (SEIB 1988, S.22). Anstelle einer ausführlichen Darstellung wird auf einschlägige Literatur der Anthropologie, Kulturanthropologie, Biologie und Entwicklungspsychologie verwiesen; u.a. von LEAKEY/LEWIN (1978), BENEDICT (1955), MALINOWSKI (1975), MONTAGU (1984), SPITZ (1983), BOWLBY (1975) und PORTMANN (1971).

Die Ergebnisse der genannten Autoren zeigen übereinstimmend (vgl. KASTENHOLZ 1992), daß der Mensch ein von Natur aus soziales, lern- und beziehungsfähiges sowie erziehbares Wesen ist. Diese kulturunabhängigen Dispositionen bilden die Grundlage für ein wissenschaftlich fundiertes Menschenbild. Sie müssen bei allen weiteren Überlegungen bezüglich eines erfolgreichen Lernprozesses mit einbezogen werden.

3. Lehrerpersönlichkeit

In der heutigen Zeit sind viele Lehrer mit Schwierigkeiten konfrontiert, die das Unterrichten zunehmend negativ beeinflussen. U.a. beobachten viele Lehrer eine sinkende Leistungsbereitschaft und Leistungsfähigkeit der Schüler, was sich z.B. darin niederschlägt, daß Unterrichtsmaterialien vorheriger Jahrgänge nicht mehr in der gleichen Altersstufe eingesetzt werden können. Die von verschiedenen gesellschaftlichen Gruppen und Teilen der Medien betriebene Kultivierung von Gewalt, die Bejahung eines freien Auslebens von Aggressionen verstärken diese Tendenz und erschweren es Kindern und Jugendlichen, dauerhafte Beziehungen und prosoziales Verhalten aufzubauen; Verherrlichung von Drogen und die damit verbundene Ideologie und Subkultur hindern Schüler z.B. daran zu lernen und kooperatives Verhalten zu entwickeln.

Diese Einflüsse spiegeln sich im Schulalltag in einer allgemeinen Verrohung des Klimas, Gleichgültigkeit gegenüber den Problemen von Mitschülern, mangelnder Konzentration sowie Interesselosigkeit und finden letztlich eine Entsprechung in der mangelhaften Ausbildung umweltverantwortlichen Handelns.

Aufbauend auf den genannten humanwissenschaftlichen Grundlagen ist die Schulung der Lehrerpersönlichkeit für eine erfolgreiche pädagogische Praxis von zentraler Bedeutung; sie muß den folgenden drei Kriterien Rechnung tragen:

a. Wissen über sich selbst (Auseinandersetzung mit dem Beitrag des Lehrers im pädagogischen Prozeß)

Da sich Kinder und Jugendliche an den Stellungnahmen Erwachsener orientieren, führen ausschließlich fachdidaktische Bemühungen des Lehrers nicht zu den gewünschten Lernerfolgen im kognitiven und sozialen Bereich der Schüler. Deshalb sind nicht nur die Unterrichtsinhalte, die der Lehrer vermitteln möchte, entscheidend, sondern auch seine emotionale Einstellung, mit der er den Schülern entgegentritt, sowie sein Mut zum erzieherischen Vorbild (BENNING 1980, S.79).

Inwieweit es zu einer Beziehung zwischen Lehrern und Schülern auf der Grundlage der Gleichwertigkeit, der gegenseitigen Achtung und Würde kommt (PIAGET 1954, S.362), hängt in starkem Maße davon ab, ob es dem Lehrer gelingt, seinen eigenen Beitrag im interaktiven Schüler-Lehrer-Prozeß zu erkennen. Dies bedeutet, sich seiner fachbezogenen Einstellungen bewußt zu werden und die eigenen Reaktionsweisen im Schulalltag (wie z.B. Unsicherheits- und Überforderungsgefühle in der Klassenführung; Ängste und Ärger gegenüber einzelnen Schülern) kennen und verstehen zu lernen. Der Lehrer sollte sich vergegenwärtigen, daß er die Schüler aufgrund seiner eigenen psychischen Disposition, aufgrund seines eigenen Menschen- und Weltbildes beurteilt.

b. Wissen über den Schüler (Erfassung des Schülers als lernendes, auf Anleitung angewiesenes, in der Erziehung gewordenes Wesen)

1804 verlangte Johann Friedrich HERBART (1913), daß sich der Erzieher ein realistisches Bild von der psychischen Situation des Schülers erarbeiten muß, da diese die Voraussetzung jedes Erziehungsprozesses bildet. Den Schüler erfassen heißt, dessen individuelle Verhaltens- und Reaktionsweisen im Unterricht verstehen zu lernen. Der Grad des Selbstwertgefühls, der Beziehungsfähigkeit und der Bereitschaft zur Übernahme von Verantwortung ist durch den Verlauf der Individualgeschichte des Schülers bestimmt und trägt im wesentlichen dazu bei, inwieweit er sich z.B. auch für die Belange der Umwelt interessieren und für eine Lösung dieser Probleme einsetzen kann.

c. Wissen über die Welt (Auseinandersetzung mit dem gesellschaftlichen Zeitgeschehen und dessen Auswirkungen auf die pädagogische Interaktion)

Der Lehrer muß in der Lage sein, gesellschaftliche Zeitströmungen realistisch einzuschätzen und ihre Auswirkungen auf die Handlungskompetenz der Schüler zu erkennen (DEUTSCHE UNESCO-KOMMISSION 1990, S.20f.). Seine Stellungnahme z.B. zum Umwelt-, aber auch z.B. zum Gewaltproblem ist für jeden Schüler von großer Bedeutung.

4. Schulpraktische Überlegungen

Der Erziehungsvorgang hat einerseits über die Vermittlung wissenschaftlicher Erkenntnisse und tradierter Erfahrungen die kognitive Problemlösungskompetenz der Schüler zu fördern. Andererseits muß er aber auch durch die Unterstützung der moralischen und intellektuellen Entwicklung zur Charakter- und Persönlichkeitsbildung beitragen. Um Schüler zu einem umweltverantwortlichen Handeln zu verhelfen, sind deshalb, so die DEUTSCHE UNESCO-KOMMISSION (1979, S.17f.), gleichzeitig kognitive und affektive Unterrichtsziele anzustreben. Der Lehrer muß demnach gleichermaßen die Wissens- und Gewissensbildung der Schüler fördern.

4.1 Kognitiver Bereich

Aurelio PECCIE (1981) – Gründer des Club of Rome – macht darauf aufmerksam, daß eine kognitive Problemlösungskompetenz nur erreicht werden kann, wenn der Schüler Kenntnisse erwirbt, auch komplexe Probleme und deren systemare Zusammenhänge einzuschätzen. So weist Hubert MARKL (u.a. 1989, S.31) darauf hin, daß jeder einzelne über die ökologischen Konsequenzen seines Handelns im privaten wie im gesellschaftlichen Rahmen informiert sein muß, um Verantwortung für sein umweltbezogenes Handeln, d.h. auch gleichzeitig für das Allgemeinwohl übernehmen zu können.

Im kognitiven Bereich ist sowohl die Fähigkeit zum Lösen komplexer Probleme, d.h. das Erkennen und Nutzen von Ordnungsprinzipien, auszubilden, als auch ökosystemares Wissen zu vermitteln. Die intellektuelle Bewältigung von Unbestimmtheit und Komplexität setzt nach Dietrich DÖRNER (1982) voraus, den Lernenden dazu zu erziehen, jedes Thema mit angemessener Genauigkeit bis zu Ende zu behandeln und nicht von Thema zu Thema zu springen. Eine enge Kooperation verschiedener Unterrichtsfächer (Geographie, Biologie, Chemie, Sozialwissenschaften, etc.) ist anzustreben. Kognitive Tüchtigkeit ist somit eine Grundlage für umweltverantwortliches Handeln. Diese kurzen Anmerkungen mögen an dieser Stelle genügen, wurden doch gerade in den letzten Jahren umfangreiche Materialsammlungen erstellt und der Schulpraxis zugänglich gemacht.

4.2 Affektiver Bereich

Der geschichtliche und in kulturellen Zusammenhängen denkende Mensch wird nach ELSTER (1987, S.5) „nicht geboren, sondern er muß in die kulturelle Gemeinschaft durch Bildung und Erziehung integriert werden - vom Elternhaus über Kindergarten, Schule, Lehre oder Studium". Da der Sozialisationsprozeß lebenslang andauert, hat gerade die Schule als Bildungs- und Erziehungsinstitution gewichtige Einflußmöglichkeiten, dem Schüler Verhaltensdispositionen zu vermitteln. Bildung und Erziehung dürfen deshalb keinesfalls ausschließlich auf die Vermittlung von wissenschaftlichen Ergebnissen beschränkt bleiben, sondern müssen ebenso „affektive und soziale Lernziele, die auf Wertungen und Einstellungen zielen" (HAUBRICH et al. 1980, S.112), berücksichtigen.

Um die Förderung von umweltverantwortlichem Handeln zu gewährleisten, ist eine gleichzeitige Vermittlung von humanistischen Werten, wie z.B. soziale Verantwortung, Mitgefühl, Gewaltlosigkeit und Gleichwertigkeit unerläßlich. Das Erlernen einer auf den genannten Werten basierenden mitmenschlichen Verbundenheit fördert nicht nur den Aufbau einer humanen Gesellschaft, sondern auch das Engagement für den Schutz der Umwelt.

„Der Unterricht sollte so organisiert sein, daß er soziales Lernen ermöglicht und Lernziele wie soziale Integration, Kooperationsfähigkeit, friedliche Konfliktlösung u.a. gerecht wird" (GEISSLER 1976, S.6). Hervorzuheben ist, daß Lernziele wie z.B. soziale Verantwortung weder durch die sittliche Einsicht als solche noch über eine verbalisierende Gesinnungsbildung gefördert werden können, sondern vielmehr von der Persönlichkeit des Erziehers, von seiner Vorbildfunktion, abhängen (BENNING 1980, S.79).

Damit jeder Mensch ein nicht nur für sich selbst Verantwortung tragendes „Mitglied der Gemeinschaft" wird, sondern sich darüber hinaus auch für seine Mitmenschen und seine natürliche Umwelt stärker verantwortlich fühlt, ist Schülern ein Gefühl zu vermitteln, „daß sie immer größer werdenden Gemeinschaften angehören" (DEUTSCHE UNESCO-KOMMISSION 1990, S.23). ELSTER (1987, S.5) fordert deshalb alle verantwortungsbewußten Bürger auf, Wege zur Förderung des „Gemeinschaftsgefühls" zu suchen, um „das Gemeinsame aller Menschen" stärker als bisher in der Geschichte der Menschheit zu fördern. Dieses Gemeinschafts- und Verantwortungsbewußtsein, so ELSTER (1987, S.5f.), muß über die menschliche Gesellschaft hinaus auf unsere gesamte Umwelt ausgedehnt werden. In ähnlicher Weise äußerte sich schon 1927 der Arzt und Individualpsychologe Alfred ADLER (1983, S.51): „Das Gefühl der Zusammengehörigkeit, das Gemeinschaftsgefühl wird in der Seele des Kindes bodenständig ... und erstreckt sich in günstigen Fällen nicht nur auf die Familienmitglieder, sondern auf ... die gesamte Menschheit. Es kann sogar über diese Grenzen hinausgehen und sich dann auch auf Tiere, Pflanzen und andere leblose Gegenstände ... ausbreiten".

5. Ausblick

Voraussetzung für die erfolgreiche Vermittlung umweltverantwortlichen Handelns ist ein genaues Verständnis von Individuum und Gesellschaft. Hierzu müssen die Erkenntnisse verschiedener wissenschaftlicher Fachdisziplinen mit einbezogen werden. Diesem Anspruch Rechnung tragend, wurde ein handlungsleitender Ansatz für die Schulpraxis entwickelt und in einem dreistufigen Modell zusammenfassend dargestellt. Nur unter der Berücksichtigung aller genannten Modellkomponenten kann die Umsetzung von umweltverantwortlichem Handeln verwirklicht werden, das langfristige Wirkung zeigt. Das Anliegen der UNESCO „Erziehung zur Verantwortung", das sich heute nicht nur auf die gesamte Menschheit erstreckt, sondern auch die Umwelt in ihre Betrachtung mit einbezieht, rückt deshalb heute in das Zentrum pädagogischer Intention.

6. Literatur

ADLER, A. (1983): Menschenkenntnis.Frankfurt/Main (18.Aufl.)
BENEDICT, R. (1955): Urformen der Kultur. Reinbek bei Hamburg
BENNING, A. (1980): Ethik der Erziehung. Grundlegung und Konkretisierungen einer Pädagogischen Ethik. Freiburg
BERNHARD, A. (1986): Ökologie und Bildung. Zur Kritik der Grundlagen einer speziellen „Ökopädagogik" in: Widersprüche 18
BOWLBY, J. (1975): Bindung. Eine Analyse der Mutter-Kind-Beziehung. Frankfurt/Main (3.Aufl.)
van DAMSEN, B. (1988): Pädagogik und Ökologie. Eine Verhältnisbestimmung. Köln
DEUTSCHE UNESCO-KOMMISSION (Hrsg.)(1979): Empfehlung über die Entwicklung der Weiterbildung – verabschiedet von der 19. Generalkonferenz der UNESCO am 26. November 1976. Bonn (2.Aufl.)
DEUTSCHE UNESCO-KOMMISSION (Hrsg.)(1990): Empfehlung zur „Internationalen Erziehung". Bonn (2. im deutschen Text veränderte Aufl.)
DÖRNER, D. (1982): Umwelterziehung – Verhaltenserziehung. Anatomie von Denken und Handeln.Der Mensch in komplexen Situationen in: Biologica Didactica 5/2, S.56–58
ELSTER, H.-J. (1987): Verantwortung in Wissenschaft, Technik, Bildungspolitik und Gesellschaft in: ELSTER, H.-J. (Hrsg.): Möglichkeiten, Grenzen und ethische Probleme der Biotechnik. Schriften der Gesellschaft für Verantwortung in der Wissenschaft 5, Stuttgart, S.1–6
FEYERABEND, P. (1986): Wider den Methodenzwang. Frankfurt/Main
GEISSLER, E.E. (1976): Analyse des Unterrichts. Bochum (3.Aufl.)
HAUBRICH, H./A. BRUCKER/K. ENGELHARD/W. HAUSMANN/G. KIRCHBERG und D. RICHTER (1980): Konkrete Didaktik der Geographie. Braunschweig (3.Aufl.)
HEGER, R.-J./J. HEINEN-TENRICH und Th. SCHULZ (1983): Wiedergewinnung von Wirklichkeit. Ökologie, Lernen und Erwachsenenbildung. Freiburg i.Br.
HERBART, J.F. (1913): Über die ästhetische Darstellung der Welt als das Hauptgeschäft der Erziehung in: WILLMANN, O. und T. FRITZSCH (Hrsg.): Pädagogische Schriften. Leipzig (3.Aufl.)
KASTENHOLZ, H. (1992): Die Bedeutung eines wissenschaftlich fundierten Menschenbildes für die Förderung umweltverantwortlichen Handelns in: ERDMANN, K.-H. (Hrsg.): Perspektiven menschlichen Handelns: Umwelt und Ethik. Heidelberg, S.110–131
LEAKEY, R.E. und R. LEWIN (1978): Wie der Mensch zum Menschen wurde. Neue Erkenntnisse über den Ursprung und die Zukunft des Menschen. Hamburg
MALINOWSKI, B. (1975): Eine wissenschaftliche Theorie der Kultur. Frankfurt/Main
MARKL, H. (1989): Wissenschaft: Zur Rede gestellt. München
MERTENS, G. (1990): „Ökopädagogik" versus Umwelterziehung. Versuch einer konstruktiven Vermittlung in: Pädagogische Welt 44, S.113–118
MONTAGU, M.F.A. (1984): Zum Kinde reifen. Stuttgart
PECCEI, A. (Hrsg.)(1981): Club of Rome ‚Zukunftschance Lernen'. Bericht für die achtziger Jahre. München (2.Aufl.)

PIAGET, J. (1954): Das moralische Urteil beim Kinde. Zürich
PORTMANN, A. (1971): Entläßt die Natur den Menschen? München (2.Aufl.)
REHFELD, W. (1991): „Zunkunftswerkstatt" als qualitative Methode zur Gewinnung von Planungs- und Entscheidungsperspektiven für Projekte in der beruflichen Umweltbildung in: AKADEMIE FÜR JUGEND UND BERUF (Hrsg.): Hattinger Materialien zur beruflichen Umweltbildung. Tagungsreader. Hattingen, S.107-124
SCHMIED-KOWARZIK, W. (1984): Rücksichtslose Kritik alles Bestehenden in: BEER, W. und G. de HAAN (Hrsg.): Ökopädagogik. Aufstehen gegen den Untergang der Natur. Weinheim, S.43–56
SEIB, W. (1988): Zur Weltkulturdekade in: DEUTSCHE UNESCO-KOMMISSION (Hrsg.): Die Weltdekade für kulturelle Entwicklung (1988–1997). Bonn, S.5-30
SPITZ, R. (1983): Vom Säugling zum Kleinkind. Stuttgart

ÖKOLOGISCHE LANDSCHAFTSBEWERTUNG.
EIN BEITRAG ZUR UMWELTERZIEHUNG

Herbert Kersberg, Hagen

1. Einführung:

Das Thema „Ökologische Landschaftsbewertung" im Rahmen des Leitthemas „Ökologie und Umwelt" mag unter den Aspekten und Möglichkeiten der Umwelterziehung ein wenig vermessen klingen – dies um so mehr, als die hier vorgestellten Medien und methodischen Ansätze auch und besonders für Schüler jüngerer Altersstufen gelten sollen. Die hier beabsichtigten Einsichten und Erkenntnisziele sind aber wegen der heutigen Betroffenheit eines jeden Bürgers, etwa im Zuge der öffentlichen Diskussionen und Bürgerbeteiligung bei der Aufstellung und Umsetzung der kommunalen Landschaftspläne, so wichtig und aktuell geworden, daß wir die Thematik auf jeden Fall in unseren umweltpädagogischen Bemühungen im Geographieunterricht mit aufgreifen sollten, und zwar so frühzeitig wie möglich. Die bei allen Eingriffen in Natur und Landschaft vorgeschriebenen Umwelterheblichkeitsstudien und gezielten Umweltverträglichkeitsprüfungen (UVP) bieten dann in höheren Altersstufen Anlaß zur Teilnahme an den Diskussionen um die Bewertung und Entwicklung unserer Landschaft. Geographielehrer berichten – u.a. auch auf dieser Sitzung – von projektbezogenen Untersuchungen einzelner Landschaftselemente, die durch einen geplanten Eingriff betroffen werden: so etwa von der Erfassung gefährdeter Pflanzen- und Tierarten bzw. ihrer gefährdeten Lebensbedingungen und Standorte. Andere Untersuchungen befassen sich mit den Eingriffen in das Mikro- und Geländeklima, mit Auswirkungen des motorisierten Verkehrs auf die Umwelt oder der intensivierten Landwirtschaft auf die Böden. Alle diese thematischen Ansätze des Geographieunterrichts oder auch des Biologieunterrichts sind sehr wichtig. Sie können an dieser Stelle aber nicht weiter verfolgt werden.

Ich möchte vielmehr zurückkommen auf den Aspekt der Betrachtung der realen geographischen Landschaft als einem ganzheitlichen Wirkungsgefüge aus Natur- und Kulturstrukturen, sowie sie seit eh und je die Geographen beschäftigt hat. Dies entspricht im übrigen auch der Vorstellung eines fächerübergreifenden und eher ganzheitlichen Charakters der Umwelterziehung.

2. Die Landschaft als Problemfall

Eine Landschaft hat so viele Gesichter, wie es der Art und Vielfalt ihrer Ausstattung als Naturlandschaft und ihrer Umgestaltung durch die Wirksamkeit der in ihr lebenden und wirtschaftenden Menschen insgesamt entspricht. Auf dem relativ wenig veränderbaren Hintergrund der natürlichen morphologischen und klimatischen Strukturen kann die Kulturlandschaft als eine Art „Registrierplatte" der Summe des menschlichen Handelns angesehen werden. Dies gilt für urban-industriell geprägte Räume in einem besonderen Maße, es wird jedoch auch in ländlichen Gebieten mit vorherrschenden Agrarstrukturen sehr deutlich. Durch den Einsatz von Werkzeugen und Techniken ist der Mensch über seine ursprüngliche Rolle im Naturhaushalt hinausgewachsen. Er hat die natürlichen Strukturen nach seinen Bedürfnissen und Vorstellungen verändert: Natürliche Wälder wurden gerodet und in Äcker, Weiden oder auch Ödland umgewandelt, Feuchtgebiete wurden trockengelegt, Flußläufe verändert, und große Flächen wurden durch Siedlungen und Verkehrswege verbaut. Die Folgen einiger dieser Eingriffe in den Naturhaushalt können nach ihrer Einstellung wieder umkehrbar, also reversibel, sein. Andere haben bereits Dauerschäden verursacht, die in absehbarer Zeit nicht oder auch nie mehr ausgeglichen werden können, sie sind irreversibel.

Die Bewohner einer Landschaft, insbesondere die in ihr aufwachsenen Kinder und Jugendlichen, werden nun ihre vertraute Umgebung im allgemeinen nicht in dieser Weise hinterfragen. Die Landschaft wird eher unter den Aspekten ihrer Eignung und Bedeutung für den dort wohnenden Menschen gesehen, so etwa im Hinblick auf Wohnen und Erholen, Bewirtschaftung und Verkehrsanbindung oder auch unter ästhetischen Gesichtspunkten. Der Gedanke einer Entwicklung von der ursprünglichen Naturlandschaft bis zur heutigen Kulturlandschaft und die daraus resultierende aktuelle ökologische Situation ist meist wenig oder gar nicht bewußt.

An dieser Betrachtungsweise unserer erlebbaren Umwelt aber teilzuhaben, die Mitverantwortung des Menschen für seinen (ganzen) Lebensraum, also auch für die Entwicklung seiner natürlichen Umwelt zu erkennen, gehört jedoch zu den Zielen und praktischen Aufgaben einer konkreten Umwelterziehung. Die Geographie kann hier als Fachwissenschaft und in ihrer Fachdidaktik mit einem starken Bezug zu umweltpädagogischen Fragestellungen eine sehr bedeutende Rolle spielen. Dies gilt mit Blick auf die Landschaftsökologie sowohl für Teilgebiete der Physischen Geographie wie der Anthropogeographie.

3. Zur ökologischen Landschaftsbewertung

Eine ökologische Bestandsaufnahme und Bewertung von Natur und Landschaft ist ein ungemein schwieriges Feld der Forschung und Planung, auf dem sich Biologen und Geographen, Raum- und Landschaftsplaner und viele angewandte Wissenschaften engagiert bemühen. Ein umfangreiches Daten- und Informationsmaterial wurde seit Anfang der siebziger Jahre mit dem Erwachen eines neuen Umweltbewußtseins und durch neue Ansätze in der Umweltforschung zusammengetragen und ausgewertet. Ergebnisse einer sehr kosten- und zeitintensiven Ökosystemforschung, die in einigen raumtypischen Landschaftsteilen Deutschlands interdisziplinär unter starker Beteiligung von Bio- und Geoökologen in vorbildlicher Weise durchgeführt wird, füllen bereits Landschafts-Informationssysteme und Datenbanken. Sie bilden heute eine fachliche Grundlage für eine ökologische Erfassung und Bewertung unserer räumlichen Umwelt und für das Aufzeigen der Wirkungen anthropogener Einflüsse.

Unterschiede in der Bewertung solcher Eingriffe können sich zuweilen bei der Interpretation der Folgen vor Ort ergeben. So können einige Auswirkungen – je nach Betrachtungsweise und Zielvorstellung – als „schädlich" oder aber als „Bereicherung" bewertet werden, etwa unter Aspekten des Natur- und Artenschutzes. In einer Kulturlandschaft mit zahlreichen naturnahen Landschafsteilen kann zum Beispiel als Vielfalt von Lebensräumen und damit die Arten- und Individuenzahl von Pflanzen und Tieren erheblich größer sein als in der ursprünglichen, vom Menschen noch unbeeinflußten Landschaft. Unter dem Aspekt der Biotop- und Artenvielfalt kann dann eine extensiv landwirtschaftlich genutzte Landschaft „reicher" ausgestattet sein als sie wahrscheinlich im ursprünglichen Zustand mit einer geschlossenen Waldbedeckung war. Dies sagt natürlich nichts über die anderen Eingriffsfolgen, etwa auf den Boden, den Wasserhaushalt oder das Geländeklima, aus. Ähnliche Beispiele ergeben sich in der Stadtlandschaft aus Stadtbiotopkartierungen, bei denen sich die besondere Standortsgunst aus dem wärmeren Stadtklima, dem größeren Nahrungsangebot und dem geringeren Konkurrenzdruck ergibt und einigen ursprünglich standortfremden Arten geeignete Lebensbedingungen bietet. In ähnlicher Weise können auch im freien Gelände, etwa durch Abtragungen und Aufschüttungen oder durch Steinbrüche neue Standorts- und Lebensbedingungen für eine sekundäre Fauna und Flora geschaffen werden, die vor der Zerstörung der ursprünglichen Landschaft hier oder in der näheren Umgebung nicht vorhanden war. Diese Diversifikation von Lebensräumen mit neuen „ökologischen Nischen" kann also durch die Zerstörung der ursprünglichen Bedingungen erheblich zunehmen.

Eine solche – wenigstens vordergründig „positive" – Entwicklung der Standorts- und Artenvielfalt kann die ökologische Bewertung einer Kulturlandschaft durch die unterschiedlichen Sichtweisen und Argumente der Mensch-Umwelt-Beziehungen durchaus beleben.

Die Einbindung der Beobachtungen und Untersuchungen von Schülern in diese Sichtweisen und Entscheidungsprozesse kann zu ihrem Verständnis der Bewertung von Natur- und Kulturlandschaft sowie zum Verständnis der Bewertungskriterien für Eingriffe des Menschen in den Naturhaushalt entscheidend beitragen.

4. Ökologische Landschaftsbewertung im Rahmen der Umwelterziehung

Die hier diskutierte ökologische Betrachtungsweise eines beliebigen Ausschnitts unserer Kulturlandschaft (s. Abb. 1) setzt methodisch notwendigerweise eine unmittelbare Begegnung mit der Landschaft voraus. Sie ist also mit einer Erkundungswanderung verbunden, d.h. mit Anschauung und Erlebnis und mit der Beobachtung, Untersuchung und Diskussion vor Ort. Dabei können Hilfsmittel eingesetzt werden, etwa für das Zeichnen und Kartieren.

Es gilt zuunächst, das Erscheinungsbild der uns umgebenden Landschaft von einem geeigneten Standort aus durch Beobachten und Beschreiben bewußt zu machen. Was ist „Natur", was ist „Kultur" in der Landschaft? Was hat der

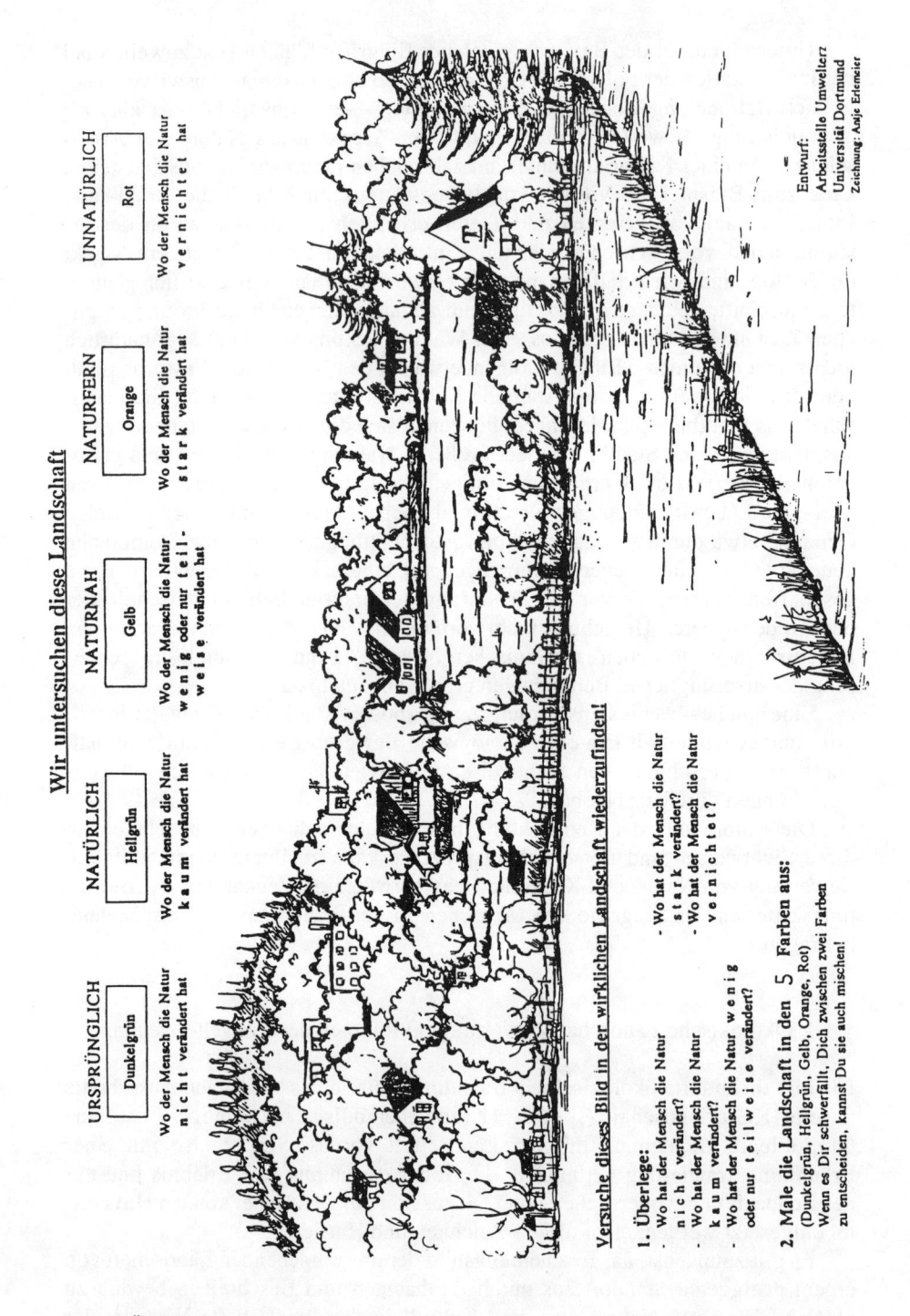

Abb. 1: Ökologische Landschaftsbewertung: Umgebung des Schullandheims Meinerzhagen (Schülerarbeitsblatt)

Mensch in der natürlichen Landschaft alles verändert? Gibt es unter den natürlichen Strukturen (Relief, Boden, Gewässer, Vegetation) überhaupt noch „ursprüngliche" Teile, die durch den Menschen gar nicht berührt wurden? Für wen oder was (z.B. Pflanzen und Tiere) sind die Veränderungen in der Landschaft schädlich oder gar nützlich? Und die Kernfragen nach der ökologischen Wirksamkeit: Wie „erheblich" wirken sich die Veränderungen auf andere Naturfaktoren aus? Wie können „schädliche" Veränderungen vermieden oder gemindert werden? Es geht also zunächst um ein Bewußtmachen der natürlichen Landschaft als eine Art „Organismus", der gesund oder krank sein kann, der geschont und geschädigt werden kann: eine wichtige Phase der Sensibilisierung. Methodisch können dazu etwa folgende Schritte bedacht werden:
– Wir beobachten und beschreiben die unterschiedlichen Nutzungsformen von Flächen: unterschiedliche landwirtschaftliche und forstwirtschaftliche Nutzungen, Nutzungen für Verkehrswege (befestigt, versiegelt oder unbefestigt), Siedlungsflächen (Wohn-, Gewerbe- und Industriesiedlungen), Flächen für Freizeit und Erholung u.a.),
– Wir versuchen, die unterschiedlichen Nutzungsformen der Landschaft in ihrer räumlichen Zuordnung zu begründen: Wald, Gehölzstreifen, Hecken, Wiesen, Äcker, Siedlungen, Straßen und Schienenwege...,
– Wir beobachten und diskutieren die Folgen der jeweiligen Nutzungsänderungen (Eingriffe) für die Naturlandschaft (Rodung, Beackerung, Beweidung, Versiegelung etc.),
– Wir diskutieren, wie die Landschaft vor der jeweiligen aktuellen Nutzung ausgesehen haben kann: im ländlichen Raum Rekonstruktion der vorlandwirtschaftlichen (ursprünglichen) Situation, im städtischen Raum Rekonstruktion der vorindustriellen, ländlich-dörflichen Situation.
– Wir versuchen, den Grad der Veränderung von Landschaftsteilen im Vergleich zu ihrer ursprünglichen Beschaffenheit zu erkennen und ökologisch zu bewerten und das Ergebnis bildlich und/oder kartographisch durch Farbgebungen darzustellen.

Das zuletzt genannte Vorhaben soll im folgenden an einem Beispiel näher erläutert werden (s. Abb. 1 und Tab. 1):

Aufgrund der vorausgegangenen Beobachtungen und Diskussionen im Gelände sollte der Schüler in der Lage sein, den Grad der Veränderungen der Naturlandschaft durch den Menschen einzuschätzen und den Stufen einer (zu erarbeitenden oder vorgegebenen) Bewertungsskala des Erhaltungszustands der ursprünglichen Landschaft zuzuordnen. Diese Skala kann sich nach den unterrichtspraktischen Erfahrungen an den Hemerobiestufen anlehnen (Grad der menschlichen Beeinflussung von Lebensräumen und Lebensgemeinschaften, s. Tab. 1). Dabei wird sich das Problem ergeben, daß die Bewertung von Landschaftsteilen nach dem Erhaltungszustand der Naturlandschaft bzw. der Stärke des Eingriffs nicht mit der ökologischen Bewertung einzelner, darin enthaltener Biotope übereinstimmt (z.B. kleine Feuchtbiotope oder Gesellschaften aus relativ seltenen, dürreresistenten Pflanzenarten auf angeschütteten Schotterflächen, die zugleich Lebensräume für Reptilien und Brutplätze für bodenbrütende Vogelarten sein können).

Tab. 1: Bewertungsskala zur ökologischen Bewertung von Landschaftsteilen durch Farbstufen (in Anlehnung an Hemerobiestufen) und einzelner Biotope durch Ziffern oder Zeichen. (Entwurf: H. Kersberg)

Veränderung der Naturlandschaft durch den Menschen	Erhaltungszustand der Naturlandschaft (ökologische Bewertung von Landschaftsteilen)	Stärke des Eingriffs	Kennzeichnung durch Farben (bzw. Raster)	Ökologische Bewertung einzelner Biotope	Kennzeichnung durch Ziffern (Stufen 1–5)
Wo der Mensch die Natur n i c h t verändert hat	Ursprünglich	kein Eingriff	Dunkelgrün	sehr wertvoll	1
Wo der Mensch die Natur k a u m verändert hat	Natürlich	gering	Hellgrün	wertvoll	2
Wo der Mensch die Natur w e n i g oder nur t e i l w e i s e verändert hat	Naturnah	mäßig	Gelb	bedingt wertvoll	3
Wo der Mensch die Natur s t a r k verändert hat	Naturfern	stark	Orange	weniger wertvoll	4
Wo der Mensch die Natur v e r n i c h t e t hat	Unnatürlich/ Zerstört	sehr stark	Rot	wenig wertvoll bis wertlos	5

Hier bietet sich eine Kennzeichnung durch Ziffern oder Zeichen an (s. Tab. 1). Die Zuordnung von Farben zu den Veränderungsstufen ergibt eine Farblegende, mit deren Hilfe die Bewertungen auf dem Landschaftsbild bzw. auf einer großmaßstäbigen Karte (z.B. Deutsche Grundkarte 1 : 5000 oder Flurkarte 1 : 2000) oder auf einem nach den Kartengrundlagen gezeichneten einfachen Plan räumlich festgelegt werden können. Farbpsychologisch bietet sich eine Abfolge von Dunkelgrün (für „Ursprünglich") über Hellgrün – Gelb – Orange – Hellrot bis Dunkelrot (Signalfarbe für „Unnatürlich/Zerstört") an.

Vor allem bei jüngeren Schülern hat sich der Einsatz eines realistischen und standortbezogenen „Landschaftsbildes" als Zwischenstufe zur Kartierung sehr bewährt (s. Abb. 1). Es kann grundsätzlich von Schülern selbst entworfen werden. Für die Anfertigung einer kopierbaren Vorlage aus der Umgebung der Schule oder eines Schullandheims, das – etwa im Rahmen eines Projektes zur Umwelterziehung – aufgesucht werden soll, empfiehlt sich jedoch die Mitarbeit eines zeichnerisch besonders befähigten Schülers oder eines Lehrers.

Das für den hier angesprochenen Einsatz als Medium zur ökologischen Landschaftsbewertung entworfene Landschaftsbild sollte technisch so angelegt sein, daß die Schüler die besonders hervortretenden oder aussagekräftigen und gut bewertbaren Landschaftsbestandteile in der Realität gut wiedererkennen und zuordnen können und daß zum anderen hinreichend Freiflächen für die Farbgebung der einzelnen Objekte ausgespart werden. In der Diskussion um die inhaltliche Bedeutung der Begriffe ergeben sich bei der praktischen Answendung im Gelände zuweilen Abwandlungen der Bezeichnungen und auch der Anzahl von Stufen (z.B. Wegfall von „Ursprünglich"). Häufiger jedoch werden weitere Zwischenstufen selbst gefunden, die zu entsprechenden Mischfarben führen. Die Diskussion um die Wahl der Begriffe und Farben angesichts der real erlebten Landschaft sowie die Zuordnung einzelner Landschaftsteile entsprechend den Aufgabenstellungen auf dem Landschaftsbild gehören zu den didaktisch besonders fruchtbaren Momenten.

Das mit „Farbverfremdung" ausgemalte Landschaftsbild kann für jüngere Schüler bereits das fertige Arbeitsergebnis darstellen. Der weitere Schritt zu einer flächenhaften Kartierung auf dem entsprechenden Kartenausschnitt mit gleichen Bewertungskategorien bereitet erfahrungsgemäß keine Schwierigkeiten mehr. In höheren Klassen kann u.U. auch auf den Einsatz des Landschaftsbildes ganz verzichtet werden. Nach der Erkundung, Bewertung und Diskussion von Landschaftsausschnitten und Einzelbiotopen im Gelände kann dann sofort die Kartierung mit gleicher Aufgabenstellung erfolgen. Interessant wird der Einsatz der hier aufgezeigten Methoden und Medien in zwei möglichst unterschiedlich beanspruchten Landschaften, etwa in der städtischen Umgebung der Schule und der ländlichen Umgebung des aufgesuchten Schullandheims oder der Jugendherberge. Gerade die vergleichende Betrachtung und Bewertung von Kulturlandschaften ist für die Entwicklung ökologischer Sichtweiten ein wesentlicher Gewinn.

5. Transfer: Bewerten von Landschaften unter unterschiedlichen Aspekten – Abwägen der unterschiedlichen Belange

Die bisher dargestellte Bewertung der Landschaft stellt den Bezug zum ursprünglichen Natur- und Landschaftshaushalt mit seinen Lebensräumen für Pflanzen und Tiere in den Mittelpunkt. Zugleich wird aber auch die Landschaft als bebaute Umwelt des Menschen gesehen, als Prozeßfeld des menschlichen Handelns in seiner natürlichen Umwelt. Die sich aus den Daseinsgrundfunktionen des Menschen notwendigerweise ergebenden Eingriffe in den Naturhaushalt mit all ihren Folgen führen erfahrungsgemäß zu Nutzungskonflikten, die einer Abwägung der ökologischen und ökonomischen Belange bedürfen. Der ökologischen Bewertung der Landschaft werden die ökonomischen Ansprüche gegenübergestellt: ihre Eignung für die landwirtschaftliche oder forstwirtschaftliche Nutzung, für Wohn- und Industriesiedlungen, für Verkehrseinrichtungen uind für die mit Sport, Freizeit und Erholung verbundenen Einrichtungen.

Öffentliche und persönliche Interessen kollidieren oft mit denen von Natur und Landschaft. Hier sind umweltpolitische Entscheidungen gefragt. Die handlungsorientierte Teilhabe an einem solchen Abwägen der unterschiedlichen Belange, verbunden mit Lösungsversuchen durch Vermeidung oder Verminderung von Eingriffen, berührt den Kernbereich des hier skizzierten Projekts. Hier ereichen wir wesentliche Ziele der Umweltbildung.

Der Geographieunterricht kann mit lokalen Beispielen wie den hier vorgestellten in einem wirksamen Maße dazu beitragen, das Verständnis für verantwortbare, umwelt- und sozialverträgliche Sicht- und Handlungsweisen zu entwickeln. Sie sind für die Bewältigung lokaler wie auch globaler Interessenkonflikte in unserer Gesellschaft von zunehmend hoher Bedeutung. Mit dem Bezug von lokalem Handeln zu globalem Denken kann die Geographie einen wichtigen Beitrag leisten.

Literatur:

Kersberg, H. (1989): Landschaftsökologie im Dienste der Umwelterziehung. In: Verband Deutscher Schullandheime (Hg.): Umwelterziehung im Schullandheim – Methoden und Initiativen für die Praxis. In: Das Schullandheim, slh 147, H. 2, S. 38–42. Flensburg.

Ders. (1991): Landschaftsökologie und Umwelterziehung. In: Deutsche Gesellschaft für Umwelterziehung – Institut für die Pädagogik der Naturwissenschaften an der Universität Kiel (Hg.): Modelle zur Umwelterziehung in der Bundesrepublik Deutschland, Bd. 3. Umwelterziehung im Ballungsraum. S. 168–173. Kiel: IPN.

Ders. (1991): Natur- und Landschaftsschutz in der Nutzungsvielfalt begrenzter Räume. In: Kommunalverband Ruhrgebiet (Hg.): Umweltschutz im Ruhrgebiet. Materialien zur Umwelterziehung in der Schule und an außerschulischen Lernorten, H. 1, S. 67–75. Essen.

Ders (1993).: Mensch und Landschaft. Ansätze einer (geo-)ökologischen Landschaftsbewertung im Rahmen der Umwelterziehung. In: Seybold, H. u. D. Bolscho (Hg.): Umwelterziehung – Bilanz und Perspektiven. Günter Eulefeld zum 65. Geburtstag. = IPN 134, S. 106–121. Kiel: Institut für Pädagogik der Naturwissenschaften an der Universität Kiel.

EMPIRISCHE UNTERSUCHUNGEN ZUR PRAXIS DER UMWELTERZIEHUNG IN DER BUNDESREPUBLIK DEUTSCHLAND 1985 UND 1991. EIN VERGLEICH

Günter Eulefeld, Kiel

1985 führte eine Arbeitsgruppe am IPN[1] eine Befragung von Lehrereinnen und Lehrern, Schulleitern und Fachleitern an 60 zufällig ausgewählten Schulen (Grund- und Hauptschulen, Realschulen, Gymnasien, Gesamtschulen) in 10 Bundesländern durch. Enbezogen war der Umweltunterricht in den Fächern Sachunterricht (Grundschule), Biologie, Erdkunde, Physik, Chemie, Politik/Wirtschaft, Arbeitslehre/Technik/Werken, Religion und Hauswirtschaft im 4., 9. und 12. Schuljahr (vgl. Eulefeld et al. 1988). Seit 1985 haben auf Bundes- und Länderebene sehr viele Initiativen zur Intensivierung der schulischen Umwelterziehung stattgefunden. 1990/91 führten deshalb die Deutsche Gesellschaft für Umwelterziehung e.V. (DGU) und das IPN im Auftrag des BMBW eine Wiederholungsstudie durch, in deren Mittelpunkt die Frage nach der Veränderung der Umwelterziehung zwischen 1985 und 1991 stand.

In 10 der alten Bundesländer wurde an den zufällig ausgewählten, nunmehr 131 Schulen das Instrumentarium von 1985, ergänzt um einige Aspekte, eingesetzt. Neben dieser Population, die den Vergleich mit 1985 ermöglichen sollte, wurden Lehrkräfte aus Modellversuchen in mehreren westlichen Bundesländern sowie 300 Lehrkräfte aus den Schulen der neuen Bundesländer befragt (vgl. Eulefeld et al. 1993).

Die vielfältigen Bemühungen zur Förderung der Umwelterziehung seit 1985 ließen vermuten, daß die Umsetzung dieser neuen pädagogischen Aufgabe in den Schulen bis 1990/91 entscheidend vorangekommen sei. Dies hätte bedeutet, daß die schulische Umwelterziehung heute etwa in folgender Weise zu kennzeichnen wäre:
– Umwelterziehung findet in fast allen Fächern statt und nicht nur in den naturwissenschaftlich-technischen.
– Inhalte zu Ethik, Wirtschaft und Politik werden mit gleicher Intensität bearbeitet wie naturwissenschaftliche Aspekte.
– Es stehen ausreichend zusammenhängende Zeitblöcke zur Verfügung, um selbständige Schülerarbeiten auch außerhalb des Schulhauses, sowie die Zusammenarbeit mit Personen, Betrieben und Institutionen in den Kommunen organisieren zu können.
– Neben fachlichen Arbeiten werden komplexe Umweltthemen in fächerübergreifender Zusammenarbeit behandelt.

---

[1] Die Arbeitsgruppe 1985 bestand aus D. Bolscho, Hannover, G. Eulefeld und J. Rost, Kiel, H. Seybold, Ludwigsburg. 1990/91 kam H. Rode, Kiel, hinzu.

- In altersangemessener Weise werden situations-, handlungs-, system- und problemorientierte Behandlungsformen von Umweltthemen miteinander verbunden.
- Lehrerfortbildungsveranstaltungen zur Umwelterziehung werden angeboten und besucht.
- Konkrete Handlungsmöglichkeiten spielen bei der Auswahl der Themen eine zentrale Rolle:
  - Beobachtungen und Messungen in Natur und bebauten Bereichen.
  - Umweltentlastendes Handeln im Alltag – zu Hause und in der Schule (z.B. Konsummüll; Energie- und Wassersparen; giftfreies Gärtnern; umweltbewußtes Sport- und Freizeitverhalten).
  - Umweltpolitisches Handeln konkret: Demokratischer Umgang mit kommunalen Aufgaben und Interessenkonflikten (z.B. Naturschutz contra Verkehrs- und Landschaftsplanung).

Inwieweit sich die Praxis der Umwelterziehung in der so beschriebenen, erwünschten Richtung weiterentwickelt hatte, sollte die Auswertung der ausgefüllten Fragebogen ergeben[2].

Tab. 1: Stichprobe der Studien 1985 und 1990/91. Fragebogenrücklauf

	1985	1990/91
Anzahl der Schulen	60	131
Anzahl angeschriebener Lehrer	714	3793
ausgefüllte Fragebogen, nur Teil I	431	935
ausgefüllte Fragebogen, Teil II Thema	379	635
Genannte Themen insgesamt	469	1832

Fächer, Themen und fächerübergreifende Arbeit

1985 wurden für die Befragung neun Fächer ausgewählt. Weitere Fächer einzubeziehen, hielten wir – auch nach der Erprobung des Fragebogens – wegen fehlender Umweltrelevanz und Unwahrscheinlichkeit einer Themenbearbeitung nicht für vertretbar. Diese Einschätzung hat sich in den letzten Jahren gründlich geändert, so daß 1990/91 alle Fächer in die Studie einbezogen und sämtliche Lehrkräfte befragt wurden (im einzelnen vgl. Eulefeld et al. 1993).

1985 entfielen die größten Häufigkeiten auf die Fächer Biologie, Chemie, Erdkunde, Physik und Religion. 1990/91 waren das Biologie, Sachunterricht, Erdkunde, Chemie, Religion und Physik.

---

2 Aus Raumgründen kann hier nur auf einen kleinen Teil der Ergebnisse eingegangen werden. Für weitere Einzelheiten vgl. Eulefeld et al. 1993.

Tab. 2: Häufigkeit bearbeiteter Umweltthemen (Erhebungen 1985 und 1990/91)

	T h e m e n h ä u f i g k e i t		
	1985 Kl. 4/9/12 9 Fächer (n = 379)	1990/91 Kl. 4/9/12 9 Fächer (n = 108)	1990/91 alle Klassen alle Fächer (n = 635)
Biologie	23,5 %	25,0 %	19,1 %
Chemie	19,5 %	13,9 %	7,6 %
Erdkunde	16,6 %	13,9 %	13,5 %
Physik	9,8 %	10,2 %	6,9 %
Religion	9,5 %	13,0 %	5,4 %
Sachunterricht	6,6 %	14,8 %	9,6 %
Grundschulunterricht	–	–	1,5 %
Technik/Arbeitslehre	6,3 %	0,9 %	1,0 %
Pol./Wirtsch./Soziologie	6,1 %	7,4 %	5,5 %
Hauswirtschaft	2,1 %	0,9 %	1,9 %
Andere Fächer	–	–	28,0 %

Der Vergleich zwischen 1985 und 1990/91 zeigt, daß sich die Anteile der drei Naturwissenschaften Biologie, Chemie, Physik an der Themenzahl der neun Fächer nur wenig verändert haben (von 52,8 % auf 49,1 %), wenn die übrigen Fächer nicht berücksichtigt werden. Diese „anderen Fächer" machen aber 28 % der Gesamtzahl der Themen aus. Und dann umfassen die drei Naturwissenschaften nur noch 33,6 % der Themenzahl. Umwelterziehung ist also nicht mehr die Domäne der Natuwissenschaften, Umweltthemen kommen vielmehr in allen Unterrichtsfächern vor. Dies spricht für die inhaltliche Öffnung heutiger Umwelterziehung.

Unter den nur zum Teil (Erdkunde, Sachunterricht) bzw. nicht naturwissenschaftlich orientierten Fächern spielen die folgenden die größte Rolle: Erdkunde mit 13,5 % der Themen, Sachunterricht mit 9,6 %, Deutsch 6,3 %, Politik/Wirtschaft/Sozialkunde 5,5 %, Religion 5,4 %, Englisch 3,0 %, Kunst 2,5 %. Eine besondere Stellung nimmt der Unterricht in Projektwochen ein. Hier wurden 10,6 % aller Themen bearbeitet, eine außerordentliche Steigerung gegenüber 1985, als 0,8 % der Themen in Projektwochen durchgeführt wurden.

Die Zuordnung der Themen zu den behandelten Inhaltsaspekten hat sich zum Teil stark verschoben. Erheblich seltener kamen 1990/91 die Aspekte Luft, Lärm, Arbeitsplatz, Boden/Garten/Landwirtschaft und Umweltprobleme in anderen Ländern vor. Häufiger waren hingegen die Aspekte Nahrung und vor allem Konsum/Müll und globale Probleme (Tab. 3).

Aus dem Vergleich wird erkennbar, daß die Themenwahl sich offenbar an der öffentlichen Diskussion von Umweltproblemen orientierte, die in den letzten Jahren Schwerpunkte in den Bereichen Nahrung und Gesundheit, Müllentsorgung/Müllvermeidung und globale Umweltprobleme im geographischen wie im ethischen, auf die gesamte Menschheit und alle Lebewesen bezogenen Sinne hatte.

Tab. 3: Zuordnung der Themen 1985 und 1990/91 zu Inhaltsaspekten

Thema/Inhaltsaspekte	% aller Themen 1985	% aller Themen 1990/91
Ökosysteme	7,9	9,4
Energie	14,9	11,4
Wasser	12,9	10,8
Luft	14,0	5,6
Wald	5,8	7,0
Lärm	2,1	0,8
Konsum/Müll	5,3	10,8
Dorf/Verkehr/Stadt	3,4	3,0
Nahrung	1,8	2,7
Arbeitsplatz	3,7	0,7
Boden/Garten	7,7	4,6
Ausland	6,9	3,8
Globale Probleme	14,5	29,4

Die Verteilung der Inhaltsaspekte auf die Fächer zeigt, daß die 1985 erkennbare Konzentration bestimmter Aspekte in bestimmten Fächern (Erdkunde: Umweltprobleme in anderen Ländern; Physik: Energie) einer breiteren Streuung gewichen ist. So beschäftigten sich Physikthemen 1985 zu 78,4 % mit Energie, 1990/91 waren es noch 66,7 %, Erdkundethemen wiesen 1985 zu 31,8 % den Aspekt „Umweltprobleme im Ausland" auf, 1990/91 waren es noch 12,6 %. Dies deutet darauf hin, daß auch innerhalb fachlicher Strukturen sich eine inhaltliche Öffnung abzuzeichnen beginnt.

Fächerübergreifende Kooperation zwischen Lehrkräften und Fächern stellt sich wie folgt dar.

Tab. 4: Fächerübergreifende Themenbearbeitung

	Thema nur in einem Fach	Thema in 2 Fächern unterrichtet		
		1 Lehrer 2 Fächer	2 Lehrer 2 Fächer	Summe
1985	83,9 %	6,6 %	9,5 %	16,1 %
1990/91	70,0 %	10,2 %	11,0 %	21,2 %
keine Angabe (1990/91):	8,8%			

Der Anteil der Themen, die 1990/91 fachübergreifend bearbeitet wurde, lag etwas höher als 1985 (Zunahme um 5,1 Prozentpunkte). Die Zunahme war deutlich größer bei solchen Lehrkräften, die ihr Zweitfach für die fachübergreifende Bearbeitung eines Themas nutzten (3,6 Prozentpunkte). Fächerübergreifende Zusammenarbeit mehrerer Lehrkräfte kam 1990/91 nur wenig häufiger vor als 1985 (1,5 Prozentpunkte). Fachübergreifend wird also etwa jedes fünfte Thema bearbeitet (21,2 % der Themen).

Die zeitliche Organisation der Umwelterziehung

Während 1985 87,1 % der Themen in Einzel- oder Doppelstunden durchgeführt wurden, waren das 1990/91 nur noch 71 % der Themen. Die immer wieder geforderte zeitliche Intensivierung der Arbeit durch Nutzung von Zeitblöcken war 1990/91 deutlich häufiger. 1985 wurden 12,7 % der Themen nicht nur in Einzel- oder Doppelstunden sondern (auch) in ausgedehnteren Unternehmungen bearbeitet. 1990/91 waren dies unter Einbeziehung von Schullandheimen und Klassenreisen 21,4 % der Themen. Dies belegt, daß die inzwischen überall geschaffenen Projektwochen häufiger für projektorientierte schulische Umwelterziehung genutzt werden. Das gilt auch in zunehmendem Maß für Klassenreisen und Schullandheimaufenthalte. Dem entspricht auch, daß die durchschnittliche Dauer der durchgeführten Themen erheblich angestiegen ist.

Von 1985 bis 1990/91 hat sich zwar die Quantität schulischer Umwelterziehung nicht wesentlich geändert, die Themenzahl pro Klasse und Schuljahr ist sogar geringfügig von 1,3 auf 1,2 Themen zurückgegangen. Eine erhebliche Erweiterung erfuhr aber der Zeitrahmen, in dem Schüler sich mit Umweltthemen beschäftigen konnten; er wuchs von 1985 mit 4 Schulstunden auf 7,5 Schulstunden pro Thema 1990/91 bei allen genannten 1832 Themen. Im Durchschnitt der 635 detailliert beschreibenen Themen war die Bearbeitungszeit sogar 9,9 Schulstunden pro Thema. In dieselbe Richtung weist das Ergebnis, daß 1990/91 ein deutlich größerer Zeitanteil außerhalb der Schule für das Thema genutzt wurde.

Tab. 5: Außerhalb der Schule für das Thema genutzte Zeit

n =	1985 379	1990/91 635
0 Stunden	70 %	49,1 %
1– 2 Stunden	–	0,3 %
3– 5 Stunden	27 %	29,9 %
6–10 Stunden	3 %	5,7 %
11–19 Stunden	–	0,2 %
20 und mehr Stunden	–	2,4 %
Keine Angabe	–	12,4 %

Die Art der Themenbearbeitung

Die Art der Themenbearbeitung wird an didaktischen Kriterien der Umwelterziehung gemessen. Neben dem bereits dargestellten Aspekt des fächerübergreifenden Arbeitens sind dafür die Forderungen nach Situations- (SitOr), Handlungs- (HO), System- (Sys.Or) und Problemorientierung (PO) des Unterrichts richtungsweisend. Um aus den vielen Einzeldaten strukturelle Merkmale des Unterrichts zur Umwelterziehung zu gewinnen, haben wir ein statistisches

Verfahren, die Bildung „latenter Klassen" (Rost, 1988), angewendet. Die drei Klassen (Typ 1 bis Typ 3), in die sich die von uns Befragten an Hand der acht Variablen einordnen lassen (vgl. Abb. 1 und 2), repräsentieren die drei Behandlungstypen für umweltbezogene Unterrichtsinhalte. In „Typ 1" finden sich die Befragten, die ihren Unterricht am stärksten nach den oben gezeigten Kriterien für Umwelterziehung durchgeführt haben. „Typ 2" umfaßt alle Befragten, die eine eher verbal-problemorientierte Behandlung von Umweltthemen in den Vordergrund gestellt haben, jedoch kaum handlungsorientierte Ansätze zeigen. „Typ 3" umfaßt unterrichtliche Verfahren, die die Anforderungen an einen situations-, handlungs-, system- und problemorientierten Unterricht nur in geringem Maße erfüllen.

1985 fanden wir unter den Themenbeschreibungen 15 %, die die didaktischen Kriterien für Umwelterziehung weitgehend berücksichtigten. Sie bildeten die latente Klasse des Typs 1. 46,5 % der Umweltthemen (Typ 2) wurden in einem Unterricht behandelt, der die Benutzung von Experimentiermaterialien (Exp.Mat.) und Elemente von Handlungsorientierung (HO) weitgehend ausklammerte. In 38,5 % der Fälle (Typ 3) flossen in die Themenbearbeitung lediglich Ansätze einer Situationsorientierung (Sit.Or) und die Nutzung themenspezifischer Papiermaterialien (TpMat.) ein. Alle anderen Gestaltungsmerkmale schulischer Umwelterziehung fanden kaum Eingang in den Unterricht

Abb. 1: Behandlungstypen (Befragung 1985. 9 Fächer, Kl. 4, 9, 12. n = 379 Themen)

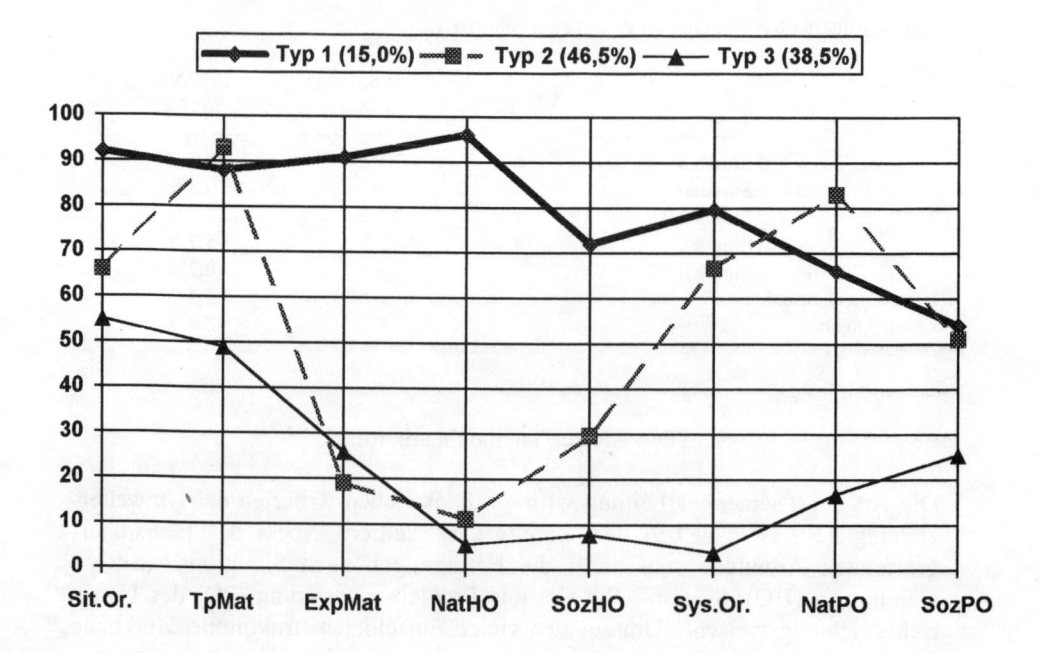

Die Werte für 1990/91 haben sich im Vergleich zu 1985 beträchtlich geändert. Der den didaktischen Kriterien am ehesten entsprechende Behandlungstyp 1 ist von 15 % auf 40,4 % (alle Fächer, alle Schuljahre, n = 635 Themen) angewachsen, wogegen Typ 2 (Änderung von 46,5 % auf 30,8 %) und Typ 3 (von 38,5 % auf 28,8 %) kleinere Anteile als 1985 aufweisen. Die Änderungen bei den Typen 2 und 3 sind ebenfalls erheblich, aber geringer als bei Typ 1. Die Entsprechenden Zahlen von 1990/91 für die neun Fächer von 1985 (n = 108 Themen) unterscheiden sich von 1985 sogar noch stärker: Typ 1: 53,6 %; Typ 2: 29,2 %; Typ 3: 17,3 %.

Abb. 2: Behandlungstypen (Befragung 1990/91, alle Fächer, alle Schuljahre)

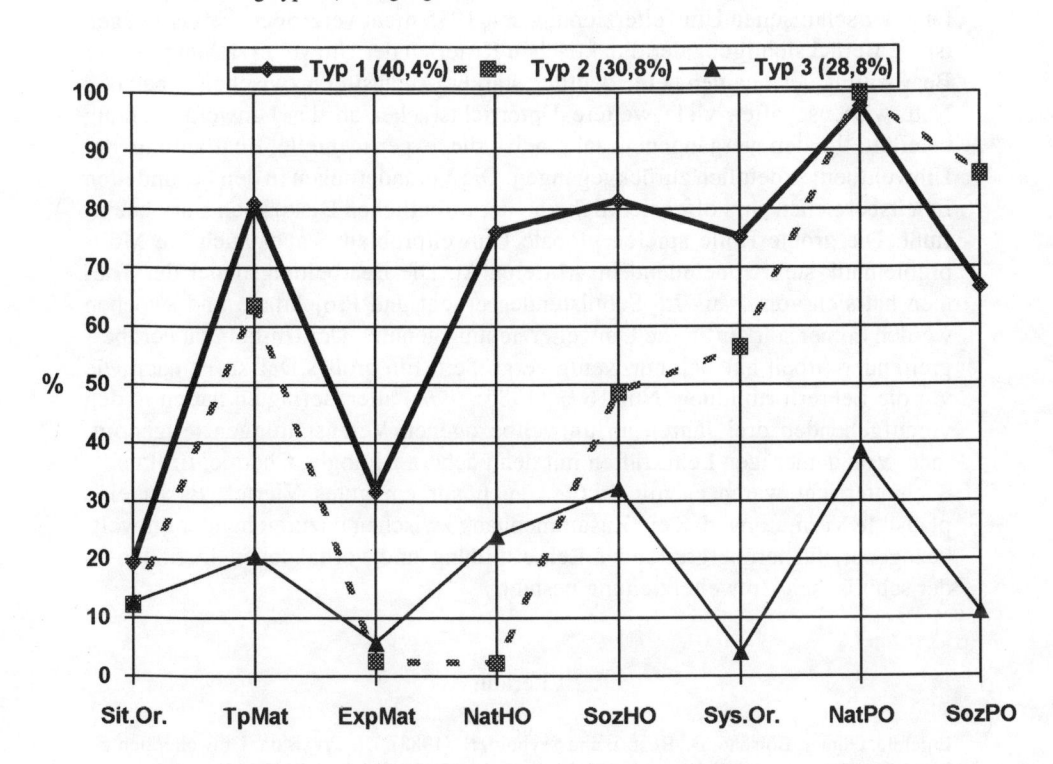

Insgesamt ergibt sich, daß 1990/91 zwei Fünftel aller Befragten (40,4 %), die ein Umweltthema bearbeiteten und mehr als die Hälfte derjenigen mit denselben Fächern und Jahrgängen wie 1985 ihren Umweltunterricht heute weitgehend im Sinne der didaktischen Kriterien der Umwelterziehung themen-, handlungs-, system- und problemorientiert durchführen, während dies 1985 nur für 15 % der Befragten mit Umweltthemen galt. Experimentelle Arbeiten werden heute hingegen im Verhältnis zu den übrigen Merkmalen seltener durchgeführt als 1985.

Verbal-problemorientierte Umwelterziehung hat ihre „Grundstruktur" danach in etwa beibehalten. Im Umfang ist dieser Typ zurückgegangen (von 46,5 % auf 30,8 %), zeigt aber wie auch der Typ 1 einen starken Anstieg in der Berücksichtigung der Problemorientierung. Unter den Themenbehandlungen 1990/91 ist der Typ 3, der den didaktischen Kriterien für Umwelterziehung am wenigsten entspricht, durch höhere Werte in den Variablen der Handlungsorientierung und der naturwissenschaftlichen Problemorientierung (Nat.PO) gekennzeichnet, so daß festzustellen ist, daß es eine Umwelterziehung, die praktisch nur in der Nutzung themenspezifischer Papiermaterialien besteht, nicht mehr zu geben scheint.

Zusammenfassend kann festgehalten werden, daß sich der quantitative Umfang der schulischen Umwelterziehung seit 1985 nicht vergrößert hat. Hingegen ist die Berücksichtigung der didaktischen Kriterien der Umwelterziehung bei der Bearbeitung der Themen heute deutlich stärker. Auch sind inzwischen neben den Naturwissenschaften viele weitere Unterrichtsfächer an der Umwelterziehung beteiligt. In den vergangenen Jahren ist die experimentelle Bearbeitung der Umweltthemen deutlich zurückgegangen. Die Veränderungen in den behandelten Inhaltsbereichen sind offensichtlich von der öffentlichen Diskussion stark beeinflußt. Die größte Rolle spielen globale Umweltprobleme, aber auch die Müllproblematik steht zunehmend im Mittelpunkt. Die Bearbeitungsdauer der Themen hat sich von 4 auf 7,5 Schulstunden erhöht und Projekttage und -wochen werden immer stärker für die Umwelterziehung genutzt. Der Umfang fächerübergreifender Arbeit hat sich nur wenig vergrößert. Ein großes Defizit ist nach wie vor die Lehrerfortbildung. Nur 16 % (1985: 18 %) aller Befragten hatten in den voraufgehenden drei Jahren an umweltbezogenen Veranstaltungen teilgenommen. Von denjenigen Lehrkräften mit den Fächern Biologie, Chemie, Erdkunde, Sachunterricht waren es mit 26,6 % auch nur ein gutes Viertel. Es ist eine plausible Vermutung, daß ein Zusammenhang zwischen unzureichender umweltbezogener, fächerübergreifender Lehrerbildung und vorhandenen Defiziten in der schulischen Umwelterziehung besteht.

Literatur

Eulefeld, Günter, Bolscho, D., Rost, J. und Seybold, H. (1988): Die Praxis der Umwelterziehung in der Bundesrepublik Deutschland. Eine empirische Studie. Kiel (IPN 115).

Euelefeld, Günter, Bolscho, D., Rode, H., Rost, J., Seybold, H. (1993): Entwicklung der Praxis der schulischen Umwelterziehung in Deutschland. Ergebnisse empirischer Studien. Kiel (IPN).

Rost, Jürgen (1988): Quantitative und qualitative probabilistische Testtheorie. Bern.

NATURNAHE GESTALTUNG VON SCHULBEREICHEN
Möglichkeiten für handlungsorientierten Geographieunterricht

Josef Härle, Weingarten

I. Ausgangslage, Begründung und Ziele

Ein Großteil unserer Schulen besteht aus viel Platz und Energie beanspruchenden Flachdachbauten. Außerhalb von Stadtkernen sind Schulgrundstücke oft groß, aber z.T. unnötig versiegelt, unbefriedigend bepflanzt und anregungsarm. Aus siedlungsökologischer und ästhetischer Sicht problematische Gebäude müssen wohl für längere Zeit hingenommen werden. Fassaden und Dächer können aber begrünt, Bodendecker und exotische Pflanzen zurückgedrängt werden. Möglichkeiten für geomorphologisches Arbeiten lassen sich schaffen und versiegelte Flächen verringern. Veränderungen sind generell und besonders im Interesse der Kinder und Jugendlichen nötig. Diese sollten auch und gerade im Schulbereich sehen, wie wichtig offener Boden, begrünte Wände, das Jahreszeitenerlebnis mit heimischen Pflanzen und vielfältige Sinneserfahrungen sind. Wenn – zu Recht – Umwelt- und Naturschutz auch in Siedlungen gefordert wird, dann gilt dies in besonderem Maße für Bauten und Grundstücke der öffentlichen Hand und am meisten wegen ihrer Vorbildfunktion für Schulbereiche. Zwar sind im letzten Jahrzehnt nicht wenige Schulhöfe saniert und ganze Schulbereiche z.T. mit Millionenaufwand wie in Krautheim an der Jagst umgestaltet worden. In der Regel geschah dies aber nach den Vorstellungen von Landschaftsarchitekten und Gärtnern; ökologische Gesichtspunkte und Wünsche von Schülern und Lehrern wurden unzureichend berücksichtigt. Im folgenden sollen die Möglichkeiten für eine naturnähere Gestaltung von Gebäuden, Verkehrs- und Grünflächen (Abb. 1) skizziert werden. Wie sie generell zu realisieren sind und welche Rolle dabei ein handlungsorientierter Geographieunterricht haben kann, wird abschließend dargelegt.

II Einzelbereiche und ihre Bedeutung

1. Gebäude

Was innerhalb der Gebäude zur Energie-Einsparung durch überlegte Lüftung und Beleuchtung, optimierte Heizung und bessere Wärmedämmung geleistet werden kann, soll hier so wie Sonnenkollektoren auf dem Dach außer Betracht bleiben. Nur in seltenen Fällen dürften auch die Voraussetzungen für die Ansiedlung von Vögeln oder gar Fledermäusen gegeben sein. An und auf Bauten lassen sich durch Begrünung positive Wirkungen erzielen. Zu nennen wären hier Sauerstoffbildung, Luftreinigung, Nahrung und Unterschlupf für Tiere, Schutz des Mauerwerks, ästhestische Verbesserungen. Wichtig und z. T. durch Schüler-Messungen nachweisbar sind die Kühlung und Befeuchtung der Luft an heißen Sommertagen und die Reduzierung von Wärmeverlusten im Winter. Auch bei kleinen Schulen können viele Quadratmeter begrünt werden und sich die genannten Wohlfahrtswirkungen entfalten.

Fassadenbegrünung ist relativ einfach durchzuführen. Falls unter Lehrern und Schülern niemand Bescheid weiß, haben Umweltverbände meist Sachverständige oder können welche nennen. Diese wählen die für Standort, Bodenbeschaffenheit, Gebäudehöhe geeigneten und den ästhetischen Vorstellungen entsprechenden Kletter-, Schling- und Rankengewächse aus und planen Kletterhilfen. (Letztere braucht übrigens der selbstklimmende Efeu nicht. Er sollte daher als heimisches, immergrünes und im zeitigen Frühjahr – wenn es sonst keine gibt – reife Beeren lieferndes Gewächs trotz seines langsamen Wachstums bevorzugt werden.) Schüler können die Begrünung von Gebäuden durch Vorarbeiten wie Feststellung von Größe und Himmelsrichtung der zu begrünenden Flächen, evt. auch durch Bodenuntersuchungen unterstützen und beim Ausheben der Pflanzlöcher, der oft nötigen Bodenverbesserung, beim Einpflanzen und Anbringen von Kletterhilfen mitarbeiten. Anzustreben ist auch eine mehrjährige Beobachtung und Dokumentation über die Entwicklung und Auswirkung der Begrünung.

Dachbegrünungen haben ähnliche Auswirkungen wie bewachsene Fassaden und dazu noch den Vorteil, einen Teil der Niederschläge zu speichern und den Abfluß zu verzögern. (Die Versickerung des von Dächern ablaufenden Regenwassers wird von den Behörden erst vereinzelt toleriert.) Für Begrünungen eignen sich hauptsächlich Flachdächer – in Deutschland über 100 000 ha -, wobei deren Statik entscheidet, ob sie möglich ist und wie sie aussehen kann. Kein großes zusätzliches Gewicht bringt eine hauptsächlich aus Sukkulenten bestehende Geröllflora oder ein Magerrasen, die wegen ihrer Nährstoffarmut oft seltene Arten aufweisen. Als Anreger und, wo die Sicherheit gewährleistet ist, auch als Helfer können Schüler bei Dachbegrünungen mitwirken.

2. Verkehrsflächen

In vielen Schulbereichen haben mit Asphalt und Beton bedeckte Flächen eine beträchtliche Ausdehnung. Trifft dies zu, wäre zu prüfen, ob eine so breite Zufahrt, so viel Parkraum, zumal mit undurchdringlichem Belag, wirklich nötig sind. Eine Reduzierung könnte überdies auch den Verkehr langsamer und sicherer machen und vielleicht die PKW-Benutzung einschränken. Versiegelte Schulhöfe mögen pflegeleicht sein und saubere Schuhe garantieren. Sie sind aber selten ästhetisch ansprechend und anregend. Zusammen mit anderen unbegrünten Flächen wirken sie sich negativ auf das Kleinklima aus, wie vor allem die Aufheizung an heißen Sommertagen zeigt.

Entsiegelung hat eine ganz Reihe günstiger Auswirkungen (Abb. 2). Abhängig von Nutzungsart und -intensität können Naturstein-, Klinkerpflaster, Lochsteine, Rasengittersteine, Schotter oder Kies als neuer Belag gewählt oder die Flächen begrünt werden. Zum teuren Pflaster, das Garten- und Landschaftsarchitekten in der Regel bevorzugen, gibt es durchaus Alternativen, die zum Einbringen auch nicht immer Spezialisten verlangen, sondern der Eigentätigkeit der Schüler Raum geben. (Um älteren Asphalt aufzureißen, ist normalerweise kein

Baggerzahn, sondern nur ein stabiler Pickel in der Hand eines damit vertrauten Jugendlichen nötig.) Ecken und Restflächen kann man der sich spontan ansiedelnden Vegetation überlassen.

Hier oder anderswo mag auch eine geomorphologisch-geologische Ecke, kurz Geo-Ecke, ihren Platz finden. Sie sollte einen größeren Haufen lehmigen Sands aufweisen. Damit lassen sich mit Hilfe von Wasser Erosion und in der flachen Umgebung Akkumulation, bei mäßigem Gefälle Eintiefung und durch den Wechsel von Anstauen und Ablassen Terrassenbildung vorführen. Feinsand, der in trockenem Zustand mit einem Fön weggeblasen werden kann, Lehm und ein breiter Gegenstand zur Imitation der Gletscherwirkung erweitern die Demonstrationsmöglichkeiten. Zu ihnen gehören selbstverständlich auch das Modellieren einzelner Reliefformen wie Drumlins, Kare oder ganzer Landschaften und das Zeigen der Entstehung etwa von Toteislöchern – durch das Anstechen eines überdeckten kleinen Luftballons.

Wo Gesteine anstehen oder glaziale Geschiebe vorkommen, läßt sich aus ihnen ein Steinhaufen, evt. eine Trockenmauer bilden, die zugleich Eidechsen und anderen Tieren Unterschlupf bieten. Lohnend sind auch Temperatur- und Feuchtigkeitsvergleiche zwischen Sonn- und Schattenseite, Oberfläche und (10 – 20 cm) Tiefe. Sofern die nötigen Steine vorhanden oder zu beschaffen sind, können Schüler auch mit entsprechender Anleitung geologische Strukturen wie Schichtstufen, Grabenbrüche und Horste nachbauen. Neben dem gelungenen Demonstrationsobjekt sollte die Möglichkeit bestehen, Einfacheres immer wieder neu zusammenzusetzen.

Die Ausbreitung der spontanen Vegetation bereitet in Geo-Ecken – und anderswo – mitunter Probleme. Einerseits ist es nicht nur für Botaniker interessant, wann und welche Pflanzen sich nach und nach auf Sand, Lehm und Stein ansiedeln. Andererseits kann man, sollen weiterhin Versuche und Beobachtungen möglich sein, nicht alles zuwachsen lassen, sondern muß gelegentlich einschreiten. Die Natur beseitigt ja durch Abbrüche, Rutschungen und Überdecken ebenfalls hin und wieder Bestehendes und schafft Rohbodenstandorte für Erstbesiedler.

3. Grünflächen

Schulbereiche sollen vielfältig, anregend sein und, zumal für jüngere Schüler, auch die Begegnung mit Elementarem, mit Boden und Stein, mit Pflanze und Tier, mit Wasser und Feuer ermöglichen. Mag es gegenüber Feuerstellen und Brunnen Bedenken geben, gegen vielfältige Grünflächen kann wohl nichts vorgebracht werden, es sei denn, daß sie zeitweise mehr Arbeit verlangen.

Gewiß ist im schulischen Fächerkanon Grünes hauptsächlich bei der Biologie angesiedelt. Einem um Umwelterziehung bemühten Erdkundeunterricht können die Gras- und Gehölzflächen im Schulbereich aber nicht gleichgültig sein, zumal hier mehr Naturnähe in der Regel ohne größere Schwierigkeiten erreichbar ist.

Daß Grasflächen extensiv und abgestuft gepflegt werden, ist heute wohl selbstverständlich. Boden und Grundwasser belastender Biozideinsatz, in etlichen Bundesländern in Privatgärten verboten, müßte auch im Schulbereich tabu sein. Düngung und Nivellierung von Standorten sollten unterbleiben, Randsäume und Nutzungsspuren wären zu dulden, Blühaspekte zu beachten. Belegen Beobachtungen eine andere Praxis, sollte man mit den für die Pflege Verantwortlichen sprechen und auf eine Änderung hinwirken. Mit einiger Geduld und eventueller Nachhilfe wie Schaffung von Lücken in der Grasnarbe, Einbringen von Samen oder Soden entwickelt sich bei meist zweimaliger Mahd aus dem Rasen allmählich eine Wiese, auf der sich mit den Blüten auch Insekten einstellen. Bodenuntersuchungen im Rahmen eines Oberstufen-Geographieunterrichts können dabei Fehlsaaten und unrealistische Erwartungen vermeiden helfen. Ein zuvor gut gedüngter Boden erfordert meist viele Jahre der Aushagerung.

Gehölze im Schulbereich tragen durch Form, Blüten, Früchte und z.T. wechselnde Belaubung zu seiner Gestaltung und Lebendigkeit bei und spenden Schatten, Kühle, Windschutz und Sauerstoff. Heimische Gehölze haben darüber hinaus noch den entscheidenden Vorteil, daß sie sich in die Umgebung einfügen, in der Regel besser an Standort und Klima angepaßt sind und vielen Tieren Nahrung bieten. Nach TURCEK fressen 28 Vogelarten Eichen-Früchte, nur 2 die der Platanen; Forsythiensamen schmecken nur einer Vogelart, Schlehen dagegen 20, die Beeren des Schwarzen Holunders sogar 62. In unseren Schulbereichen herrschen aber fast überall exotische Bäume und Sträucher vor. Heimatgemäßheit, Nutzen für Natur und Mensch, Erlebnis- und Erkenntnismöglichkeiten für Schüler haben bei ihrer Auswahl keine Rolle gespielt. Entscheidend waren Wirtschaftlichkeit, Pflegeleichtigkeit und oft auch fragwürdige modisch-ästhetische Vorstellungen. Dies gilt besonders für die einförmigen Bodendecker unter oder anstatt von Gehölzen. Die Bezeichnung „grüner Beton" ist übertrieben, enthält aber viel Wahres. Bodendecker und eine Überzahl von exotischen Gehölzen sind in einem Schulbereich – und meist auch sonst – fehl am Platz. Überlegt ausgewählte heimische Arten, einschließlich eingebürgerter Obstgehölze, bilden nicht nur einen sich stets ändernden Aspekt, sondern auch die Gewähr, daß sich, der Blüten, Früchte und es genießbaren Laubs wegen, stets etwas bewegt, summt und singt. Wenn Schulen Wert auf ein intensives Jahreszeitenerlebnis und Artenschutz legen, dürfen exotische Gewächse nur Ausnahmen sein.

Schulgärten und Schulbiotope bieten unterschiedliche, sich ergänzende Möglichkeiten. Erstere, die die Entwicklung von Pflanzen vom Samen bzw. Setzling bis zur Ernte zeigen, bereichern vor allem das Fach Biologie. Sie erfordern während der Vegetationsperiode häufiges Tätigwerden und zwar auch in den Ferien. Schulbiotope, die Schlagfläche, Waldränder, Hecken, Tümpel, Trocken-, Rohbodenstandorte, Felsen u.a. nachahmen, verlangen für die Anlage und die Zeit danach in der Regel großen Einsatz, später aber nur gelegentliche Pflegemaßnahme. Sie vermitteln besonders Artenkenntnis, Erlebnisse, Zeiterfahrungen, ermöglichen Experimente und regen an, sich für die Erhaltung von Biotopen und naturnahen Strukturen in der Landschaft einzusetzen. Bodeneigenschaften, Expositionsunterschiede, pflanzengeographische Aspekte und Auswirkungen des Witterungsverlaufs spielen vor allem anfangs eine bedeutende Rolle und entsprechend ist das Fach Geographie gefragt.

III Realisierung und die Rolle der Geographie

Bei der naturnäheren Gestaltung eines Schulbereichs lernen Schülerinnen und Schüler Pläne, Skizzen und Fotos zu interpretieren und anzufertigen, Versiegelungsauswirkungen, Boden- und Expositionsunterschiede, Standortansprüche und Eigenschaften von Pflanzen zu beachten, sowie gesetzliche Vorschriften, Sachzwänge, Zeit- und Arbeitsaufwand und finanzielle Aspekte zu berücksichtigen. Unterstützt von ihren Lehrkräften kommen sie mit den zuständigen Behörden in Kontakt und suchen bei Eltern, Vereinen, Privatleuten und der örtlichen Presse Unterstützung. Dazu sind Ideen, Einsatz, Überzeugungskraft und Beharrlichkeit notwendig. Durchhaltefähigkeit ist auch gefordert, wenn die schwierige und arbeitsreiche, aber auch mit Anerkennung verbundene Zeit des Neuanlegens vorbei ist und das wenig spektakuläre, gelegentlich mühsame Ausbessern Ergänzen, Auf- und Abräumen und Jäten beginnt. Verständlicherweise wollen daher Gemeinderäte, Gartenämter und Hausmeister wissen, wie es bei vorgesehenen Schulbiotopen und besonders Schulgärten um die Pflegekontinuität bestellt ist.

Das Fach Geographie kann zur naturnäheren Gestaltung und Erhaltung eines Schulbereichs viel beitragen. Es trainiert Fertigkeiten im Umgang mit (Luft)bildern, Karten und Plänen, im Anfertigen von Skizzen. Es vermittelt Kenntnisse über Untergrund, Boden, Exposition, Kleinklima, hat einen breiten Horizont, der auch Verkehrs- und Verwaltungsaspekte und den Schulbereich als ganzes sieht. Von einem guten Geographieunterricht sollten denn auch entscheidende Impulse für „Mehr Natur um die Schule!" kommen. In ihm wird z. B. bei der Behandlung der sich häufenden schweren Überschwemmungen im westlichen Mitteleuropa auch auf die Versiegelung vor der eigenen Tür, im eigenen Schulbereich hingewiesen. Daraus mag sich eine genaue Erhebung der versiegelten Flächen ergeben, die nebst Vorschlägen, sie zu beheben, dem Schulträger vorgestellt werden. In ähnlicher Weise könnten einige Kennzeichen des Stadtklimas auch in vielen Schulhöfen herausgefunden werden und sich Überlegungen anschließen, wie diese zu mildern wären. Bei der Behandlung der Vegetationszonen schließlich mögen die Frühblüher der Laub- und Mischwaldzone Anlaß geben, nach ihnen unter den Gehölzen auf dem Schulgrundstück zu suchen und, falls sie fehlen, etwas dagegen zu unternehmen. Größere Umgestaltungsmaßnahmen dürften in der Regel in fächerübergreifende Projekten erfolgen. Übliche Beobachtungs-, Meß-, Pflege- und Ergänzungsarbeiten können im Rahmen des Geographie- oder Biologieunterrichts geleistet werden. Erfordern sie viel Zeit oder spezielle Kenntnisse sind Freiwillige oder Arbeitsgemeinschaften gefragt.

IV Abschluß und Ausblick

Naturnahe Schulbereiche sind in vieler Hinsicht bedeutsam. Man sollte sie aber nicht den Schülern gleichsam überstülpen. Falls sie keine eigenen Vorschläge bringen, müßten sie zumindest gehört werden und bei der Realisierung mithelfen können. Dies weniger, um Kosten zu sparen, obwohl dies viele Gemeinden bitter nötig haben, sondern weil es dann ihr Hof, ihre Biotope, ihre Geo-Ecke sind, für die sie sich dann auch weiterhin verantwortlich fühlen.

Damit die künftigen Lehrerinnen und Lehrer sie dafür motivieren, wäre es freilich gut, wenn auch der Bereich der Hochschulen und Seminare, in denen sie ausgebildet werden, naturnah gestaltet ist.

Literaturangaben

Abwasserverband Vordertaunus und Hoff, M. (1988): Vom Regentropfen zum Hochwasser, Kriftel.

Härle, J. (1993): Sind heimische Pflanzen nicht stadtfein? Ein Plädoyer für eine naturnähere Gestaltung des öffentlichen Grüns in unseren Gemeinden. In: Im Oberland H. 12, S. 24–30.

Hutter, C.-P., Herrn, C.-P. (1984): Aktion „Lebendige Natur". Text zur gleichnamigen Broschüre der CDU Baden-Württemberg. Stuttgart.

Turcek, F.J. (1961): Ökologische Beziehungen der Vögel und Gehölze. Bratislava.

Volkmann, H. (1992): Handlungsorientierung im Geographieunterricht. Geographie heute H. 100, 13. Jg., Mai, S. 70–75.

Winkel, G. (1962): Natur- und Umwelterziehung in der Stadt. In: Natur in der Stadt – der Beitrag der Landespflege zur Stadtentwicklung. Hrsgg. v. Deutschen Rat für Landespflege H. 61, S. 124–128.

UMWELTPROBLEME DES MOTORISIERTEN PERSONENVERKEHRS
(Eine Herausforderung für Geographielehrer und -lehrerinnen)

Christoph Stein, Wolfsburg

1. Verkehr als Hauptverursacher von Umweltbelastungen

Das Umweltbundesamt formulierte in seinem Jahresbericht 1991 unter der Überschrift „Verkehr- Hauptverursacher von Umweltbelastungen „ : „ Der Verkehr ist ein Hauptverursacher lokaler, regionaler und globaler Umweltbelastungen. Zwar wurden in der Vergangenheit immer umweltschonendere Fahrzeuge und Verkehrsanlagen gebaut, das Verkehrswachstum kompensiert jedoch die dadurch erzielten Minderungserfolge zunehmend. Die entstandenen Belastungssituationen sind umweltpolitisch und städtebaulich auf Dauer nicht vertretbar."

Hauptverursacher von Umweltbelastungen ist der Verkehr
- weil er der wichtigste Verursacher des Waldsterbens in Westdeutschland ist (und zukünftig auch in Ostdeutschland werden wird),
- weil er mit 60 Prozent der wichtigste, lokal häufig einzige Verursacher für die Ausgangssubstanzen des gesundheitsgefährdenden Sommersmogs (=bodennahes Ozon) ist,
- weil er mit 70 Prozent Anteil der wichtigste Emittent für das gesundheitsgefährdende Kohlenmonoxid ist,
- weil er gegenüber anderen Emittenten eine steigende Kohlendioxid-Emission aufweist, seinen Anteil an der CO_2-Emission von derzeit ca. 20% bis zum Jahr 2005 auf ca. 40% steigern und damit wesentlich zum Treibhauseffekt beitragen wird,
- weil der Katalysator im kalten Zustand vor allem bei Kurzfahrten bis ca. 4 km nicht wirksam ist und daher in unverdünntem Zustand in der Regel tödliche Abgase erzeugt; aber insgesamt 42 Prozent der PKW-Fahrten auf diesen abgasverursachenden Kurzstreckenbereich entfallen,
- weil der Katalysator durch die Vollastanreicherung bei hohen Geschwindigkeiten ab ca. 115–120 km/h auf den Autobahnen zu höheren Abgassteigerungsraten als bei Fahrzeugen ohne Katalysator führt,
- weil die Abgase eines Katalysator-PKW's auf einer Strecke von nur 1 km zur Verdünnung bis zum als unbedenklich geltenden Langzeit-Immissionsgrenzwert soviel Luft benötigen, wie 625 Menschen als tägliche Atemluft verbrauchen,
- weil 70 Prozent der Bundesbürger sich durch Straßenlärm belästigt fühlen,
- weil bei Anwohnern lärmbelasteter Straßen das Herzinfarktrisiko um 10% höher liegt,
- weil das bundesdeutsche Straßennetz die engste Maschenweite und damit das höchste Ausmaß an Biotopzerschneidung in der Welt hat,
- weil der Flächenverbrauch für den stehenden und rollenden Verkehr zu

vielen Nutzungskonflikten und jährlich zu ca. 60 Mrd. DM volkswirtschaftlichen Kosten führt,
- weil jeder PKW jährlich mit 6.000,- DM subventioniert werden müßte,wenn die von ihm verursachten volkswirtschaftlichen Schäden ausgeglichen würden,
- weil für das wichtigste Segment des motorisierten Personenverkehrs,den Freizeitverkehr mit 45 Prozent der Personenkilometer bis zum Jahr 2000 die höchsten Steigerungsraten (20%) prognostiziert werden und damit die Bemühungen um Verkehrsverminderung möglicherweise überkompensiert werden,
- weil die Innenstädte und Ballungsräume verkehrsbedingt ihre Lebensqualität zu verlieren drohen.

2. Aufgabe und Umsetzungsmöglichkeiten der Schule

Die oben skizzierten Umweltbelastungen erfordern ein umweltbewußteres Verkehrs-und Freizeitverhalten,welches auf Kenntnissen und Werthaltungen beruht. Es fragt sich nun,wer in der Schule die verschiedenen Aspekte dieses komplexen Themas am besten bearbeiten,und welches der Beitrag der einzelnen Fächer sein kann (siehe Abb. 1).

Das Thema Verkehrslärm kann ein Physiklehrer kompetent unterrichten. Beim Streßfaktor Lärm ist der Biologe gefragt.

Alternative Antriebsarten,Elektroautos und Katalysatorprobleme sind beim Physik-und zum Teil beim Chemielehrer gut aufgehoben.

Treibhauseffekt und Energieverbrauch haben physikalische Grundlagen und auch biologische Folgeerscheinungen.Hier könnten sich Geographen mit den Hypothesen über die Veränderung der Meeresströme und die Verschiebung der Klimazonen gut einbringen.

Der Abgasthematik kommt eine zentrale Rolle in diesem Themenkomplex zu.Die Wirkungen der Autoabgase haben unzweifelhaft einen biologischen Aspekt. Hier könnten und sollten sich aber Geographielehrer einbringen. Die Beiträge zur räumlichen Verteilung und Verursachung von Boden-und Gewässerversauerung,von Waldschäden und Sommersmog sind unverzichtbar.Auch ein nicht fächerübergreifend angelegter Erdkundeunterricht über den Verkehr darf die Abgasproblematik nicht ausklammern.

Der Flächenverbrauch ist ein originär geographisches Thema,welches jedoch durch Zerschneidung,Versiegelung und Verinselung wesentliche biologisch bedeutsame Folgen hat.

Zu den traditionellen Themen der Verkehrsgeographie gehören die Methoden der Verkehrszählung und -kartierung,die Verkehrsplanung und Formen und Funktionen des Verkehrs, wobei die Analyse der individuellen Verkehrswege einen methodischen Ansatz darstellt.

Die Dominanz eines modernen,auch Fächergrenzen überschreitenden Geographie-Unterrichtes im Rahmen des Themenfeldes „Verkehr und Umwelt" ist also unübersehbar.

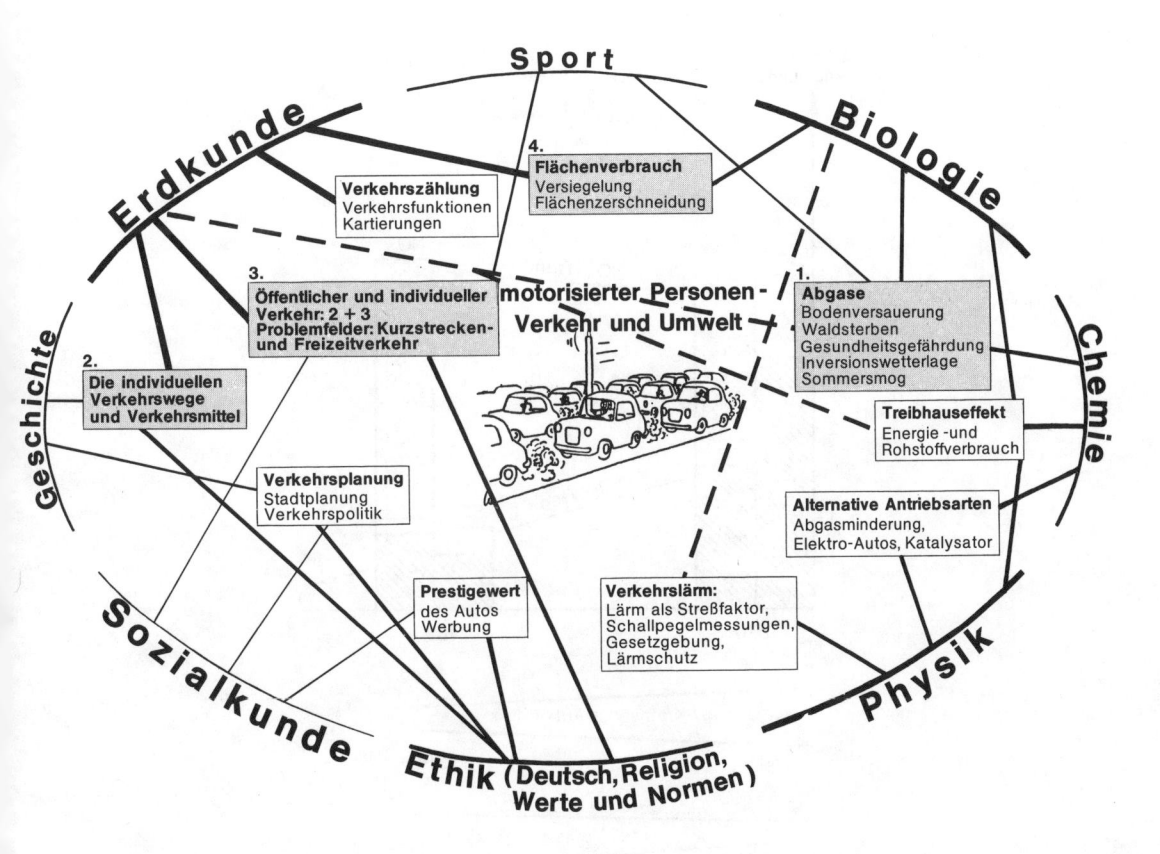

Abb. 1: Der Beitrag einiger Fächer zum Thema motorisierter Personenverkehr

Folgende konkrete Unterrichtsbeispiele werden in aller Kürze skizziert:
1. Abgas
2. Kurzstrecken und individuelle Verkehrswege
3. Freizeitverkehr

Das Abgasproblem des Verkehrs

Von den Folgewirkungen der Luftverschmutzung sind die Waldschäden besonders gut feststellbar. Wie die Abb.2 zeigt, wurde 1970 die Versauerung von Boden, Gewässern und das Waldsterben in den alten Bundesländern überwiegend ausgelöst durch das Schadgas Schwefeldioxid, welches wiederum zum größten Teil von Kraftwerken emittiert wurde. Aber schon 1970 stammten ca. 24% der versauernden Abgase in Form der Stickoxide aus dem Verkehr. Durch die Großfeuerungsanlagenverordnung wurden die Kraftwerke gezwungen, Entschwefelungsanlagen und später auch Entstickungsanlagen zu bauen. Dies führte zu einem drastischen Rückgang des Schwefeldioxidausstoßes in Westdeutschland. Gleichzeitig nahm die Emission der Stickoxide zu, weil alle Verbesserungen

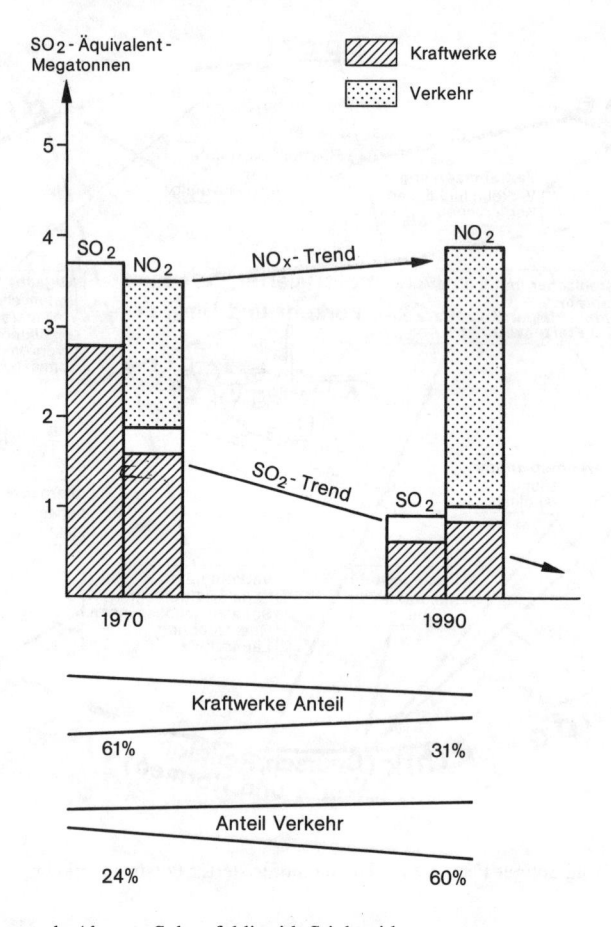

Abb. 2: Versauernde Abgase: Schwefeldioxid, Stickoxide

infolge des Katalysators durch das Wachstum des Verkehrs überkompensiert wurden : 1990 stammten schon 60 Prozent der versauernden Abgase aus dem Verkehr. Sein Anteil nimmt weiterhin zu. Sowohl für die Stickoxide wie für die Kohlenwasserstoffe ist der Verkehr der Hauptemittent. Beide Stoffe gehören zu den Voraussetzungen für die Bildung bodennahen Ozons ,des sogenannten Sommersmogs. Ozon ist aber auch ein starkes Pflanzengift und trägt neben den versauernden Abgasen ganz erheblich zum Waldsterben bei.Damit erhöht sich der Beitrag des Verkehrs zum Waldsterben: Der Verkehr ist der Hauptverursacher des Waldsterbens in Westdeutschland.

In Form von Bodenozon,von Kohlenmonoxid,Kohlenwasserstoffen(Benzol) und durch das Reizgas Stickoxid wirken die Autoabgase aber auch direkt auf die Gesundheit des Menschen. Da der Katalysator das Treibhausgas Kohlendioxid nicht vermindern kann,wächst mit zunehmendem Verkehr auch sein Beitrag zum Treibhauseffekt. Während andere Emittenten durch effizientere Energienutzung anteilmäßig zurückgehen, werden für den Beitrag des Verkehrs große Steigerungsraten vorausgesagt. Verkehrsabgase spielen also für Versauerungserscheinungen, Gesundheitsbeeinträchtigungen und den Treibhauseffekt eine bedeutende Rolle.

Welche dieser komplexen Wirkungen lassen sich unterrichtlich vermitteln?

Die versauernde Wirkung von Abgasen kann relativ leicht nachgewiesen werden. Eine leere Kartenrolle wird über einen Mofa- oder PKW-Auspuff gestülpt. An einem Ende der Kartenrolle werden mittels eines durchbohrten Korkens ein oder zwei Gummischläuche befestigt. Durch diese Gummischläuche wird das Abgas in einen Wassereimer geleitet. Vorher und nach etwa 5 min. wird der pH-Wert des Wassers mit Indikatorstäbchen gemessen. Ist ein elektrisches pH-Meter (Chemiesammlung) vorhanden, so kann die pH-Erniedrigung auch während der Abgasdurchleitung verfolgt werden. Ein ergänzender Versuch zur Begasung von Kressesamen ist schon mehrfach beschrieben worden (Steubing, Kunze 1972; Kortmann-Niemitz 1991).

Von den verschiedenen Autoabgasen läßt sich besonders einfach das Kohlenmonoxid mit einer Dräger-Gasspürpumpe messen. Hier ist das beeindruckende Ergebnis, daß auch Katalysator-Fahrzeuge (Benziner) bei kaltem Motor in der Regel tödliche Kohlenmonoxidkonzentrationen haben. Eine genauere Darstellung der Messung und der benötigten Daten wurde bereits veröffentlicht (s. Stein 1992a). Das ungeheure Volumen der Autoabgase bzw. der Luftmengen, die man benötigt, um die Abgase hinreichend zu verdünnen, läßt sich durch Vergleich mit dem täglichen Atemvolumen eines Menschen anschaulich machen : Würden die von einem Katalysator-Fahrzeug emittierten Stickoxide bis zum Langzeit(MIK)-Grenzwert verdünnt, dann benötigt ein Fahrzeug für eine Strecke von nur 1,6m(!) Länge ein Luftvolumen von 9 Kubikmetern, der täglich von einem Menschen benötigten Atemluft. (Zur Berechnung dieses Volumens siehe Stein 1992 a)

Problemkreis Kurzstrecken

„Mit dem Auto auf kurzen Wegen" überschreibt Seifried(1990) eine Abbildung, die zeigt, daß ca. 40 Prozent aller PKW-Fahrten unter 4 km liegen, also in einer Entfernung, die gut zu Fuß oder mit dem Fahrrad zurückgelegt werden könnte. Die vermeidbaren Kurzstrecken stellen also einen Schlüssel zur Verminderung der Verkehrsprobleme dar. Den Kurzstrecken kommt auch noch eine andere Bedeutung zu: Nach einer Darstellung des ADAC verbraucht ein PKW (mit Otto-Motor) beim Start ca. 40 Liter Benzin pro 100 km. Erst am Ende der Warmlaufphase von ca. 4 km normalisiert sich der Verbrauch auf 8–10 Liter pro 100 km.

Dies bedeutet :
– Auf Kurzstrecken wird weit über dem Durchschnittswert Benzin verbraucht.
– Vor dem Ende der Warmlaufphase ist der Katalysator nicht in Funktion : Es gibt also kaum einen Unterschied zwischen Fahrzeugen mit und ohne Katalysator.
– Die Emission von Kohlenmonoxid, von Kohlendioxid und von Kohlenwasserstoffen ist extrem hoch.

Nach anderer Quelle (Ägren 1993) benötigt ein Fahrzeug sogar an warmen Tagen im Stadtverkehr etwa 10 km, an kalten Tagen länger,bis die Arbeitstemperatur des Katalysators von 300°C erreicht wird. Eine didaktische Konzeption zum Thema „Verkehr und Umwelt" wird dem Problem der Kurzstrecken einen angemessenen Stellenwert einräumen müssen. Hier hat sich die Erstellung einer individuellen Aktionsraumkarte bewährt. Die Schüler erhalten einen Stadtplan (Ausschnitt). In ihrem Wohnstandort als Zentrum befestigen sie einen drehbaren Kilometermaßstab.Dieser ermöglicht es,um die Wohnung Kreise im Kilometerabstand zu ziehen. Nun tragen die Schüler mit unterschiedlichen Farben den Arbeitsplatz oder die Arbeitsplätze der Eltern,die Schule,künftige Freizeitziele, Sportstätten und bevorzugte Geschäfte für regelmäßige Einkäufe ein. An Hand des Kilometermaßstabes können die regelmäßig wiederkehrenden Wege der Familie bezüglich ihrer Luftlinienentfernung in Strecken eingestuft werden,auf denen sich aus ökologischen Gründen die Nutzung eines PKW's verbietet, und in solche wo – mangels geeigneter ÖPNV-Verbindungen – die Nutzung des PKW's unvermeidlich oder akzeptabel erscheint. Die individuelle Aktionsraumkarte dient auch dazu,das Problem in die Familien zu tragen und dort Diskussionen zu initiieren. (Siehe auch Kreibich 1982, Aktionsraumtafel)

Problem Freizeitverkehr

Die meisten Personenkilometer,daß heißt ca. 45 Prozent werden in der Freizeit außerhalb des Urlaubs gefahren. Dies sind z.B. Wochenendfahrten, Fahrten zum abendlichen Sport,zur Unterhaltung. (Seifried hat dies in einer kopierfähigen Form für den Unterricht 1991 dargestellt) Von allen Verkehrsfunktionen wird diesem „Spaßverkehr" die größte Steigerungsquote prognostiziert. Zur Konkretisierung im Unterricht wurde folgendes durchgeführt :
Die Schülerinnen und Schüler einer 7. Klasse wurden gebeten,einen Monat lang aufzuschreiben,wohin sie am Wochenende gefahren sind und welches Verkehrsmittel sie benutzt haben. Von insgesamt 24 Familien hatten 5 Familien zusammen im Monat 22 Wochenendfahrten mit dem PKW unternommen und dabei über 3000 km zurückgelegt. Jede Familie war etwa einmal am Wochenende für Erholungszwecke losgefahren und hatte dabei im Schnitt 143 km zurückgelegt.
Zehn Familien derselben Klasse hatten im gleichen Zeitraum ebenfalls zusammen (!) 22 mal den PKW für Wochenendfahrten benutzt. Darüber hinaus gebrauchte diese Gruppe auch häufiger das Fahrrad. Der PKW wurde von den einzelnen Familien nur etwa einmal in vierzehn Tagen für Erholungsfahrten eingesetzt. Die durchschnittliche Fahrtstrecke betrug 41 km .Familie „Fahrviel" benutzte den PKW doppelt so häufig und fuhr dabei jedesmal etwa dreimal soviel wie Familie „Fahrradfreund". Pro Monat (Analysemonat August) stand einer Familien-Fahrtstrecke von 628 km eine solche von 90 gegenüber. Diese vom Lehrer zusammengestellte Übersicht war Grundlage für ein intensives Unterrichtsgespräch und eine Untersuchung,welche Fahrten auf umweltfeundliche Verkehrsmittel verlagert werden könnten (Fahrten nach Essen, Köln, Hannover). Um zur Verminderung des PKW-Einsatzes am Wochenende anzuregen,wurde zu-

sammen mit 10 Institutionen (Naturschutzverbände, museumspädagogischer Dienst, Abwasserverband) das Programm UWE angeboten : UWE bedeutet „Umweltfreundliche Wolfsburg-Erkundung".Es beinhaltet von Mai bis August ein Programm von insgesamt 30 Exkursionen in die Wolfsburger Umgebung. Diese Exkursionen waren entweder reine Fahrradexkursionen oder bei Fußexkursionen und Besichtigungen war der Startpunkt leicht mit dem ÖPNV erreichbar. Teilnehmerurkunden erhielten hier auch nur diejenigen,die umweltfreundlich zum Startpunkt gekommen waren.

Ansprechpartner waren die 5. und 6. Klassen. Teilnehmer waren daher durchweg Familien. Die Schüler animierten ihre Eltern zu einem „umweltfreundlichen" Familienausflug. Damit wurde ein Angebot und eine Alternative zur kilometerfressenden Wochenendfahrt geschaffen.

Fazit :

In dem fächerübergreifenden Feld „Personenverkehr und Umwelt" kommt den Geographielehrerinnen und -lehrern eine dominierende Rolle zu. (Abb.1). Es muß aber deutlich gesagt werden: Das pädagogische Leitbild dieses Unterrichts ist nicht der Schüler mit profunden verkehrsgeographischen Kenntnissen. Gefragt ist das Leitbild „Umweltbewußter Verkehrsteilnehmer". Dies bedeutet : Es geht nicht nur um Kenntnisse über den Verkehr und seine Belastungen, sondern darüber hinaus um Einstellungen,Bewertungen,Verhaltensdispositionen,ja um verkehrsethische Fragen (s.Schart 1993). Damit kommt den ethikorientierten Fächern (Religion,Werte und Normen,Sozialkunde) ebenfalls eine wichtige Bedeutung zu,die von einem sozialwissenschaftlich interessierten Geographielehrer mit übernommen werden sollte. Geographielehrer,die das pädagogische Leitbild „Umweltbewußter Verkehrsteilnehmer" bejahen und nicht bei einem traditionellen verkehrsgeographischen Unterricht stehen bleiben möchten,sollten sich ermutigen lassen,sowohl stärker naturwissenschaftliche Aspekte wie verhaltensorientierte Fragestellungen aufzunehmen und damit die Fächerintegration in der eigenen Person zu vollziehen.

Literatur

1. Agren,Chr. (1993): Catalyzers ineffective. Acid News , Juni, S.16–17.
2. Curdt,E. (1993): Die Schule muß sich fächerübergreifenden Lernbereichen öffnen,Beispiele Heft 2.
3. Härle,J. (1992):Wieviel Verkehr verträgt die Natur ? Praxis Geographie H. 3, S.4–9
4. Kortmann-Niemitz,I. (1990): Einfache Experimente zur Umwelterziehung im Erdkundeunterricht Stuttgart.
5. Kreibich,B. u. V. (1982): Die Aktionsraumtafel, Geographie heute, H. 12, S. 33–35
6. Kühnert,H (1993): Verkehrsökologische Bildung/Erziehung – ein methodischer Abriß zur Bewältigung der Probleme in den Ballungsräumen, in : Rösler,M (Hrsg.) : Ökologische Verkehrsplanung im Ballungsraum, Hamburg, S. 145–161

7. Schart,D. (1993): Gedanken zur Verkehrsethik, in: Rösler,M.(Hrsg.) : Ökologische Verkehrsplanung im Ballungsraum, Hamburg, S 125–143
8. Seifried,D. (1991): Gute Argumente:Verkehr, Becksche Reihe , München.
9. Stein,Chr. (1992): Motorisierter Individualverkehr – ein Thema der Umwelterziehung, Praxis Geographie H. 3, S. 39–43
10. Stein,Chr. (1992): Verkehrschaos und Abgase – ein Projekt zur Umwelt- und Verkehrserziehung, Praxis Geographie H. 7/8, S. 18–21
11. Steubing,L. u. Kunze,Ch. (1972): Pflanzenökologische Experimente zur Umweltverschmutzung, Heidelberg.
12. Umweltbundesamt (Hrsg.) (1992): Jahresbericht 1991, Berlin.

BODEN UND LANDWIRTSCHAFT
Bericht über eine projektorientierte fächerübergreifende Unterrichtseinheit in Klasse 11 im Schuljahr 92/93*

Manfred Lauer, Buchen

An den allgemeinbildenden Gymnasien in Baden-Württemberg sind ab dem Schuljahr 91/92 die Fächer Biologie, Erdkunde und Chemie sogenannte Koordinierungsfächer für fächerverbindenden Unterricht. Die Fachlehrer sind angehalten, in bestimmten Klassenstufen fächerübergreifende Unterrichtseinheiten und Projekte zu organisieren und zu koordinieren. In den neuen Lehrplänen, die ab dem Schuljahr 94/95 eingeführt werden, erhält der fächerverbindende Unterricht ein noch stärkeres Gewicht. Vor diesem Hintergrund wurde die Thematik „Bodenökologie und Landwirtschaft" als handlungsorientierte Unterrichtssequenz ausgewählt.

Von Friedrich II. von Preußen stammt das Zitat: „Die Landwirtschaft sei die erste aller Künste, ohne sie gäbe es keine Kaufleute, Dichter und Philosophen. Nur das ist wahrer Reichtum, was der Boden hervorbringt." Solche Gedanken sind heute vielen Menschen fremd. Gemüse gibt es im Supermarkt, das Mehl kommt aus der Tüte, Vitamine gibt es in Pulver- und Tablettenform. „Boden" ist oft nur noch ein abstrakter Begriff, verschwunden unter Asphalt, Zierrasen und Kunstdünger. Die Chemiekonzerne reden den Landwirten ein, daß Boden ein Substrat für Agrochemikalien sei, in dem Hochleistungspflanzen wie von selbst gedeihen. Manche, die mit dem Boden nicht gerade beruflich konfrontiert werden, assoziieren mit „Boden" den Begriff „Dreck", – selbst mancher Hobbygärtner zieht sich die Handschuhe an, um sich bei der Gartenarbeit nicht die Hände „schmutzig" zu machen. Tatsächlich aber ist der Boden eines der komplexesten Ökosysteme, das die Wissenschaft kennt. Eine Handvoll fruchbare Erde bietet mehr Lebewesen Platz, als es auf der Erde Menschen gibt. Aber langsam wird der Boden unter unseren Füßen knapp. Der Zustand des Ackerlandes verschlechtert sich überall auf dem Globus. Erosion und Versalzung, Verdichtung durch Maschineneinsatz, Gifte und Schadstoffe sind nur einige Belastungen, die dem Boden zusetzen. „SOS – save our soils", rufen weltweit die Wissenschaftler und Umweltschützer.

Ein wesentliches Ziel dieser Unterrichtseinheit besteht also darin, die Schüler in die Differenziertheit, Dynamik und Labilität des Bodens einzuführen, die Komplexität wenigstens in Ansätzen aufzuzeigen und dadurch Sensibilisierung und Handlungskompetenz für diesen Teil der Biosphäre zu erreichen. Die Strukturierung der gesamten Unterrichtseinheit ergibt sich aus dem Stoff-

---

* Beteiligte Schüler und Lehrer: Klasse 11b, Burghardt Gymnasium Buchen. OSTR Manfred Lauer (Bio, EK), Buchen. STR Theo Prestel (Chem., EK), Adelsheim, Landesschulzentrum für Umwelterziehung (LSZU), Baden-Württemberg. Einbindung in den Lehrplan (Gymnasium der Normalform, Baden-Württemberg): EK.Kl.11: Lehrplaneinheit 3: Ernährung einer wachsenden Weltbevölkerung. Biol.Kl.11: Lehrplaneinheit 2: Ökologie, Zusammenwirken von abiotischen und biotischen Faktoren

Abb. 1

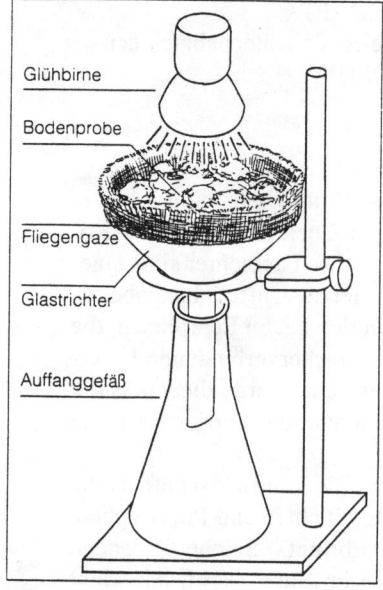

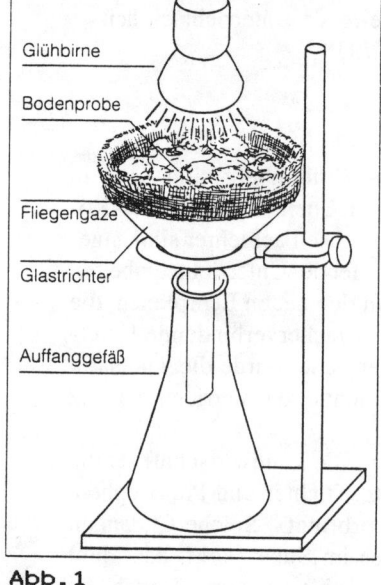

- Glühbirne
- Bodenprobe
- Fliegengaze
- Glastrichter
- Auffanggefäß

	Wald	Grünland	Acker
Fadenwürmer	8 000 000	6 000 000	4 000 000
Milben	200 000	100 000	40 000
Springschwänze	100 000	80 000	20 000
Enchytraeiden	150 000	40 000	4 000

Tab. 1: Bodentiere in verschiedenen Lebensräumen auf 1 m²

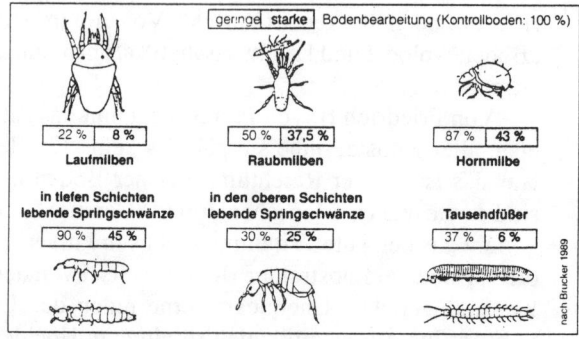

Abb. 2

geringe / starke Bodenbearbeitung (Kontrollboden: 100 %)

Laufmilben	Raubmilben	Hornmilbe
22 % / 8 %	50 % / 37,5 %	87 % / 43 %

in tiefen Schichten lebende Springschwänze	in den oberen Schichten lebende Springschwänze	Tausendfüßer
90 % / 45 %	30 % / 25 %	37 % / 6 %

nach Brucker 1989

Abb. 3

- schwimmende Bestandteile
- klares Wasser
- getrübtes Wasser (feinste Tonteilchen)
- Ton
- Sand
- Steine

Schlämmprobe

Die Abb.1 zeigt den Berlese Tullgren-Apparat zum Heraustreiben von Bodentieren aus den Bodenproben.
Abb.2 verdeutlicht den Einfluß geringer und starker Bodenbearbeitung auf den Anteil bestimmter Bodentiere
Die Abb.3 zeigt das Ergebnis einer Schlämmprobe.

Füllen Sie einen 100 ml Glaszylinder mit 20 ml feingesiebter Erde und 80 ml Wasser. Verschliessen Sie den Zylinder mit der Hand und schütteln Sie ihn kräftig.
Nach 10 min beurteilen Sie den Boden; seine Bestandteile setzen sich schichtweise ab: Unten Steine, gefolgt von Sand, darüber helle Tonpartikel und dunkle Humuspartikel; im Wasser schwebend kleine Tonteilchen (diese sind kleiner als 1/1000 mm), an der Oberfläche schwimmend und teilweise absinkend Humus.

verteilungsplan im Anhang. Entscheidene Elemente zur Erreichung der genannten Ziele bilden die unmittelbare reale Beschäftigung mit dem Boden, die Bodenuntersuchungen im unterrichtspraktischen Teil und die Erkundungen vor Ort auf einem landwirtschaftlichen Betrieb. Die Bodenuntersuchungen stehen dabei auch im zeitlichen Rahmen an zentraler Stelle.

Im Folgenden wird insbesondere der praktische Teil näher vorgestellt. Als glücklicher Umstand erweist sich die räumliche Nähe des baden-württembergischen Landesschulzentrums für Umwelterziehung (LSZU) in Adelsheim, dessen optimal ausgestattete Laborräume und Gerätesammlung genutzt werden konnten. Die Arbeit am LSZU beanspruchte 2 Tage. Bereits vor dem ersten Projekttag am LSZU wurden Arbeitsgruppen eingeteilt für Untersuchungen zur Bodenbiologie, Bodenphysik und Bodenchemie, sowie eine Gruppe für die Koordinierung der Dokumentation. Am ersten Tag in Adelsheim stand zunächst die Beschaffung von Bodenproben auf dem Programm. Ausgestattet mit Bohrstock, Hammer, Spaten, Schaufel und Grundchemikalien für Sofortanalysen wurden Bodenproben von verschiedenen Standorten (Laub-Nadelwald, Wiese, Akker) besorgt, und in vorbereitete Behälter – getrennt nach Horizonten – abgefüllt. An einem geeigneten Standort wurde ein Bodenprofil gegraben und ausgewertet. Die Schüler wurden aufgefordert, Bodenproben auch einmal bewußt in die Hand zu nehmen, zu fühlen und zu riechen, um den Zugang zum Boden auch emotional und mit den Sinnen zu erfahren. Noch am gleichen Tag mußten verschiedene Untersuchungen im Labor angesetzt und vorbereitet werden. Bodenproben verschiedener Standorte und Horizonte wurden in Schälchen abgefüllt, die Schälchen in Einmachgläser gestellt. Auf den Boden der Einmachgläser wurde eine Kalkwasserschicht aufgebracht. Mit diesem einfach Versuch läßt sich über Nacht die Atmungsaktivität von Mikroorganismen im Boden nachprüfen. Bei der Atmung abgegebenes Kohlenstoffdioxid führt zu einer Trübung des Kalkwassers durch Ausfällen von Kalk. Am nächsten Tag wird dann der Trübungsgrad bei den verschiedenen Proben verglichen.

Zur Bestimmung und Auszählung von Bodentieren müssen diese aus dem Boden herausgetrieben werden. Dies gelingt mit dem Berlese-Tullgren-Apparat. (Abb. 1). Ideal wäre eine Extraktionsdauer von 3–4 Tagen . Aus organisatorischen Gründen mußten wir uns mit 24 Stunden begnügen. Bodenproben aus dem oberen Bodenbereich verschiedener Standorte wurden auf ein Sieb gelegt. Das Sieb befindet sich in einem Glastrichter, der von oben beleuchtet wird. Da die Bodentiere das dunkle und feuchte Milieu bevorzugen, flüchten sie vor dem Licht und dem beginnenden Austrocknen des Bodens nach unter, fallen durch den Trichter in ein Auffanggefäß mit etwas wassergetänkter Watte. Noch ein weiterer Versuch mußte angesetzt werden. Abgewogene Mengen von Bodenproben wurden über Nacht im Ofen bei 100 Grad C getrocknet, um den Wassergehalt durch erneutes Wiegen am nächsten Tag bestimmen zu können. Am 2. Tag standen die Durchführung, Auswertung und Dokumentation verschiedener Bodenuntersuchungen im Vordergrund. Eine Gruppe untersuchte die aufgefangenen Bodentiere unter dem Binokular und versuchte sie mit Hilfe von Bestimmungsschlüsseln zu identifizieren und zu zählen (Tab. 1, Abb. 2). Am LSZU besteht die Möglichkeit, das mikroskopische Bild über eine Kamera auf dem Monitor vergrößert zu zeigen, die Bilder auch zu fotographieren und ausdrucken zu lassen. Die Tatsache, daß der Boden „lebt", war den Schülern in dieser Form noch nicht vor Augen geführt worden, und wurde übereinstimmend als eine sehr beeindruckende Erfahrung kommentiert.

Die Abteilung „Bodenchemie" bestimmte mit verschiedenen Meßmethoden die pH-Werte, Karbonatwerte und Nitratwerte verschiedener Bodenproben und versuchte die Ergebnisse in Beziehung zu den zugehörigen Bodenstandorten, Bodenhorizonten und möglichen menschlichen Einflüssen zu setzen. Die thematische Relevanz dieser Messungen ergibt sich aus den vielfachen Störungen der Ionenaustauschvorgänge im Boden durch Einflüsse wie saurer Regen oder Überdüngung und den Folgen dieser Einflüsse auf die Wuchsleistung der Pflanzen und auf das Grundwasser. Diese Themen waren teilweise im Unterricht schon vorbereitet oder wurden im Anschluß an den praktischen Teil erarbeitet. Eine weitere Arbeitsgruppe überprüfte die Wasserspeicherfähigkeit verschiedener Bodenhorizonte. Ferner wurde über die Schlämmprobe die Korngrößenstruktur von Bodenproben ermittelt (Abb. 3), sowie eine genaue Bestimmung des Humusgehaltes mit Hilfe des Muffelofens vorgenommen. Definierte Mengen von Bodenproben wurden dazu 3 Stunden auf 800 Grad C erhitzt. Bei diesen Temperaturen verdampfen die organischen Substanzen. Nach dem Abkühlen kann der Humusgehalt durch genaues Wiegen ermittelt werden. Nach Beendigung der Versuche machten sich die Gruppen daran, die protokollierten Versuchsergebnisse in unterschiedlicher Form zu dokumentieren. Es wurden Tabellen, Diagramme, Texte und Zeichnungen erstellt, wobei den Schülern auch die Hilfe des Computers zur Verfügung stand.

Die Dokumentation wurde dann später am eigenen Gymnasium ausgestellt und war auch für die Öffentlichkeit zugänglich. Etwa zwei Wochen nach den praktischen Arbeiten in Adelsheim, fand eine Betriebserkundung auf einem landwirtschaftlichen Betrieb statt, der vor einigen Jahren von traditioneller auf biologische Bewirtschaftung umgestellt hatte. Der Landwirt erläuterte die Struktur des 42 ha großen Betriebes, der Getreide, Hackfrüchte und Milch für den Markt produziert. Im Mittelpunkt der Diskussion mit dem Landwirt stand das Thema „Nährstoffkreislauf" in der Landwirtschaft. Auf dem Biohof wird ausschließlich über Stallmist, Jauche und Gründüngung gedüngt. Pflanzenschutz wird mechanisch, thermisch durch Abflammen und durch geeignete Fruchtfolgemaßnahmen betrieben. Pilzkrankheiten werden, wenn nötig, mit biologischen Spritzpräparaten (z.B. Schachtelhalmtee) bekämpft. Diese Betriebsbesichtigung bildete gleichzeitig den Abschluß der ganzen Unterrichtseinheit, die von den Schülern sehr engagiert mitgetragen wurde. Insbesondere die weitgehend selbständig praktische Arbeit in Adelsheim wurde als äußerst motivierend empfunden. Es wurde bedauert, daß im Schulalltag nur selten die Chance für eigenständiges Arbeiten in der erlebten Form besteht.

Literatur:

Unterricht Biologie, Heft 144, Mai 1989: Bodenschutz Friedrich Verlag in Velber
Böllmann, D. (1991): Ökologie von Umweltbelastungen in Boden und Nahrung
Fischer Verlag Stuttgart.
Schachtschabel, P. (1989): Lehrbuch der Bodenkunde, 12. Auflage, Enke Verlag Stuttgart.
Schinner, F. (1991): Bodenbiologische Arbeitsmethoden, Springer Verlag Berlin.
Maier, J. und Mittag, J. (1989): Landwirtschaft und Boden, LEU Heft Bio 56, Landesinstitut für Erziehung und Unterricht. Stuttgart.
AV-Medien: FWU, VHS 4200235: Leben im Boden
Institut für Film und Bild in Wissenschaft und Unterricht

PROJEKT: BODEN UND LANDWIRTSCHAFT
projektorientierte fächerübergreifende Unterrichtseinheit zum Thema: „Boden als wichtiger Bestandteil terrestrischer Ökosysteme und als wichtige Grundlage für die Landwirtschaft"

ZIELE
Darstellung des „Bodens" als Teil der Biosphäre und als differenziertes Wechselwirkungssystem abiotischer und biotischer Faktoren, Komplexität, Dynamik und Labilität der Umweltwirklichkeit aufzeigen. Sensiblität und Verantwortungsbewußtsein gegenüber einem Umweltbereich hervorrufen, der weltweit starker Gefährdung und Belastung ausgesetzt ist. Bedrohungen aufzeigen.
Einführung in geographische und naturwissenschaftliche Methoden und Hilfsmittel.
Klassenstufe 11. Einbindung in Lehrplan (allgemeinbild. Gymnasium in Bad.-Württ.)
Biologie: Lehrplaneinheit 2: Ökologie
Erdkunde: Lehrplaneinheit 3: Ernährung einer wachsenden Weltbevölkerung

STOFFVERTEILUNGSPLAN:
Biologie:
1. Abhängigkeit der Organismen von abiotischen und biotischen Faktoren
2. Wurzel als Organ der Wasser- und Ionenaufnahme
3. Wasseraufnahme durch die Wurzel
4. Ionenaustauschvorgänge im Bereich der Wurzelhaarzone
5. Pflanze: Transpiration und Wasserferntransport

LSZU ADELSHEIM: Untersuchungen zur Bodenbiologie, Bodenphysik und Bodenchemie
6. Aufbau eines Ökosystems
7. Stoffkreisläufe im Ökosystem/die Rolle des Boden in terrestrischen Ökosystemen
8. Eingriffe in Ökosysteme und mögliche Folgen:
Folgen unterschiedlicher Bewirtschaftungsweisen auf landwirtschaftliche Ökosysteme.
Düngung und Schädlingsbekämpfung: wirtschaftliche und ökologische Aspekte!

Erdkunde:
1. bodenbildende Prozesse
2. Böden filtern Stoffe: Versuche
3. Silikatverwitterung/Bedeutung der Tonmineralien
4. Verlagerung von Bodenmineralien
5. Bodenprofile: Einführung
6. Entwicklung von Bodenprofilen. Bsp.: Parabraunerde
7. weitere wichtige Bodentypen: Podsol, Schwarzerde, Laterit.
8. Hauptgebiete agrarischer Produktion/Gebiete geringerer agrarischer Wertigkeit.
9. Böden: weltweite Gefährdungen/ausgewählte Beispiele! (z. B. Bewässerung und Versalzung, Bodenerosion, Desertifikation)

Exkursion in Zusammenarbeit mit dem Landwirtschaftsamt zum Themenkomplex: Der Kreislauf der Nährstoffe im landwirtschaftlichen Betrieb/Dünger- bzw. Gülleproblematik. Untersuchungen und Diskussion vor Ort auf einem landwirtschaftlichen Betrieb.

Die Unterrichtseinheit umfaßt im Bereich Biol. und EK jeweils ca. 10–12 Stunden. Dazu kommen Aufenthalt am Umweltzentrum Adelsheim und Exkursion bzw. Lehrgang auf einem Betrieb.

VERZEICHNIS DER AUTOREN

Staatssekretär Dr. Hans Jürgen Baedeker,
Ministerium für Umwelt, Raumordnung und Landwirtschaft des Landes Nordrhein-Westfalen, Schwannstr. 3,
40476 Düsseldorf

Prof. Dr. Heiner Barsch,
Institut für Geographie u. Geoökologie
Universität Potsdam
14415 Potsdam

Prof. Dr. Jürgen Breuste,
Umweltforschungszentrum Leipzig-Halle
GmbH, Permoserstr. 15,
04318 Leipzig

Prof. Dr. Wolfgang Burghardt,
Univ.-GHS Essen, FB 9 - Institut für Ökologie
45117 Essen

Dr. Jörg Dettmar,
FH Hamburg
Stadtentwicklungsbehörde
Amt für Landschaftsplanung
Alter Steinweg 4
20459 Hamburg

Dipl.-Chemiker Karamba Diaby,
Martin-Luther-Universität Halle-Wittenberg,
Institut für Geographie, Domstr. 5,
06108 Halle/S.

Prof. Karl-Heinz Erdmann,
Bundesamt für Naturschutz, Konstantinstr. 110,
53179 Bonn

StD. Günther Eulefeld,
Zur Heide 33,
25365 Sparrieshoop

Prof. Dr. Lothar Finke,
Fachbereich Raumplanung d. Univ. Dortmund,
Fachgebiet Landschaftsökologie und Landschaftsplanung,
44221 Dortmund

Dipl.-Geogr. Jochen Frey,
Universität Mainz, FB 22 - Geogr. Institut,
55099 Mainz

Prof. Dr. Manfred Frühauf,
Martin-Luther-Unbiversität Halle-Wittenberg,
Institut für Geographie, Domstr. 5,
06108 Halle/S.

Prof. Dr. Cornelia Gläßer,
Martin-Luther-Universität Halle-Wittenberg,
Institut für Geographie, Domstr. 5,
06108 Halle/S.

Prof. Dr. Konrad Goppel,
Staatsministerium für Landesentwicklung und Umweltfragen, Rosenkavalierplatz 2,
81925 München

Prof. Dr. Günter Haase,
Sächsische Akademie der Wissenschaften zu Leipzig, Goethestr. 3–5,
04109 Leipzig

Prof. Dr. Josef Härle,
Sonnenrain 11/3,
88239 Wangen/Allg.

Prof. DSr. Jürgen Hasse,
Institut für Didaktik der Geographie der Universität Frankfurt/M., Schumannstr. 58,
60054 Frankfurt

Thomas Held
Geographisches Institut der Ruhr-Universität
Universitätsstr. 150
44801 Bochum

Hans Kastenholz,
ETH Zürich, Institut für Verhaltenswissenschaften, Turnerstr. 1,
CH 8092 Zürich

Prof. Dr. Herbert Kersberg,
Cunostr. 92,
58093 Hagen

Prof. Dr. Hans-Jürgen Klink,
Geographisches Institut der Ruhr-Universität
Universitätsstr. 150,
44801 Bochum

Prof. Dr. Peter Knauer,
Martin-Luther-Universität Halle-Wittenberg,
Institut für Geographie, Domstr. 5,
06108 Halle

Prof. Dr. Rudolf Krönert,
Umweltforschungszentrum Leipzig-Halle
Sektion Angewandte Landschaftsökologie,
Permoserstr. 15,
04318 Leipzig

Prof. Dr. Wilhelm Kuttler,
Institut für Ökologie, Abt. Landschaftsökologie, FB 9, Universität Essen, Postfach 103764,
45037 Essen

OSt. Manfred Lauer,
Am Mühlberg 25,
74722 Buchen

Dr. Rolf Lessing
Stadt Hannover, Amt für Umweltschutz
Hans-Böckler-Allee 1
30173 Hannover

Prof. Dr. Joachim Marcinek,
Humboldt-Universität Berlin, FB Geographie,
Universitätsstr. 3b,
10117 Berlin

Prof. Dr. Klaus Michael Meyer-Abich,
Wissenschaftszentrum Nordrhein-Westfalen,
Kulturwissenschaftliches Institut, Hagmanngarten 5,
45259 Essen

Dr. Olaf Mietz,
Institut für angewandte Gewässerökologie
in Brandenburg GmbH
Mitschurinstr. 5
14469 Potsdam

Prof. Dr. Thomas Mosimann,
Geographisches Institut der Universität Hannover, Schneiderberg 50,
30167 Hannover

Dr. Christian Opp,
Institut für Geographie
Universität Leipzig
04009 Leipzig

Dr. Burghard Rauschelbach,
Salemweg 12,
88048 Friedrichshafen

Dr. Peter Reinirkens,
Geographisches Institut der Ruhr-Universität
Bochum, Universitätsstr. 150,
44801 Bochum

Dr. phil.habil. Gabriele Saupe,
Universität Potsdam, Fachbereich Geographie,
Postfach 601553,
14415 Potsdam

Prof. Dr. Rolf Schmidt,
FH Eberswalde, FB Landschaftsnutzung und
Naturschutz, Alfred-Möller-Str. 1,
16225 Eberswalde

StD. Dr. Christoph Stein,
Rembrandtstr. 4,
38442 Wolfsburg

Prof. Dr. Herbert Sukopp,
TU Berlin, Institut für Ökologie, Ökosystemforschung und Vegetationskunde, Schmitt-Ott-Str. 1,
12165 Berlin

Dipl.-Geogr. Christof Vartmann,
Freiherr vom Stein-Str. 16,
45657 Recklinghausen

Prof. Dr. Hartmut Volkmann,
Geographisches Institut der Ruhr-Universität
Bochum, Universitätsstr. 150,
44801 Bochum